Friedrich Gerstäcker

Wilde Welten

Eine Reise in Erzählungen

Mit einem Nachwort herausgegeben
von Roman Lach

Die hier versammelten Erzählungen Friedrich Gerstäckers
folgen den jeweiligen Erstdrucken.

Erste Auflage 2016
© für diese Ausgabe:
Ripperger & Kremers Verlag, Berlin 2016
Alle Rechte vorbehalten

Umschlaggestaltung: Daniela Jordan
unter Verwendung von Illustrationen aus den *Fliegenden Blättern*
Gesetzt im Verlag aus der Espinosa und der Benton
Gedruckt auf alterungsbeständigem und holzfreiem Munken
FSC zertifiziert
Printed in EU
ISBN: 978-3-943999-32-7

www.ripperger-kremers.de

Inhalt

Berlin und das Schauspielhaus im Belagerungszustand   7

Die einigen Deutschen im Ausland   25

Moden über die Welt   45

Ein Schmetterlingszug   57

Eine Taufe unter den Fulahs   65

Die Nacht auf dem Walfisch   89

Tahiti   113

Tanunda. Skizze aus Südaustralien   197

Eine Fahrt in die Eisregionen des Nordpols   219

Friedrich Gerstäcker, ein weltreisender Vagabund   237

Zu dieser Ausgabe   253

Berlin und das Schauspielhaus im Belagerungszustand

Am 12. November abends war Berlin in Belagerungszustand erklärt und am 13. mittags glitt ich im zitternden Coupé, von der keuchenden Lokomotive blitzschnell über das flache, reizlose Land gerissen, der bedrohten Residenz entgegen.

»Werden wir noch hineinkommen? – Wird man uns Fremden den Aufenthalt dort gestatten?« solche Fragen kreuzten sich besonders auf den letzten Stationen, wo militärische Helme zu immer unausweichbareren Gegenständen wurden, häufig herüber und hinüber, und endlich ergab sich die peinliche Gewissheit des Nichthineinlassens, als in Jüterbock ein Lieutenant mit sechzig Mann zu uns stieß und uns, freilich auf die freundlichste und artigste Weise, die Nachricht gab, er habe bestimmte Ordre, den ganzen Zug nicht weiter als Trebbin zu lassen.

Guter Gott! Trebbin! – vier Meilen von Berlin, auf wohlriechender Heide, abends acht Uhr, in stockfinsterer kalter Nacht! Und dazu die Erklärung Mehrerer, die dort bekannt waren, dass im ganzen Neste wahrscheinlich nicht einmal Leiterwagen genug aufzutreiben sein würden, um uns weiter zu transportieren! Reizende Lage, in der es noch als ein Glück erschien, die ganze Nacht auf einem Leiterwagen und schlechten Wegen durch das Land gerädert zu werden!

»Schafft man die königlichen Beamten auch nicht weiter?« fragte ein beleibter, bleichwangiger Gesell in einem feinen grauen Tuchmantel und einer Art Dienstmütze, in einem Ton, der gar nicht verkennen ließ, wie er bei beruhigender Antwort mit der Maßregel vollkommen einverstanden gewesen wäre. – »Tut mir leid; meine Ordre besagt, den g a n z e n Z u g ohne Ausnahme anzuhalten«, lautete die Antwort des Offiziers. – Das war doch ein Trost; die preußischen Beamten blieben wenigstens nicht im Coupé sitzen, und »Arm in Arm mit ihnen« konnten wir das Geschick in die Schranken fordern.

In Jüterbock hielt der Zug wegen der Aufnahme des Militärs länger an als gewöhnlich, und der Beamte unterhielt sich indessen aus dem Coupé heraus mit einigen davorstehenden Soldaten, die eben ihrem Lieutenant drei donnernde Hurras gebracht hatten. – »Morgen kommen wir auch nach Berlin!« riefen diese und die Wirkung starker Getränke war bei ihnen nicht zu verkennen. »Hussa, morgen kommen wir!« – »Das ist recht, Kinder«, sagte der freundliche Beamte und nickte ihnen lächelnd zu; »haltet nur nicht zu hoch!« – »Bewahre, altes Haus!« sagte einer der jungen Bursche, »eben die rechte Höhe und mitten hinein!« – »Bravo, meine Jungen!« nickte der Beamte und der plötzliche Ruck, den der Wagen tat, setzte ihn einem hagern, hohläugigen Mann, der in einfach grober, aber sauberer Tuchkleidung dicht hinter ihm saß, auf den Schoß.

Der Hagere entschuldigte sich auf das ängstlichste, dass er dem Manne, von dem ihm wahrscheinlich sein Instinkt sagte, es sei einer, der mit der Regierung in Verbindung stehe, im Wege gesessen habe, rückte, soweit es anging, von ihm zurück und benahm sich überhaupt so eigentümlich, dass ich nicht umhin konnte ihn etwas genauer zu betrachten.

Er mochte etwa in den Vierzigen sein, vielleicht war er auch jünger, denn die fahlen Züge sprachen von ertragenem Leid. Scheu und doch auch wieder neugierig blickten die hellgrauen Augen um sich, schienen auf nichts zu haften und begegneten nie einem andern Blick. Ich würde den Mann für einen Verbrecher gehalten haben, hätte mich nicht die unverkennbare Behaglichkeit, mit der er sich manchmal, besonders wenn er einen Augenblick vor sich niedergesehen hatte, die Hände rieb und leise vor sich hinschmunzelte, irre gemacht.

Das Licht wurde plötzlich draußen weggenommen, Dunkelheit umgab uns wieder, und weiter ging's in sausender Schnelle von Jüterbock fort; hinter uns drein tönte das Hurra der Soldaten, und unter uns, um uns, vor und hinter uns klapperten, keuchten, knarrten und rasselten Räder, Schienen und Achsen. – Nicht lange, so war die nächste Station erreicht; hier sollten wir den Güterzug von Berlin erwarten; kurzer Aufenthalt wurde uns angekündigt und die meisten stiegen aus, um eine Tasse heißen Kaffee zu trinken; das Wetter rechtfertigte wenigstens ein solches Verlangen. In der Restauration sah ich zufällig meinen hagern Nachbar neben mir; er stand nicht weit vom Büffet und schaute nach der großmächtigen Kanne und den Tassen hinüber. – »Haben wir von hier aus noch weit nach Trebbin?« fragte ich ihn, mehr eigentlich, um ein Gespräch mit ihm anzuknüpfen als aus wirklichem Interesse für die Antwort. – »Das weiß ich nicht«, sagte der Hagere schnell, schüttelte dabei das lächelnde Gesicht mit dem halbgeöffneten Mund und sah mich zum ersten Mal mit den hellglänzenden Augen fest an. »Ich weiß gar nichts«, fuhr er gleich darauf fort, noch ehe ich mich von ihm abwenden konnte, »nicht das mindeste. – Sie wissen doch wohl, wo ich herkomme?«

Ich blickte erstaunt zu ihm hinüber. »Ich weiß gar nichts! – Sie wissen doch wohl, wo ich herkomme?« – was sollte das heißen? – »Sie kommen wohl mit von Halle?« fragte ich, »und sind Sie hier fremd?« – »Fremd? ja, ich komme von Torgau«, lächelte der Mann und rieb sich immer eifriger und mit immer mehr aufgeheiterten Zügen die Hände. »Ich bin mit unter den Amnestierten; ich weiß gar nichts von der Welt – ich sitze seit 1831 auf der Festung.«

Allmächtiger Gott! Mir zog es eiskalt durch Mark und Bein. Der Mann war siebzehn Jahre hinter Festungsmauern begraben gewesen, und jetzt, in diesem Augenblick, in diesen Zuständen, sprang er auf einmal wie neugeboren aber mit vollem staunenden Bewusstsein mitten ins Leben hinein. – »Ja«, lächelte der Unglückliche und rieb sich noch immer stillvergnügt die Hände, »da können Sie sich wohl denken, dass ich gar nichts weiß. – Ach bitte, nicht wahr, das ist Kaffee dort, was der Mann ausschenkt?« – »Ja«, erwiderte ich und konnte den Blick nicht abwenden von der Leidensgestalt. – »Der wird wohl verkauft?« – In dem Moment wurde draußen hastig die Glocke gezogen; wir mussten schnell in unser Coupé zurück, denn der Güterzug kam eben mit rotglühendem Rachen und leuchtendem Atem auf dem schmalen, dunkeln Damm herangeschnaubt.

Dicht neben uns hielt der Zug und alle Fenster waren rasch besetzt, um Neuigkeiten von Berlin zu erfragen. »Wie steht's dort? kommen wir noch hinein? – ist schon geschossen worden?« – »Ganz gut – Alles ruhig – keine Gefahr!« tönte es hin und wieder. Ein junger Mann, der mit dem Güterzug gekommen war, sah die Soldaten in unserem Train. – »Euch wollen sie nach Berlin haben, dass ihr das Volk sollt unterdrücken helfen!« rief er ihnen zu, »und ihr seid doch unsere Brüder!«

Der Beamte mit dem bleichen Gesicht und der Dienstmütze, der die Worte gehört hatte, bog sich rasch zum andern Fenster nach der Restauration zu hinaus und flüsterte draußen Stehenden etwas zu. – »Was? der Kerl will die Soldaten aufreizen?« riefen dort ein paar Männer und schauten zwischen den Wagen unseres zur Abfahrt bereiten Zuges nach den Wagen des Güterzugs hinüber. »Wart, Canaille, wenn hier der Zug fort ist, mit dir wollen wir sprechen!« – »Holt ihn ein bisschen heraus«, sagte der Beamte freundlich; »den müsst ihr euch einmal besehen.« – »Na wart nur!« riefen die Gereizten, »also die Weißmütze? – ich sehe sie schon in der Ecke!«

Ich bog mich rasch aus dem Wagen nach dem Güterzug hin und rief dem jungen, wirklich bedrohten Fremden zu, in ein anderes Coupé überzusteigen; dann aber und während jetzt unsere eigene Lokomotive mit gellendem Jubelschrei aufbrach, wandte ich mich an den freundlichen Beamten und sagte ihm frei, was ich von ihm dachte. Er war geschmeidig wie ein Ohrwurm; er hatte es ja gar nicht so bös gemeint, »d i e Leute täten nichts der Art, d a s wären Menschen wie die Kinder etc.« — Pfui! dachte ich, das sind die wahren Wühler, die heimlich wie giftiges Geschmeiß im Lande herumkriechen und in der Stille hetzen und geifern dem offenen Wort gegenüber und dabei süß, unschuldig dreinschauen und fromm und liberal tun.

Eine halbe Stunde später kamen wir nach Trebbin, und glücklicherweise fand unsere Eskorte daselbst Contreordre. Der Lieutenant, den es selbst zu freuen schien, dass er uns den unangenehmen Aufenthalt ersparen konnte, verkündete uns, der Zug dürfe ungesäumt weiter gehen. Um neun Uhr liefen wir in den Berliner Bahnhof ein, und Massen dort aufgestellten Militärs verkündeten uns, wären wir nicht schon unterrichtet gewesen, den Belagerungszustand der Stadt. Es wurden uns weiter keine Schwierigkeiten in den Weg gelegt, nur Bewaffnete, deren wir jedoch keine bei uns hatten, sollten nicht eingelassen werden.

Ich durchwanderte die Friedrichsstadt noch am selben Abend nach allen Richtungen. Totenstille in den Straßen; nur hie und da an den Ecken kleine Trupps vor einem von der Laterne beleuchteten Plakat. Dieses handelte von Zusammenrottungen auf den Straßen; am Tage durften nicht mehr als zwanzig, abends nicht mehr als zehn Menschen beisammen stehen; gingen sie nicht auseinander auf die Aufforderung der Patrouille, so hatte das Militär von seinen Waffen Gebrauch zu machen. — Unter den Linden, besonders an den Ecken der Friedrichsstraße, standen Menschengruppen; Jungen verkauften ein Plakat des Referendärs Wache, mit der Anempfehlung: »ohne Erlaubnis Wrangels.« Unter der einen Laterne erzählte jemand irgendeinen Vorfall; Neugierige traten hinzu und es bildete sich bald ein Haufen von wohl fünfzig bis sechzig Personen. Da tönte der schwere gleichmäßige Schritt einer Patrouille die Allee herab. — »Meine Herrn, treten sie in kleinere Trupps«, bat der Sprecher; »immer zehn und zehn, wenn ich bitten darf.« — Die Menge zerteilte sich schnell und ohne weitern Zuredens zu bedürfen. — »Hier können wir noch zwei brauchen«, sagte einer; »so, jetzt haben wir gerade das Deputat!« ein anderer. Hie und da lachte einer, als die Soldaten ernst und schweigend vorbei schritten, die verschiedenen kleinen Trupps aber nicht weiter belästigten. »Ruhe! – nicht lachen!« riefen andere und die Patrouille bog in die Friedrichsstraße ein.

Dieselbe Ruhe herrschte in andern Straßen, dieselbe Ordnung; wer nicht manchmal einer Patrouille begegnete, hätte nicht daran gedacht, dass er sich in einer belagerten Stadt befinde. – Am nämlichen Abend war eine Deputation von Stettin aus unterwegs, welche folgende Demonstration beabsichtigte. Die achthundert Mann trugen alle breite weiße Papierstreifen an den Hüten, auf denen mit großen Buchstaben gedruckt stand: E h r e   d e r   N a t i o n a l v e r s a m m l u n g! S t e t t i n. – So hatten sie am nächsten Morgen in feierlicher Prozession die Stadt durchziehen wollen, aber der ganze Bahnzug war (wie man das auch bei uns, wo man wohl eine ähnliche Deputation vermutet, anfangs beabsichtigt hatte) auf der letzten Station vor Berlin aufgehalten worden, und nur einzelne Mitglieder, ich glaube acht oder zehn, ließen sich auf einem Leiterwagen nach Berlin schaffen. Einige derselben sollen, wie man sagte, gerade wegen jener, als Plakate angesehenen Zettel verhaftet worden sein.

Am nächsten Morgen brachte ein frisches Plakat des Kommandierenden etwas regeres Leben in die Masse; die Patrouillen seien verspottet worden, hieß es, und haben jetzt strengen Befehl erhalten, bei der geringsten Widersetzlichkeit vollen Gebrauch von ihren Schießwaffen zu machen. Die Jungen rissen hie und da solche Zettel herunter und klebten dafür die von Wache an, worin Wrangel und seine Proklamation verhöhnt waren, und die ihrerseits wieder von den Soldaten entfernt wurden. So sah ich am Schloss einen Jungen am eisernen Gitter eines der untern Fenster hoch emporklettern und soweit darüber, als er reichen konnte – gewiss 18 – 20 Fuß vom Boden – eine Wache'sche Proklamation ankleben. Gleich darauf kam eine Patrouille, und einer der Soldaten musste jetzt ebenfalls dort hinauf und mit dem Bajonett das missliebige Papier unter dem Jubel der umstehenden Jugend herunterstoßen.

Wunderlich sahen die königlichen Gebäude aus. Das Schauspielhaus, das Museum, die Münze, des verstorbenen Königs Palais, das Schloss, die Bauakademie, das Zeughaus, alle Gebäude der Art wimmelten von Militär, Helm an Helm sah aus den Fenstern heraus und doppelte Schildwachen, alle marschfertig gerüstet, standen davor Wache.

Und was sagte das nämliche Volk, das sich am 18. März mit so kecker Todesverachtung, fast ganz unbewaffnet, auf den Barrikaden eben dieser Straßen geschlagen hatte – was sagte das Volk zu dem Herrscherton, wie ihn Wrangel annahm? – Eigentümlich war die Stimmung der Stadt: überall Entrüstung über Wrangel, überall verhaltener Grimm und doch fast ängstliche Besorgnis vor einem Zusammenstoß mit den Truppen.

An irgendeiner Ecke, der Leipziger Straße glaub ich, hatte das Militär mit einbrechender Dämmerung ein Haus besetzt, das von oben bis unten, wie man draußen sagte, nach einer Vitriolspritze durchsucht wurde; man fand jedoch nichts und die Patrouille zog wieder ab. Vor dem Gebäude hatte sich indes eine ziemliche Schar Neugieriger versammelt, doch nahmen die Soldaten keine Notiz davon und marschierten die Straße hinab. Gleich darauf kam eine Ulanenpatrouille und der Offizier forderte die Menge auf, sich zu zerstreuen. Dies geschah auch, und nur vor dem durchsuchten Haus blieben noch etwa zwanzig oder dreißig Personen zurück. Die Ulanen ritten langsam daran vorbei, als einer aus der Menge höhnisch hinter ihnen her lachte und ein Schimpfwort rief. Das wäre ihm aber beinahe übel bekommen; die Ulanen achteten es allerdings nicht, aber die Umstehenden fielen unter dem Ruf: »verdammter Reaktionär!« über den Lacher her, und er konnte einer tüchtigen Tracht Schläge nur durch die heilige Versicherung entgehen, dass er keinen der Soldaten, sondern »einen Freund von sich« gemeint habe.

An diesem Tage war auch aufs Neue ein Plakat, die Einlieferung der Waffen betreffend, angeschlagen und die Stimmung, die sich darüber aussprach, schien eine allgemeine: man wollte die Waffen unter keiner Bedingung ausliefern. Der angesetzte Termin bis abends fünf Uhr verlief deshalb auch, ohne dass dem Befehl, mit einigen Ausnahmen allerdings, Folge geleistet worden wäre; ja man sprach sogar von einer großartigen Demonstration. Ein Teil der Bürgerwehr, wie mir gesagt wurde 15.000 Mann, wollte vor dem Zeughaus aufmarschieren und dort dem Feldmarschall erklären, sie liefern die Waffen nicht ab, und wenn er Bürgerblut vergießen wolle, so möge er auf sie schießen. Das unterblieb aber, aus welchem Grunde weiß ich nicht, und man beschränkte sich einfach darauf, dem Befehl nicht nachzukommen.

Am nächsten Morgen, am vierzehnten, fing man an, in der Behrenstraße und der benachbarten Gegend die Waffen e i n z u s a m m e l n. Eine Patrouille ging mit einem Rüstwagen herum, die Enden der Gasse wurden mit Militär besetzt, aber nicht abgesperrt, denn es konnte jeder frei hin und wieder gehen, und ein Trommelwirbel verkündete den Bewohnern des Hauses, vor dem der Wagen hielt, dass sie die in ihrer Wohnung befindlichen Gewehre in die Hausflur herabbringen sollten; wo das nicht geschah, hatten die Soldaten Auftrag, in die Zimmer zu gehen und nachzusehen, ob sich Waffen darin befänden.

Wie ein Lauffeuer schoss die Nachricht, dass man die Waffen abhole, in die entferntesten Teile der Stadt, und die Aufregung unter den Arbeitern, vorzüglich den Maschinenbauern, wurde bedenklich. In der Königsstadt, in Moabit und den äußern Stadtteilen schien man fest entschlossen, die Waffen n i c h t gutwillig herzugeben, und dass gerade dort, wo man begonnen, das Einsammeln ziemlich günstigen Erfolg gehabt, konnte jene nicht anders stimmen. − »Das ist das Geheimeratsviertel«, sagten die Arbeiter; »ob das die Waffen behalten hätte oder nicht, beim Kampf wär' das gleichviel gewesen.«

Straße um Straße durchzog das Militär; Wagen nach Wagen voll Gewehren wurden in das Zeughaus, stets unter starker Bedeckung abgeliefert, und in der ganzen Friedrichsstadt schien sich kein einziger Bürger dem Befehl ernstlich widersetzen zu wollen. Der »passive Widerstand«, den die Nationalversammlung behauptete, dehnte sich auch auf diese Maßregel der Militärgewalt aus. – »Abliefern tun wir die Gewehre nicht«, meinten die Bürger; »wenn sie unsere Flinten haben wollen, mögen sie sie holen.« – Sollten die Arbeiter allein vor die Bresche stehen? Sollten sie, die im März die Barrikaden errichtet und verteidigt, noch einmal zu diesem letzten Mittel greifen? – »Und für wen? – für die Bürger?« – »Hol sie der Teufel!« sagten am 16. die Maschinenbauer in Moabit; »wenn die nicht selbst den Mut haben für ihre Freiheiten einzutreten, so sehen wir nicht ein, weshalb wir wieder die Katzen sein sollen, mit deren Pfoten sie die Kartoffeln aus dem Feuer holen. Bis jetzt sind sie mit ihren blanken Pulverhörnern und bunten Quasten in einem fort durch die Straßen gerannt; nun auf einmal lässt sich keiner mehr sehen; wir wollen uns auch nicht totschießen lassen.« Und das Resultat war, dass der »passive Widerstand« auch unter den Arbeitern seine Proselyten machte.

Am 15. abends war die Nationalversammlung, die seit mehreren Tagen an verschiedenen Orten heimlich Sitzung gehalten hatte, unter den Linden im Hotel Milentz beisammen. Doch auch dieser Platz war verraten worden, und als ich, etwas nach neun Uhr abends, dort vorüberkam, stand ein starkes Piket Militär vor der Tür und hatte das Haus gesperrt. Mehrere hundert Menschen sammelten sich, aber alles blieb ruhig; es wurde ihnen keine Aufforderung auseinanderzugehen, und sie selber schienen auch nur durch Neugierde an den Platz gefesselt. Da näherte sich eine Patrouille, und als der Offizier die Menschenmasse erblickte, rief er: »Tambour vor!«, um zum Auseinandergehen aufzufordern. Aber der Führer der vor dem Hotel aufgestellten Truppen ging auf ihn zu, sprach ein paar Worte mit ihm und gleich darauf folgte das »kehrt, marsch!« der eben Gekommenen. Die Patrouille zog wieder ab und die Menschenmassen blieben unbelästigt stehen.

Noch hatte sich aber die Patrouille keine hundert Schritt entfernt, als aus dem Hotel heraus die Abgeordneten kamen; die Soldaten ließen sie ungehindert durch und von allen Seiten drängte man hinzu, das Resultat der Sitzung zu hören. Der Beschluss, die Steuern zu verweigern, war gefasst worden und blitzschnell lief das Gerücht durch die Menge; auch die Einzelnheiten der Sitzung wurden rasch von den Mitgliedern der Versammlung selbst Fremden auf offener Straße mitgeteilt. Die Männer waren augenscheinlich in der gereiztesten Stimmung.

Die augenblickliche Wirkung dieses wichtigen Beschlusses schien mir keine so gewaltige, als man hätte vermuten sollen; man schien die Sache vorhergesehen zu haben, und wenn auch hie und da aus einer kleinen Gruppe ein jubelndes Hurra emporstieg, standen andere wieder schweigend und fast teilnahmlos daneben. Einige Männer, an denen ich vorüberging, fragten mich, was es da gebe; ich sagte ihnen, was ich eben aus dem Munde eines der Abgeordneten gehört: Die Nationalversammlung habe in diesem Augenblick beschlossen, die Steuern zu verweigern. – »So?« erwiderte einer, »hm – nun – w i r zahlen sie doch!«

Auch am andern Tage ließ sich deshalb keine größere Aufregung in der Stadt bemerken, und man erzählte sich den Beschluss in einem Tone, als ob es sich um eine ganz gleichgültige Sache handelte. Mir kam das anfangs rätselhaft vor, und doch stand es wieder mit dem ganzen eigentümlichen Wesen dieses »passiven Widerstands« in genauer Verbindung. Die Berliner wussten, dass dieses das letzte Mittel der Versammlung sein sollte; s i e hatten somit alles getan, was von ihnen verlangt worden war: Sie hatten sich ruhig verhalten, und den Provinzen blieb es jetzt überlassen, durch ein Einhalten der Steuern ihr Vertrauensvotum für die Nationalversammlung zu geben oder im entgegengesetzten Fall durch ein Zahlen derselben an den Tag zu legen, dass sie mit den Beschlüssen derselben nicht einverstanden seien.

Die Stadt war äußerlich ruhig wie in ihrer ruhigsten Zeit; sobald sich das Wetter nur irgend freundlich zeigte, sah man Spaziergänger unter den Linden; selbst das Theater war, wenn auch schwach, doch besucht. Gespielt wurde im Opernhaus, das Schauspielhaus stand starr und kriegerisch da, »belagert in einer belagerten Stadt«, wie ein Soldat selber äußerte. Das Säulenportal über der großen Treppe war mit Schildwachen besetzt, ebenso die Eingänge an allen Seiten; aus allen Fenstern schauten behelmte Gesichter, überall blinkten Bajonette und Helmspitzen. – Tausend Mann lagen in diesem einzigen Gebäude, das sogar seinen eigenen Kommandanten hatte, und es war dies dasselbe Regiment (Alexander), das in den März-tagen schon einmal seine Kraft mit den Bürgern gemessen und gewiss seine Tapferkeit bewährt, dennoch aber jetzt, wenn es wirklich wieder zum Kampfe kam, eine Scharte auszuwetzen hatte. Streitgerüstet lagen die Grenadiere in die Mauern des Schauspielhauses gebannt, des Rufs gewärtig zu Bürgerkrieg und Straßenkampf; bloß zu Patrouillen zogen dann und wann einzelne Trupps aus, und Urlaub bekamen nur zehn zugleich und immer nur auf ganz kurze Zeit.

Schon am zweiten Tag hatte ich einen Versuch gemacht, in das Innere des Gebäudes, das mit solcher Bevölkerung abenteuerlich genug aussehen musste, einzudringen, war jedoch kurz und entschieden von einem halben Dutzend Schildwachen abgewiesen worden. Ich erfuhr auch von einigen Mitgliedern des Theaterpersonals, dass niemand, sie selber nicht ausgenommen, hineindürfe, da das Militär für den Augenblick im alleinigen und unumschränkten Besitz des Musentempels sei. Und oben auf dem Giebel desselben stand scheu und unwirsch, mit schnaubenden Nüstern und vorgestrecktem Huf, Pegasus, das edle Musenross, als ob es sich eben nach einem nur einigermaßen anständigen Hügel in der trostlosen Ebene umschaute, zu dem es aus dem entweihten Heiligtume entfliehen könnte.

Wie bekannt, hatte die Nationalversammlung früher im Konzertsaal des Schauspielhauses ihre Sitzungen gehalten; auch dort sollten jetzt Truppen liegen, und meine Neugierde wurde sehr gespannt, als ich hörte, die Soldaten spielten in demselben Raum, wo ihre Vertreter getagt, abends National-versammlung. Wie aber hineinkommen? Schon verzweifelte ich an der Möglichkeit, als mir der Zufall günstiger war, als ich es je hätte erwarten können. Ich bekam Gelegenheit, so-gar abends einer sogenannten »Sitzung« beizuwohnen; das Wie, mag mir der Leser erlauben zu verschweigen.

Durch zehnfache Schildwachen, über einen Teil der Büh-ne hin, auf die ich aber kaum einen flüchtigen Blick werfen konnte, da der enge Gang meine ganze Aufmerksamkeit in Anspruch nahm, erreichte ich den Konzertsaal und über-schaute hier gleich ein so eigentümliches als wunderliches Bild. Der prachtvoll eingerichtete Saal war in ein rohes, wüstes Soldatenlager verwandelt. Auf den rotgepolsterten Sesseln und Bänken lagen und saßen in allen nur möglichen Stellungen die Soldaten, manche lang ausgestreckt auf den Polstern, mit der Pfeife im Mund und die schmutzigen Stie-feln auf den geschnitzten Lehnen; hie und da eine kleine Gesellschaft um einen Tisch gedrängt, im eifrigen Karten-spiel; dort ein paar eingeschlafen in der Ecke, die Mützen ins Gesicht gezogen, das Kinn auf die Brust gedrückt, die Hände über dem Magen gefaltet, die meisten aber aufmerksam der »Abendunterhaltung« lauschend, die eben ihren Anfang ge-nommen zu haben schien. – Ich war etwas verwundert, auch einen Offizier unter den Zuhörern zu erkennen.

Die Abendunterhaltung bestand aber in Folgendem. Auf dem, ich glaube der königlichen Loge gegenüber befindlichen Präsidentensitz hatte sich ein Musikchor eingenistet, das mit, wahrscheinlich im Orchester vorgefundenen, Bassgeigen und Violinen und mit eigenen Flöten, Pfeifen und Trommeln

Walzer und Märsche spielte; nur Blechinstrumente schienen, wohl des allzu lauten Tones wegen, ausgeschlossen. Die einzelnen Musikstücke wurden jedes Mal von den Zuhörern mit Bravoruf und Beifallklatschen belohnt, und beim Sturm- und Attaquemarsch, dem ein kurzer, nervenerregender Trommelwirbel folgte, fiel die ganze Schar jedes Mal in das übliche aber gleichfalls etwas gedämpfte Hurra ein. – Dann kam wieder irgendein trauriger Walzer, dem die faule Bassgeige nur mit Widerstreben zu folgen schien, und der Violine fehlte es an Kolophonium, das sich im Orchester wohl nicht mit vorgefunden hatte. Die Finger des Spielers mochten sich auch nicht eben gelenk oder taktfest der ungewohnten Beschäftigung fügen; denn man kann gewiss ein ausgezeichneter Trommelschläger und doch nur ein mittelmäßiger Violinist sein. Kurz, es waren außer den gewöhnlichen Märschen klägliche Weisen, die den gepeinigten Instrumenten abgemartert wurden. Und rings umher an den Wänden des durch wenige Öllampen notdürftig erleuchteten Saals schauten wehmütig die Büsten von Gluck, Händel, Mozart, Weber, Haydn, Bach, Moscheles, Beethoven und anderer alter Meister der Töne hernieder und schienen in den an ihnen vorbeistreichenden düstern Tabakswolken die Stirnen zu runzeln ob dem ohrzerreißenden Gräuel.

Die Hauptperson des Ganzen stand auf der Rednerbühne unter dem frühern Sitz des Präsidenten und zwar in Zivil, in schwarzem Frack, Halsbinde und Vatermördern und weißen Beinkleidern, und diese Maske – ebenfalls ein Gardist desselben Regiments – sollte den Präsidenten der Nationalversammlung vorstellen. Es war ein noch junger Bursche mit nicht gerade auffallendem Berliner Dialekt, und er führte einen Taktstock, den er auf karikierte Art handhabe, damit bald nach dem Orchester hinauf, bald nach den Zuhörern hin gestikulierte und dazwischen zum großen Ergötzen der leicht Befriedigten das Spielen der verschiedenen Instrumente nachahmte. Auf der Nase trug er eine Klemmbrille, die er übrigens später, weil sie ihn genierte, ablegte.

Endlich, nachdem die Spieler eine lange Weile musiziert hatten, eröffnete der Präsident die Sitzung. Mit affektierter Stimme begrüßte er die »Nationalversammlung« und sprach von der schwierigen Aufgabe, sechzehn Millionen zu vertreten, erklärte, dass sie hier zusammengekommen seien, ihr eigenes Wohl zu beraten und ließ dann wieder unter den frühern Possen ein Lied aufspielen. Hierauf ging er, und nicht ganz ohne Gewandtheit, auf seine wie seiner Kameraden Verhältnisse ein, in welch sonderbarer Lage sie sich eigentlich befanden, belagert in einer belagerten Stadt, und wie wenig man dabei auf ihre eigene Bequemlichkeit bedacht gewesen. Mehrere Tage lang hätten sie auf der bloßen Erde kampieren müssen, jetzt, nachdem sie sich wund gelegen, bekämen sie Strohsäcke; der Kaffee sei, trotz einer jüngst eingegangenen Schenkung, ungenießbar, das Fleisch so, dass es sämtliche vier Köche nicht gar bekommen könnten und der innere Zustand des Schauspielhauses, was die Reinlichkeit betreffe, dermaßen schaudererregend, dass eine genauere Beschreibung gar nicht zulässig erscheine.

Nach einer ziemlich weitläufigen, manchmal wirklich witzigen, nur zu oft aber auch sehr matten Auseinandersetzung der Gründe, die ihn eine Änderung ihres Zustandes wünschen ließen, wandte er sich an die Versammlung, ihre Meinung darüber zu hören, und zwar zuerst an die »äußerste Linke«, die mit einem ziemlich allgemeinen vernehmlichen Ja antwortete. – »Und was sagt die äußerste R e c h t e zu meinem Vorschlag?« sprach er dann, sich nach der Seite wendend, welche die Rechte früher eingenommen hatte. – »Nein!« lautete hier die vom lachenden Beifallsruf der Zuhörer begrüßte Antwort, und mit einem ruhigen: »Ließ sich nicht anders erwarten«, rückte er sich die Brille wieder zurecht und gab, ohne weiter auf die Abstimmung einzugehen, dem Orchester das Zeichen zum Wiederbeginn eines seiner verzweifelten Stücke.

Sodann nahm er eine Partie Bittschriften, wie sie der Nationalversammlung wirklich eingegangen, und von denen er eine sogar als fingiertes Taschentuch benutzte und las sie mit possenhaften, nicht selten zweideutigen Bemerkungen vor; ebenso missbrauchte er das preußische Landrecht, von dem ein Exemplar ebenfalls in einem unteren Gefach der Redner-tribüne lag. Und die Soldaten amüsierten sich herrlich, aber der Offizier stand nach einer Weile auf und verließ den Saal.

Man müsse den Soldaten den unschuldigen Spaß lassen, um sie bei guter Laune zu erhalten; die armen Teufel haben viele Beschwerden zu ertragen, stehen vielleicht auf der Schwelle eines Bürgerkriegs; das Schauspielhaus dürften sie abends nicht verlassen, die Langeweile hätte sie ja getötet — solches und anderes wurde mir vorgestellt. Ich aber fragte mich, ob denn das alles, was mich hier im tollen Possenspiel umgab, Wirklichkeit sei? Mir kam das Ganze oft wie ein Traum vor. — Die Halle hier, in der die Vertreter des ganzen mächtigen Preußenvolkes das Wohl des Landes, das Wohl von Millionen beraten, von Bajonetten geräumt, von Bajo-netten besetzt, auf der Tribüne ein in Ziviltracht possenhaft verkleideter Soldat; die Bittschriften, die das Volk, seinen Vertretern eingesandt, gemissbraucht! — Das Andenken an das Edelste, was die Freiheit eines Volks gewährleisten kann, seine Vertretung durch Abgeordnete im eigenen Parlament, verhöhnt und lächerlich gemacht! Und hier die Männer, die lachend dem Spiele zuschauten oder träumend in der Ecke saßen, jede Minute bereit, beim ersten Trompetenstoß, beim ersten Trommelwirbel in die Höhe zu fahren und mit dem schon geladenen Gewehr, dem schon aufgesteckten Bajonett sich den, vielleicht durch nur irgendeinen bösen Zufall aufgereizten Bürgern entgegenzuwerfen! Ein eigenes, recht hässliches Gefühl war es, das mich durchzuckte, und ich verließ den entweihten Raum, verließ die armen in effi-gie gepeinigten Heroen der Musik unter den quietschenden Tönen der Geige, dem brummenden falschen Akkompa-gnement des Basses und dem Beifallssturm der dankbaren Grenadiere.

Um die Mitteltür und die Haupttreppe auf dem nächsten Weg zu erreichen, musste ich über die Bühne weg, und ich werde d e n Anblick im Leben nicht vergessen. – Im ungeheuern Raum hingen in der Mitte an Brettern drei Doppellampen, die aber ein düsteres mattes Licht gaben und das Ganze kaum notdürftig erhellten. Auf der Bühne selbst befand sich die Wache und wenn auch hie und da zwischen den Kulissen Gruppen von Kartenspielern an kleinen Tischen saßen, so musste doch die Bühne selbst von solchem Treiben frei bleiben. – Hier standen die Gewehre der Wache zusammengestellt, und ernste Posten wanderten schweigend daneben auf und ab. Ich ging zwischen ihnen durch und betrat die Bretterbrücke, die über die Banklehnen des Parterres hinweg dem Ausgang zu führt. – Hier aber blieb ich stehen und überschaute nun zurückblickend das ganze eigentümliche Bild, das vor mir ausgebreitet lag.

Die Kulissen waren unordentlich durcheinander, hier Säulen, dort Wald, vorgeschoben; den Hintergrund aber bildete (die Leinwand war wegen des Luftzugs von hinten herabgelassen) wohl zufällig eine weite, den Horizont begrenzende Seefläche. Zur Rechten und dicht vor dem zackigen Felsenufer lagen die erst heute eingelieferten, noch ganz neuen Strohsäcke der Soldaten aufgeschichtet, und es sah täuschend so aus, als ob ein Schiff dort gerade seine Waren gelandet hätte. Links standen, von hinten vor, bis dicht an die vordere Lampe, die mit den Bajonetten zusammengreifenden Gewehre und auf jeder Waffenpyramide ein Helm. Über die Bühne aber zerstreut, auf die Ellbogen gestützt oder das erste Beste, was sich ihnen geboten, unter den Kopf gerückt, lagerten einzelne Grenadiere und schauten träumend nach den öden Galerien hinauf, in denen nur hie und da einzelne Kameraden Platz genommen hatten und die Szene unter sich gerade so teilnahmlos und schläfrig betrachteten. Rechts neben mir im Parterre unten saßen zwei nebeneinander auf einer Bank und nickten, und links lag ein Dritter, auf der Bank ausgestreckt, und schnarchte laut.

Die Schildwachen schritten still und lautlos ihre befohlene Bahn hin und her; manchmal aber blieben sie, dem Hintergrund zugewandt, stehen, und es war dann, als ob sie das weite Meer beobachteten, das Nahen fremder Schiffe zu erkunden, denn der matte, ungewisse Dämmerschein machte die Täuschung fast vollständig. Es lag wahrlich eine gewisse Poesie in dieser entsetzlichen Prosa.

Ich verließ Berlin am nämlichen Abend wieder.

Die einigen Deutschen im Ausland

Wir leben in einer wunderlichen Zeit, und während neue Erfindungen und Entdeckungen anfangen, alle früheren Systeme über den Haufen zu werfen, und der Zopf sich nur noch mit Gewalt auf seiner alten Stelle hartnäckig und steif behauptet, wo er früher wohlgefällig und unangefochten unter der Perücke hing, minieren Wissenschaft und Not von verschiedenen Seiten, aber mit gleich gewaltiger Kraft das Bestehende und bahnen sich neue Wege und Pfade.

Wissenschaft und Not, die einem gemeinschaftlichen Geschlecht angehören (denn die Not ist die Mutter der Erfindung), arbeiten sich deshalb auch auf dieser unserer wunderlichen Welt treu und unermüdlich in die Hände, und wo Maschinen des Menschen Arm und Kraft entbehrlich machen, trägt das kunstvoll gebaute Schiff die Dürftigen weit und sicher über rollende Wogen einer neuen, noch frischen und der Arbeit bedürftigen Heimat entgegen, und der abgeleitete Strom sucht und weiß dadurch das alte Gleichgewicht wiederherzustellen.

Die Leute wanderten nun freilich auch schon in ältester Zeit aus, wenn auch nicht gerade wie jetzt aus dringender Not, und eigentlich nur, um ihren wachsenden Herden mehr Raum und Weide zu gönnen. Aber jene V ö l k e r w a n d e r u n g e n hatten außerdem einen ganz andern Charakter; denn wenn sie auch ganze Stämme aus einem Land in das andere führten, nahmen diese doch mit ihren Herden fast stets die alten Gebräuche mit, und passten diese meist nur erst nach langen Jahren, langsam und allmählig dem Klima und den übrigen Verhältnissen des neuen Bodens an. Heute geschieht die Auswanderung in ganz anderer Art, und an Bord des Schiffes wird

der Wanderer, der sich sonst nur in kurzen, zögernden Tage-
märschen von seiner Heimat entfernte, mit einem gewaltigen
Schlag den alten Verhältnissen entrissen, eine Zeit lang wie in
einem wüsten Traum durch die tollen, wunderlichen Szenen
des Schiffslebens geführt, die mit nichts Ähnlichkeit haben,
was er bis dahin gesehen und an die er also auch gar keine
Vergleiche, keine Erinnerungen knüpfen kann und dann nach
Nord oder Süd in eine fremde Welt, durch das Weltmeer von
seinem Vaterland getrennt, hinübergeworfen. Die natürlichste
Vermutung nun wäre, dass er in der neuen Welt auch ein
neuer Mensch werden und ganz aus sich herausgehen müsse,
dass Klima und Sitten des fremden Volkes auf seinen eigenen
individuellen Charakter gewaltig einwirken und ihn zwingen werden, wenigstens seinen äußern Menschen der ganzen
Umgebung augenblicklich anzupassen und mit dem Übrigen,
wenn auch etwas langsamer, doch sicher nachzufolgen.

Dem ist aber keineswegs so; fast alle Nationen, sie mögen
kommen woher, gehen wohin sie wollen, behalten, auch nach
dem längsten Aufenthalt in fremden Land, den Stempel des
Vaterlandes unverkennbar aufgedrückt, und nur der Franzose
allein von allen Übrigen macht im Allgemeinen eine Ausnahme, denn nur er scheint sich in das ihn umgebende Neue rasch
und geschmeidig hineinzufinden, und weichem Wachse gleich
die nächsten Eindrücke in sich aufzunehmen. Die Beweise
dazu habe ich in allen Ländern gefunden, die ich bis jetzt betreten, und der gerade Gegensatz von ihm ist auch in dieser
Hinsicht der alte Feind seiner Nation, der Engländer, der auch
sein Feind bleiben wird, sie mögen jetzt Komödie spielen so
viel sie wollen.

Während der Franzose vor allen Dingen die Sprache des
Volkes lernt, unter dem er lebt, auf seine Vergnügungen ein-
geht und oft ebenso schnell seine Sitten und Gewohnheiten,
selbst mit den Eigentümlichkeiten der Tracht annimmt, bewegt sich der Engländer schroff und starr in der einmal gewohnten Bahn, mag ihn diese nun unter das Eis des Nordpols

oder unter die Strahlen der Äquatorsonne geführt haben. Es fällt ihm dabei gar nicht ein, die Sprache des fremden Volkes zu lernen, ebenso wenig wie es einer der Söhne Albions unter Tausenden, die den Kontinent besuchen, der Mühe wert hielt, etwas von der Sprache jener Gegenden sich anzueignen, die er mit dem Reisehandbuch in der Hand kalt und nur neugierig durchstreift. Mit der Sprache behalten sie Tracht und Sitten bei, und wäre auch ein Engländer dreißig Jahre in einem fremden Land, der Schnitt seines Bartes wie seines Rocks wird ihn stets verraten, noch ehe er den Mund geöffnet hat.

Gleich starrsinnig, ja in der Sprache fast noch mehr, ist der Spanier, und wo Engländer und Spanier zusammenkommen, sieht sich sogar der erstere endlich genötigt nachzugeben, will er eine Geschäftsverbindung mit dem heißblütigen und doch phlegmatischen Romanen unterhalten, und natürlich will er. Gelenker als der eigentliche Engländer sind der Ire und der Schotte, und noch geschmeidiger der schlaue Chinese, der daheim die Lampen vor seinem Götzenbild ruhig brennen lässt, während er draußen nicht selten selbst den Zopf opfert, um seinem viel heiliger gehaltenen Gott, dem Mammon zu dienen.

Doch auf all die verschiedenen Nationen und ihre Eigentümlichkeiten in fremden Weltteilen einzugehen, würde, wenn auch nicht gerade Bände, doch jedenfalls weit mehr Raum erfordern, als dieser kleinen Skizze verstattet ist, und ich will mich deshalb hier nur mit den dem deutschen Leser jedenfalls interessantesten L a n d s l e u t e n begnügen, von denen ich im Stande bin, ihnen ein klein wenig fast aus jedem Winkel der Erde zu erzählen.

In Masse treten uns die Deutschen im Ausland schon hier im Vaterland vor Augen als »Auswanderer«, wie sie in Scharen durch fremde Städte, ihnen selbst in der Heimat eine fremde Welt, hindurchziehen und staunend die wunderlichen Häuser, Läden und Trachten beschauen, von denen sie früher keine Ahnung gehabt, und die, so sehr sie ihnen gefallen, doch wieder fremd und bedrückend auf sie wirken. Die Frauen schleppen dabei Kinder und Bündel, die Männer häufig eine alte Flinte auf dem Rücken – das Wild soll ja da draußen nur so herumlaufen und muss geschossen werden – und in Kälte und Nässe oder in Staub und Sonnenbrand verfolgen sie ihren mühseligen Weg dem fernen, fernen unbekannten Ziel entgegen. Mit kleinen Handkarren sehen wir sie so die Straße entlangziehen oder eingepfercht wie das liebe Vieh auf den offenen Bahnkasten vierter Klasse, dem Aschen- und Funkenregen der Lokomotive preisgegeben, nur die Kinder schützen vor dem scharfen Luftzug und teilnahmslos, oft schaudernd hinausstarren in das fremde, herzlose Treiben um sie her. – Wer von uns erinnert sich nicht der bleichen Gruppen in den fremdartigen Trachten mit dem fremdartigeren Dialekt? Wer von uns hat nicht leise vor sich hingeseufzt, wenn er die Scharen sah, die also in Not und Elend das Letzte opferten, was sie bis dahin ihr eigen genannt – die Gräber ihrer Lieben und den heimischen Himmel, – um in einer fernen Welt ein neues Vaterland zu suchen? Und wie viel trauriger, wie viel trostloser steht der Auswanderer nicht erst an fremder Küste, wenn er das bis dahin so heiß ersehnte Land zuerst betreten und den Zauber in Nebel zerfließen sieht, den seine eigene Phantasie bis dahin darüber ausgespannt gehalten!

Solange der Auswanderer noch a u f   d e r   R e i s e ist, erträgt er gern alle Mühseligkeiten und Beschwerden: Er weiß es einmal nicht anders, und die H o f f n u n g , mit dem ersehnten Land nicht allein das Ziel seiner Wünsche, sondern auch das Ende alles dieses Leids erreicht zu haben, lässt ihn, was ihm begegnet, mit leichtem, fröhlichen Mute hinnehmen. Diese freudige Hoffnung gibt ihm dabei nicht selten eine ihm sonst vollkommen fremde Elastizität des Geistes, eine frohe und entschlossene Zuversicht, die ihn selbst gegen künftige Gefahren gleichgültig macht. »Nur ertragen, nur ertragen!« murmelt er leise vor sich hin; »in Amerika hat alles ein Ende, und das hier gehört noch mit zu dem deutschen Jammer und

Leid, das du daheim geduldet.« – »Sei ruhig, Herz, wir sind nun bald in Amerika!« beschwichtigt auch die Mutter das jammernde Kind, und selbst den letzten Taler sehen die Leute oft mit vollkommener Seelenruhe für die Überfahrt aufgehen, wissen sie doch, dass von dem Augenblick an der Kapitän für sie zu sorgen hat, bis sie amerikanischen Boden erreichen – u n d   d a n n   i s t   a l l e s   g u t.

So, die Brust mit Hoffnung gefüllt, wenn auch nur Lumpen den Körper decken, erreichen sie die fremde Küste. Die alte Kleinmütigkeit haben sie unterwegs vollends ganz verloren, und sie singen und tanzen und schimpfen über die Provisionen, die ihnen der Kapitän nicht gut genug liefern kann. Es sind glückliche Menschen, bis sie den Boden der neuen Welt betreten, bis sie das so heiß ersehnte Ziel erreicht haben, und wer sie dort dann auf ihren Kisten sitzen sieht, das bleiche Gesicht in die Hand gestützt, das Auge stier auf den Boden geheftet, wer dann die Weiber sieht, wie sie krampfhaft ihre Kinder an sich pressen und scheu und ängstlich das fremde Treiben betrachten, das um sie wogt und drängt und in dem sie glauben untergehen zu müssen, dem hebt sich die Brust recht schwer in Mitgefühl und Schmerz, denn mit zerschmetterten Hoffnungen sitzen die Armen am fremden Strand, und Angst und Reue nagen an der Seele.

Und   w i e d e r   haben sie Unrecht, wieder fallen sie in den nämlichen Fehler, der sie das Land der Verheißung mit so lockenden Farben malen ließ. Dass dieser törichte Wahn, dem sie selber nicht einmal Form und Gestalt zu geben vermochten in ihren Träumen, nicht wahr geworden ist, weil sie beim ersten Ansprung ein Land gefunden, dass sich – zu ihrem Entsetzen müssen sie es gestehen – fast in gar nichts vom verlassenen unterscheidet, weshalb sie auch nicht einsehen können, wie sich ihr Schicksal hier verbessern soll, das schleudert mit demselben Wurf, mit dem es ihre Kartenhäuser und Luftschlösser übereinander stürzt, auch ihre Hoffnung, ihr Vertrauen zu Boden, und mutlose Verzweiflung deckt plötzlich ihren düstern

Schleier über all ihre Träume und Pläne. – Dieser Eindruck wird allerdings nicht so rasch wiederaufgehoben als der erste, aber er schleift sich doch nach und nach ab; der Auswanderer – und ich spreche natürlich hier nur von der ärmsten Klasse, also von der unendlichen Mehrzahl unserer Landsleute – lernt endlich einsehen, dass Amerika, oder welcher andere Weltteil immer, keinesfalls ein Land der gebratenen Tauben, sondern der Arbeit sei, und je näher er mit den innern Verhältnissen desselben nach und nach bekannt wird, desto mehr lernt er sie liebgewinnen, und am Ende ist das ängstliche, niedergedrückte Wesen ganz verschwunden, das er nach dem ersten Schreck nur langsam und allmählig abschütteln konnte. – Der Mensch taut auf und damit erwachen denn auch wieder seine guten oder bösen Eigenschaften, die sich bis dahin nicht hinauswagten an das Licht des fremden Tages.

Merkwürdig ist dabei nur – und dies ist der eigentliche Text unserer heutigen Predigt – wie treu der Deutsche auch im fernsten Winkel der Erde gerade den Hauptzug seines Charakters, den er am ersten von sich schleudern sollte, beibehält und hegt und pflegt und wahrt – seine U n e i n i g k e i t, die das Vaterland in ein Geduldspiel verwandelt hat und deren Fluch er mit sich trägt bis an die äußersten Grenzen der Zivilisation und darüber hinaus. – So interessant dies nun für den Psychologen sein mag, so schmerzlich ist es für den, der es redlich mit seinen Landsleuten meint, aber er kann es weder ableugnen noch beschönigen, und die Sache mag deshalb geschildert werden, wie sie nun eben leider ist.

Nach Nordamerika hinüber strömen die Deutschen vor allen andern Ländern, schon der kürzern Entfernung wie des ähnlichen Klimas wegen, in ganzen Massen und sondern sich zum Teil schon in Deutschland, zum Teil auf dem Schiff in bestimmte Gesellschaften, um eben wieder, sobald sie sich ordentlich konstituiert haben, in Hass und Feindschaft auseinanderzugehen. – Von all den unzähligen Vereinen und Gesellschaften, die von auswandernden Deutschen zum

Zweck gegründet werden, durch feste Vereinigung und gemeinschaftliche Arbeit ein leichteres Fortkommen im fremden Land zu finden, besteht auch nicht einer fort, er müsste denn durch orthodox fanatischen Z w a n g zusammengehalten werden; selbst sorgfältig abgefasste Kontrakte zwischen zwei Parteien werden nur in äußerst seltenen Fällen von den Kontrahenten aufrechtgehalten.

Wir Deutsche haben aber auch besonderes historisches Unglück. Wir sind nicht allein Nord- und Süddeutsche, wir sind auch Hoch- und Plattdeutsche, wir sind Sigmaringer und Sondershauser, Preußen und Württemberger etc. etc., und wir sind außerdem noch Katholiken oder Protestanten oder Deutschkatholiken und wiederum Reformierte oder Lutheraner und dann noch zu allem Leid Republikaner und Aristokraten – und letzterer Unterschied bleibt nicht etwa in der alten Heimat zurück, denn der G e b i l d e t e wird in der neuen Republik nur zu leicht zu letzterem gestempelt. Wie lässt sich da erwarten, dass aus so verschiedenen Elementen irgendein festes Ganzes werden könnte?

Gebildete und Ungebildete, mögen sie im freiesten, ungebundensten Lande leben, können nun einmal keine gemeinsame Familie bilden und werden deshalb nie gesellschaftlich zufrieden miteinander existieren können. Etwas der Art bleibt daher bei jeder Nation unausführbar, es ist aber ganz unmöglich bei den Deutschen, wo der Arme nicht allein in staatlichem Zwang und Unmündigkeit gehalten, sondern auch von Kindesbeinen auf von jedem, der sich nur ein klein wenig besser dünkt als er, gedemütigt und niedergehalten wurde. Die bösen Folgen dieses Systems zeigen sich, sobald der Ungebildete in ein anderes, in ein freieres Land kommt, wo er die Bedeutung des Wortes fühlen lernt: »Du stehst hier allen gleich.« Anstatt sich dadurch gehoben zu fühlen, bläht es ihn nur auf, und weil er fühlt, wie weit er, trotz dem hier ihm zustehenden Recht, dennoch hinter Tausenden zurückbleibt, wird er g r o b statt u n g e z w u n g e n; er erzwingt übermütig etwas, das hier kein Vorrecht, sondern eine allgemeine Eigenschaft ist, und ist dabei ängstlich besorgt, jeden Augenblick es auch klar und deutlich zur Schau zu tragen, wie genau er weiß, dass er hier ebenso viel gilt als andere.

Mit den Kleidern ist es dabei wie mit den Sitten. Deutsche Dienstmädchen, z.B., wenn sie nur wenige Monate in Amerika sind, hören von andern, schon mehr eingebürgerten, welche Rechte ihnen im freien Lande zustehen, und der Hoffahrtsteufel fährt ihnen wie mit einem Zauberschlag in die Stirn. Sie stülpen sich einen Federhut auf und quälen ihre der Arbeit gewohnten Hände in enge Glacéhandschuhe; aber ihr Wesen passt so wenig in die fremde Gesellschaft wie ihre Hände in das enge Leder, und jeder sieht auf den ersten Blick die Unnatur.

Zieht sich nun der Gebildete vom Ungebildeten zurück, und er k a n n sich auf die Länge nicht wohl in seiner steten Gesellschaft fühlen, mag er ihn auch noch so sehr achten, oder fühlt letzterer das Übergewicht des andern, unter dem es ihm nicht wohl und behaglich ist, so schreibt er nicht sich selber und seiner Erziehung die Schuld zu, sondern er schimpft auf den H o c h - m u t des A r i s t o k r a t e n und der erste Bruch ist fertig.

Außerdem liegt uns aber auch noch das alte Zunft- und Vorrechtswesen zu sehr in den Knochen, als dass es der Deutsche so mit einem Mal von sich abschütteln könnte und möchte; ja er hegt und nährt es selbst Jahrzehnte hindurch wie sein zweites Ich. – Wir brauchen freilich nicht nach Amerika zu gehen, um Beispiele für den oft lächerlichen Kastengeist zu finden. Als 1848 der Schrei nach Freiheit und Einheit durch Deutschland zuckte, verlangte das Volk Bewaffnung, und auch die Bauern traten zusammen, um Compagnien zu bilden. Man sollte nun denken, dass wenigstens in jenen Monaten, wenn auch nur auf kurze Zeit, ein anderer Geist in die Köpfe gefahren wäre, aber Gott bewahre! Im Altenburgischen z.B. wollten die »vierspännigen« Bauern mit den »zweispännigen« nicht in einer Compagnie stehen. Diesen

Zunftgeist bewahren sich die Deutschen unter allen Zonen, und in Chile wie in Australien, an der Ost- und Westgrenze des stillen Meers, scheiterten zwei projektierte deutsche Lesegesellschaften an einer und derselben Ursache, dass die K a u f l e u t e die H a n d w e r k e r nicht darin haben wollten.

Wie der Jubelruf des Rausches von 1848 auch nach dem stillen Meer hinüber drang, zog der in Valparaiso gebildete deutsche Club, der ausschließlich aus der deutschen haute volée mit Ausschluss der Handwerker bestand, mit der schwarzrotgoldenen Fahne durch die Stadt, und die deutschen Handwerker warfen ihren deutschen Brüdern abends zur Feier der deutschen Einheit die Fenster ein.

Dem äußern Anschein nach kommt es uns im Anfang allerdings so vor, als ob jene kleinlichen Unterscheidungszeichen in dem großartigeren Leben einer fremden Welt verschwunden oder wenigstens verwischt wären, denn wir nennen dort einander wenigstens D e u t s c h e und vermeiden es, uns in Preußen, Österreicher und Deutsche einzuteilen; aber es s c h e i n t das auch wirklich nur so, und außer dem Namen hat der Deutsche nicht gern etwas gemein mit dem Landsmann, ja zur Schande seiner Landsleute und zu seiner eigenen schämt er sich wohl gar noch seiner Abstammung. – Wenn er das nur mit B e w u s s t s e i n täte, könnte man nicht viel dagegen sagen, aber es ist allein die ekle, dünkelhafte Idee, die ihn schon in Deutschland hinter seinem Ladentisch plagte, wo er kein deutsches Fabrikat anerkannte, das nicht einen fremden Namen trug und für »importiert« galt, die Idee, jetzt selbst für fremd zu gelten in den Augen seiner Landsleute. Dass ihn der Amerikaner deshalb verachtet, kümmert ihn leider Gottes wenig; er radebrecht ein nichtswürdiges Englisch oder Spanisch, wo er sich nun gerade befindet, nimmt kein deutsches Buch mehr in die Hand und vergisst, wie Ja und Nein in der Muttersprache heißen.

In Nordamerika gibt es derlei Subjekte am meisten, und es kann kein Trost für uns darin liegen, dass es fast nur Leute der untern Klassen sind, die sich auf eine oder die andere Art ein paar tausend Dollars verdient haben. Es sind nun einmal Deutsche, und der Keim lag in ihnen, schon als sie das neue fremde Land betraten. Und die Ursache solcher Verleugnung ihrer Nationalität? – Lieber Leser, die Leute sind eigentlich unschuldig daran. Hörten wir nicht in Deutschland von Jugend auf, dass wir gar keine Nation sind, hätten wir wenigstens einen w i r k l i c h e n d e u t s c h e n Bund, dass wir uns erst einmal s e l b e r achten könnten, um sofort auch andere Völker zu zwingen, uns zu achten, dann fiele der Übelstand vielleicht von selber weg. So aber streuen wir unsere Landsleute wie Spreu nach allen Winden hinaus, und anstatt unsere N a t i o n zu repräsentieren, repräsentieren sie nur unsere Schwachheiten.

Am meisten vereinigt sind die verschiedenen Nationalitäten, und mit ihnen auch die deutsche, in den G o l d l ä n d e r n. Oben in den Minen sitzen sie, ohne alle Rücksicht auf Rang und Stand, eng beisammen und zwischen den verschiedenen kleinen Gesellschaften besteht ein vollkommener, durch die Arbeit selbst natürlich bedingter Kommunismus, der schon an sich jede Bevorzugung ausschließt. Man findet dort wirklich die wunderlichsten Zeltgenossenschaften, die man sich nur denken kann, und manchmal scheint es, als ob sich das Schicksal in einer verzeihlichen Neckerei den Spaß gemacht hätte, gerade das Heterogenste, das ihm das Menschengeschlecht bot, unter einer Leinwand zusammenzuwürfeln. Vornehm und niedrig Geborene, Gebildete und Ungebildete, Künstler und Holzhacker wiegen ihr Gold auf e i n e r Waage, trinken aus e i n e r Kanne ihren Kaffee und tragen, einer dem andern abwechselnd die Erde zu, die der andere auswäscht, das edle Metall daraus zu gewinnen.

Einzelne Originale dieser Gesellschaft zu besprechen, ist hier nicht der Raum, aber aus aller Herren Länder scheint der liebe Herrgott seine wunderlichsten Kostgänger hier versammelt zu haben, und der Holsteiner neben dem Böhmen, der Elsässer neben dem Posener schaukeln ihre Maschinen und schütteln ihre Pfannen nach Herzenslust und in Friede und Freundschaft. – Das Minenleben ist aber immer nur ein Ausnahmezustand, gerade wie das Schiffsleben, und die Leute hausen da oben, so freiwillig das Ganze auch aussieht, doch gewissermaßen nur gezwungen so friedlich beieinander. Haben sie sich etwas verdient, oder häufig auch wenn sie nichts finden können, ändert sich das bald; sie ziehen wieder nach San Francisco oder in die andern größeren Städte zurück, und als ob die Luft da unten einen lösenden Einfluss ausübte, so stieben die Leute auseinander und sind auf einmal wieder – richtige Deutsche geworden.

In Australien herrschten ähnliche Verhältnisse, und v o r der Goldentdeckung in Tasmanien lebten die paar Deutschen in Sydney z.B. wie Hund und Katze miteinander, während die im Adelaidedistrikte gebildeten Vereine und Gemeinschaften sich eben nur durch den strengsten religiösen Zwang aufrecht erhielten. Die verschiedenen Gemeinden der Altlutheraner grünten und blühten; sie wurden durch die mächtige Hand ihrer Pastoren zusammengehalten, nach außen zu und auch gegeneinander setzten sie sich aber auf die Hinterbeine, und es war nichts so schlecht und hässlich, dass sie nicht einander nachsagen mochten. – An verschiedenen Stellen hatten brave Deutsche zugleich versucht, wirklich deutsche Dörfer und Niederlassungen zu gründen, aber selten mit nur einigem Erfolg und nur z.B. in »Angas-Park«, wo ein Engländer an Deutsche ganze Sectionen verpachtet und jeder auf seinem eigenen Land sein Haus stehen hatte, also mit dem Nachbar, wenn er nicht wollte, in keine Berührung kam, lebten sie in Frieden miteinander und verklagten sich nur, wenn einem vielleicht einmal des Nachbars Kuh in die Fenz brach oder über den Weg lief, »denn Recht muss doch Recht bleiben.«

In Südamerika schwimmen sie mehr einzeln im spanischen Element herum, und wie das bei Geschwistern der Fall ist, die sich auch oft unendlich lieb haben, aber doch aufeinander einhacken und sich das Leben verbittern, sobald sie beieinander sind, so sehnt sich der Deutsche dort nach Landsleuten — bis er eben Landsleute hinbekommt, und dann spielt er Geschwister mit ihnen.

Australien ist übrigens der Probierstein des deutschen Charakters geworden. Durch die Vereinigten Staaten herrscht in den bis jetzt zivilisierteren Ländern der Ackerbau viel zu sehr vor, um dem Einwanderer die Wahl zu lassen, was er treiben will, Ackerbau oder Viehzucht, während in Australien nur die letztere möglichen Vorteil und Aussicht auf raschen Gewinn bietet, und dem Ackerbau des teuern Landes und des beschränkten Raumes wegen alle nur erdenklichen Schwierigkeiten entgegenstehen. Dennoch hat sich der Deutsche dort ausschließlich auf den Ackerbau geworfen. Vielleicht waren es im Anfang gerade die glänzenden Berichte von den gedeihenden Herden, die ihn hinüberlockten zu den Antipoden, und so macht er vielleicht g e g e n seine Neigung den Versuch, Schaf- oder Rinderzucht zu beginnen, er kehrt aber, ohne eine einzige, wenigstens mir bekannte Ausnahme, stets wieder zum Ackerbau zurück, in dem er es denn auch weit eher als der Engländer durch seine Ausdauer und wahrhaft deutsche Geduld fast immer zu etwas bringt. — Für diese Behauptung kenne ich eine Masse Beispiele und der Deutsche bleibt nur durch die Verhältnisse gezwungen Schäfer für einen andern Herrn, und sehnt sich immer wieder zu einer ruhigeren Beschäftigung zurück.

Der Grund davon ist aber so ziemlich allein die Art und Weise, wie hier die Viehzucht betrieben wird, denn sie stimmt nicht mit dem deutschen Charakter zusammen. Der Engländer r e i t e t von Jugend auf, und fast alle seine Nationalvergnügungen, sobald sie das feste Land betreffen, drehen sich um den Sattel. Das kommt ihm bei der Viehzucht in einem noch wilden Lande nicht allein sehr zu statten, es wird selbst zum notwendigen Erfordernis, und während so der Engländer in der Erfüllung seines Berufs seinem Vergnügen nachgeht und eine Leidenschaft befriedigt, müsste sich der Deutsche erst in eine ihm sehr ungewohnte und unbequeme Lebensart hineinfinden und unterlässt es daher lieber ganz. Dafür ist der Deutsche beim Ackerbau zu Haus, und die sorgsame Behandlung des Bodens, die Pflege seines Viehs, der wirksame Fleiß der Hausfrau daheim, die ihn bei jeder Arbeit unterstützt, lässt ihn bald sein kleines Stück Feld zum Doppelten verwerten, was ein anderer daraus erzielen würde.

Dass diese Sorgsamkeit, ja Kleinlichkeit in jedem auch ausartet, und die Wurzeln nach Seiten hinaustreibt, wo es eben nicht nötig wäre, lässt sich nicht ändern und vermeiden; es ist das ein kleines Übel, wo es das größere Gute gilt. So lässt der Deutsche, wenn er auswandert – und das ist gleichfalls ein charakteristisches Zeichen seiner Abkunft – nicht gerne auch nur den Nagel in der Wand zurück. »Man weiß nicht, wozu man es noch einmal brauchen kann«, sagt er und schleppt so eine Masse Plunder mit in der Welt herum, der ihm zuletzt dreimal mehr an Fracht und Ärger kostet, als er wert ist, und dabei dauert ihn noch der Stiefelknecht, den er vielleicht zurückgelassen. Daher kommt es denn, dass man nicht selten in fremden Weltteilen deutsche Bauernstuben findet, an denen man nur bewundert, dass sie so vortrefflich auseinandergenommen und verpackt werden konnten, so genau haben sie, bis in das Kleinste, Unbedeutendste hinein, ihre Eigentümlichkeit bewahrt und nicht einmal den Geruch verloren.

Der Deutsche ist dabei in allen fremden Kolonien von den Regierungen, selten so sehr vom Volke selber, gern gesehen und willkommen geheißen, denn überall (nur nicht überall im eigenen Vaterland) gibt man ihm das Zeugnis, dass er »ein guter Staatsbürger« sei. Es ist das aber eigentlich keine Schmeichelei, sondern, wenn man der Sache ein wenig mehr auf den Grund geht, eine schmähliche Grobheit und darum nicht weniger grob, weil es zufällig wahr ist. Der Deutsche gilt überall im Ausland als ein vortrefflicher Staatsbürger, weil er sich um weiter nichts kümmert als um seinen Acker, und vor der Politik, gleichviel ob er sich in Deutschland selber damit befasst hat oder nicht, eine ordentliche, ich kann wohl sagen angeborene Scheu hat. So ersprießlich das nun auch für sein leibliches Wohl scheint und so große Fortschritte er dabei in der Kultur des B o d e n s macht, so traurig sieht es mit seiner geistigen Kultur aus, und er wird nicht allein, sondern er b l e i b t eine künstlich hergerichtete Maschine, die, bei der Geburt aufgezogen, bis zum Sterbetag in Bewegung bleibt und dahin ihre Kräfte lenkt, wohin der, der sich der Leitung derselben bemächtigt hat, sie eben lenken will. »Muss ich denn wählen?« fragte der Deutsche in Australien, als er die vom Magistrat ausgestellte Einladung zur Wahl einzelner Mitglieder in die gesetzgebende Versammlung erhielt, und die Sache betraf seine wichtigsten Interessen und er repräsentierte seinen Stamm.

Die Deutschen machen es sich auch gewöhnlich nur selber weiß, dass sie Republikaner werden, wenn sie nach den nordamerikanischen Freistaaten gehen. Aber das Leben in einer Republik macht uns noch nicht zu Republikanern, und niemand ist ungeschickter für die Ausübung der dadurch übernommenen Pflichten als wir Deutschen und vielleicht noch die Irländer. Ich rede natürlich hier nur von der M a s - s e des Volks. Ich bin aber weit davon entfernt, das den Auswanderern etwa zum Vorwurf zu machen; wo hätten sie es lernen sollen?

Es wäre ein schmerzlicher Zeitvertreib, das politische Leben der Deutschen im Ausland zu zergliedern; aber höchst humoristischen Stoff bietet dafür das bürgerliche derselben, das in seinen wunderlichen Metamorphosen manchmal alles, was wir bis dahin für möglich und ausführbar gehalten, auf den Kopf zu stellen scheint.

So gut fast alle Pflanzen bei verständiger Pflege in fremden Weltteilen fortkommen, so schlecht gedeihen die S t a m m - b ä u m e, wenn sie auf solch wildes Erdreich gepfropft werden, und einzig und allein durch goldene Stützen können sie aufrecht erhalten werden. Der Auswanderer lässt mit dem

Vaterland auch den Besitz aller Vorrechte zurück, zu dem ihn die Geburt in Europa berechtigen mag. Verliert er nun auf eine oder die andere Weise sein Geld, und die gerade am meisten bevorzugt Gewesenen sind dem auch am meisten ausgesetzt, so finden sie sich plötzlich in das hineingeworfen, was sie früher »die Hefe der Bevölkerung« nannten, und müssen schwimmen oder untergehen. Man braucht nicht nach Kalifornien zu gehen, um alle Schichten der Gesellschaft oft um einen einzigen Kessel herum vertreten zu finden; die Vereinigten Staaten wie Australien liefern dazu die Beispiele zu Tausenden. Die Nachkommen unserer stolzesten Geschlechter – es wird unnötig sein, Namen anzuführen – liegen dort nicht selten den harmlosesten Beschäftigungen ob und haben sehr häufig Degen und Orden mit Besen oder Schaufel und vielleicht einer Nummer vertauscht.

Eine eigentümliche Tatsache bleibt es dabei, dass sich die verarmte gebildete Klasse – mit nur sehr wenigen Ausnahmen – zur H a n d a r b e i t wendet, mögen die Hände früher auch noch so wenig an Arbeit gewöhnt gewesen sein, während alle andern in irgendeinem Verkaufslokal oder hinter dem Schenktisch ein Unterkommen suchen und auch meistens finden. Die Wirte fast aller deutschen Kost- und Logierhäuser auf dem ganzen Gebiet der Vereinigten Staaten wie über die ganze übrige Welt waren im alten Vaterland Bauern oder Handwerker.

Noch entschiedener tritt eine andere Klasse auf, die Juden, die sich unfehlbar und unter jeder Bedingung zum Handel wenden. Was diese Menschen betrifft, so hat man in Europa ihre schlimmsten Eigenschaften mit dem Zwang entschuldigt, der hier auf ihrem bürgerlichen Leben laste, und sie fast dazu zwinge, Handelsleute oder – Literaten zu werden. Es muss aber doch wohl im Blut liegen, dass der Stamm Israels auch unter der freien amerikanischen Verfassung, die seiner Tätigkeit auch nicht einmal den Schein einer Schranke entgegen stellt, einzig und allein zu Elle und Gewicht, statt zu Hacke oder Spaten greift. Selbst solche, die in Europa ein Handwerk gelernt, werfen dasselbe, dort angekommen, wieder bei Seite und wandern lieber, riesige Bündel schleppend, durchs ganze Land auf und nieder, im wahren Sinn des Worts durch »Handel und Wandel« ihr Brot zu erwerben. – Die Kleiderläden der ganzen Welt sind überdies bereits von ihnen monopolisiert und China allein ist wohl der Ort, wo sie nicht gedeihen und blühen können; der Chinese nimmt es mit ihnen auf.

Während ich aber von Kleiderläden und Deutschen spreche, darf ich wahrlich einen kleinen, aber regsamen Teil unserer deutschen Landsleute nicht vergessen, der über die ganze Welt zerstreut, eine höchst eigentümliche und elastische Lebenskraft zu besitzen scheint. Es sind dies die S c h n e i d e r , und wenn ich an all die verschiedenen Plätze zurückdenke, und an die sonderbaren Verhältnisse, in welchen ich sie gefunden, so kommt es mir manchmal vor, als ob irgendein neckischer Kobold die wunderlichste Brüderschaft aufgerafft und sie zum eigenen Spaß in alle Winde hinausgestreut habe. – Meist sind es außergewöhnliche kleine, aber lebendige Gestalten voll Feuer und Bewegung, liederlich zum Verzweifeln und lustig und leichtsinnig bis zum Äußersten. Dabei fand ich sie nicht einzeln zerstreut, etwa einen im Norden, einen andern im Süden, sondern sie bilden eine förmliche Kette, eine Kette von kleinen lustigen, liederlichen Schneidern, um den ganzen Erdball, jeder originell in seiner Eigentümlichkeit und alle doch auch wieder unverkennbar dem einen Stamm angehörend. Kein anderes Handwerk, kein anderer Stand war imstande, auch nur ein einziges so vollkommenes Individuum aufzuweisen als diese eine Zunft, und in Kalifornien besonders blühte ein ganzes Treibhaus voll der herrlichsten Pflanzen, mit einzelnen wahrhaften Prachtexemplaren wie Jean Stulbaing (Hans Stuhlbein) und andere. – Doch das ist eine Abschweifung, die mir der Leser, eben ihrer sonderbaren Ursache wegen, verzeihen mag.

Das literarische Leben der Deutschen in den außereuropäischen Staaten ist ein sehr wildes. In Nordamerika besteht allerdings eine sehr große Anzahl von deutschen Zeitungen, da es dort wirklich ganze Distrikte gibt, die nur deutsch reden. Hierin zeichnet sich besonders Pennsylvanien aus, und so eigentümlich und selbstständig hat sich in diesem Staat das deutsche Element erhalten, dass es dort Geborene gibt, die nicht einmal Englisch verstehen und nur über die Grenze ihres Township zu gehen brauchen, um in eine ganz fremde Welt einzutreten. Ich selber sprach dort einen Mann, der 27 Jahre in Amerika gewesen war und noch kein Wort Englisch verstand. Das Deutsch aber, das diese Leute reden, ist auch kein eigentliches Deutsch, sondern die wunderlichste Mischung von Deutsch und Englisch, die sich denken lässt; in den meisten Fällen sind die englischen Worte mit deutscher Biegung verwendet, und noch komischer macht sich dieser Dialekt, wenn er zur Schriftsprache wird.

Pennsylvanisch-Deutsch nennen es die Leute dort und der Leser wird eine Idee davon bekommen, wenn ich ihm hier nur eine kleine Probe gebe, an der er studieren mag, um die eigene Muttersprache herauszukennen.

»Well[1], und so miet[2] ich den Joseph in der Rohd[3], gerad wo sie sich um die Fenz türnt[4], und da sagt' er mir, dass er einen bösen Kalt[5] geketscht habe, aber an Purpoß[6] im Regen weiter getrawwelt[7] sei. – Wie er in die Tavern[8] kam, bellte[9] es g'rad zu Dinner[10], und da trubbelte[11] er sich nicht weiter ebaut[11], sondern stoppte gleich die ganze Nacht[12].«

Es mag in der Ähnlichkeit des Englischen mit dem Deutschen liegen, dass gerade der Deutsche nach kurzem Aufenthalt in Amerika oder irgendeinem Land, wo englisch gesprochen wird, seine eigene wie die fremde Sprache so entsetzlich misshandelt, dass er zuletzt beide gleich unverständlich macht.

[1] Well, wohl, gut   [2] to meet, begegnen   [3] road, Straße   [4] to turn, drehen   [5] to catch a cold, sich erkälten   [6] on purpose, mit Willen   [7] to travel, marschieren   [8] tavern, Wirtshaus   [9] to bell, läuten   [10] dinner, Mittagessen   [11] to trouble about, sich um etwas kümmern   [12] to stop or stay all night, übernachten.

Vorzugsweise tut das aber wieder der Ungebildete, und zwar aus dem ziemlich natürlichen Grund, weil er der Muttersprache selber nicht vollkommen mächtig war und die eine schon vergisst, während er die andere noch nicht gelernt hat. Die Zunge ist ihm auch gewöhnlich schwerer, das Ohr nicht so geschult, die feineren Unterschiede der Laute aufzufassen, und während er sich einzelne Worte der fremden Sprache merkt, für die er keinen Raum in seiner Gedächtniskammer findet, wirft er die entsprechenden deutschen Worte hinaus. – »Wenn sie das in Deutschland wüssten«, sagte ein ehrlicher Magdeburger nach kaum dreimonatlichem Aufenthalt in Kalifornien, »de hole Pipel« käme hieher (the whole people, das ganze Volk). Kinder lernen die fremde Sprache am leichtesten und schnellsten und auch am richtigsten aussprechen.

Was deutsche Zeitungen betrifft, so existieren meines Wissens, außer denen in den Vereinigten Staaten, eine in San Francisco – erst kürzlich gegründet und schon zweimal bankerott geworden, – eine in Adelaide, die auch eben nur ihr Leben fristet, und ich glaube eine in Brasilien, will das aber nicht bestimmt behaupten. Auch die deutschen Zeitungen in den Vereinigten Staaten machen, mit nur sehr wenigen Ausnahmen, keine besonders guten Geschäfte, und der Grund liegt wiederum teils in der grenzenlosen Apathie der Deutschen selber, teils in jenem falschen Ehrgefühl (es mit keinem schärferen Namen zu belegen), ein Amerikaner oder wenigstens der fremden Sprache mächtig zu scheinen, so dass sich der Deutsche lieber mühsam durch die Spalten einer englischen Zeitung quält, ehe er seine eigene Muttersprache liest. In Sydney, in Batavia und Valparaiso liegen in den englischen Leseklubs, die viele Deutsche unter ihren Mitgliedern zählen, nicht einmal deutsche Zeitungen aus.

Und habe ich dem Leser nicht jetzt selber bewiesen, dass ich ein echter Deutscher bin? – Habe ich die ganze lange Zeit etwas anderes getan, als auf meine Landsleute geschimpft? – Es ist leider wahr, aber dennoch geschah es nicht mit bösem

Willen und Gott weiß, ich hätte ihnen zehntausendmal lieber das Beste auf der Welt nachgesagt, wenn ich das nur eben mit dem Kapitel von ihrer Einigkeit hätte vereinigen können.

In allen Weltteilen habe ich sie zerstreut, überall und unter a l l e n Ständen habe ich liebe, gute, seelengute Menschen gefunden, sobald man sie einzeln in ihrem eigenen Wirkungskreis traf und beobachtete. Mäßig und fleißig in ihrem Geschäft, untadelhaft in ihrem Familienleben, unermüdlich in ihren Anstrengungen, wo es galt ein festes Ziel zu erreichen, aber das alles nur einzeln, jede Familie abgesondert für sich selber und der Teufel los, sobald sie sich zu einem größeren gesellschaftlichen Leben vereinigen sollen. Erbärmliche Kleinigkeiten waren dabei fast immer die Ursachen aller Zänkereien, so in Batavia wie in Valparaiso, in Sydney wie in den Vereinigten Staaten. Leidige Klatschereien schürten den Funken zur hellen Flamme an, und Bitterkeit und Hass wuchsen und wucherten, wo sie sich die Hände hätten recht fest und verbrüdert reichen, oder doch w e n i g s t e n s f r i e d l i c h nebeneinander stehen sollen, damit nicht der Amerikaner zu sagen brauchte: »Sie zanken sich wie ein paar Deutsche.«

Bei Gellert lässt der sterbende Vater seine Söhne ein Bündel Pfeile nehmen und zeigt ihnen, wie leicht der E i n z e l n e breche; er hatte keine Ahnung, dass sie aus den einzelnen auch noch Zahnstocher machen könnten. So bessere es Gott! sage ich aus tiefster Seele, und ein Gott gehört auch in der Tat dazu, das auszuführen; aber traurig ist's, den giftigen Wurm der Uneinigkeit an unserem innersten Marke nagen zu sehen und zu fühlen, dass er ein Paradies zu einer Hölle wandelt; traurig ist's, ein wackeres, kräftiges Volk in erbärmlichen Kleinlichkeiten sich aufreiben – einen edlen Stamm zu Zahnstochern zerschnitzt zu sehen, während wir uns noch der Zeit erinnern können, wo er eine Eiche war.

Moden über die Welt

D as Wort Mode hat einen sehr weiten Begriff – es erstreckt sich auch auf den S t o f f, ja quält, peinigt, verunstaltet und misshandelt nicht allein unsere K ö r p e r, sondern auch unsere S e e l e n. Nun ist es allerdings ein ziemlich gleichgültig Ding, ob ich einen spitzen oder breiten Hut, ob ich einen kurzen oder langen Rock trage – es hat sogar nicht viel zu bedeuten, wenn ich von Wolle nach Seide und von Seide wieder nach einem anderen Stoffe überwechsele; die Sache wird aber schon weit bedenklicher, wenn es darauf hinausläuft, mir Füße oder Rippen zu zerpressen, wie sie's in den Zopfländern machen, gewisse Zähne auszubrechen wie in Afrika, die Haut aufzureißen wie in Australien, oder sich gar den Schädel als kleines Kind schon nach einer gewissen modernen Form einbiegen zu lassen wie bei Oregonstämmen. – Noch viel tollere Sachen gehören alle mit zur Mode.

Aber selbst die S e e l e lebt nicht frei und unabhängig in unserer Brust – auch sie ist der Mode unterworfen, denn in dem einen Lande ist es Mode Katholik, in dem andern Protestant zu sein, in dem dritten Schiwa- und Brama-Anbeter – da Wischnu, da Mohammedaner und Gott weiß, was sonst noch, und will man sich da ausschließen, rümpfen die Leute ebenso die Nase, als wenn ich mich hier dem Frack und Zivil-Czako widersetze, und alles k a n n man ja doch nicht sein.

Auch die Art sogar, wie sie ihre Religionen ausdrücken, ist der Mode unterworfen; die einen singen, die andern tanzen – die einen werfen sich auf die Knie nieder und kreuzen die Hände auf der Brust wie die Mohammedaner, die anderen legen sich auf den Rücken und strampeln mit den Beinen wie die Methodisten in den Vereinigten Staaten; die einen halten es für eine Grobheit, den Hut aufzubehalten wie die Christen, die anderen für dasselbe ihn abzunehmen wie die Juden – es ist rein zum Verzweifeln, und der liebe Gott da oben muss wahrhaftig manchmal ganz konfus werden, wenn er so an einem recht stillen, freundlichen Sonntagmorgen auf den ganzen Wirrwarr hier unten herunterblickt. – Doch das ist nicht das, worüber ich heute mit Ihnen sprechen wollte, die Moden der Seele liegen uns auch für das alltägliche Leben zu tief, mit einem Blick da hinein auch gleich ein Urteil fällen zu können, oder selbst nur einen Überblick zu gewinnen, die Nuancen sind zu fein. – Und nebenbei ist es auch bei der f r o m m e n Richtung, die unsere Regierungen gegenwärtig genommen haben, eine viel zu kitzliche Sache, sehr genau auf die Mode der Religionen einzugehen, man kommt da auf zu viele Blößen, und der eine Schneider sagt, i c h habe recht, während der andere Himmel und Erde zum Zeugen aufruft, dass e r die richtige Form gefunden habe – die en gros Handlung selber hat sich aber noch gar nicht darüber ausgesprochen.

So wollen wir uns denn für jetzt auch hier nur mit dem ä u ß e r e n Menschen beschäftigen, das andere mag jeder mit sich selber ausmachen. – »Wenn's Herz nur schwarz ist«, sagte ja schon jener Schulmeister, als er sonntags mit dem himmelblauen Frack in die Kirche kam.

Sobald wir aber mit dem äußeren Menschen und seiner Urkleidung anfangen, finden wir uns in all unseren verschiedenen Moden und Sitten vollkommen gerechtfertigt, denn selbst der liebe Gott hat da geglaubt, dass ein kleiner Unterschied, der Abwechselung wegen, nicht schaden könne. Er teilte deshalb die Menschen, nach Linné, in fünf verschiedene Raçen, und strich den einen sauber gelb, den andern schwarz, den dritten braun, den vierten weiß und den fünften olivenfarbig an.

Was für ein Sprung ist von da zu den kurzen Hosen, seid'nen Strümpfen und Goldpuder Louis Napoleons – es ist enorm.

Wir fangen aber auf die natürlichste Weise mit denen an, die sich auf unserem Sonnenstäubchen, das wir die W e l t nennen, am natürlichsten und unverdorbensten gehalten haben, und das sind jedenfalls, soweit ich wenigstens das Vergnügen hatte, ihre Bekanntschaft zu machen, die australischen Wilden. Diese vor allen übrigen sind mit Gott Vater, was Anzug oder äußeres Aussehen betrifft, so vollkommen einverstanden, dass sie g a r n i c h t s daran zu verbessern fanden – nur auf den Schultern und hie und da oben auf der Brust war ihnen die Haut ein klein wenig zu glatt, und sie rissen dieselbe deshalb in regelmäßigen Streifen und Punkten auf, angenehme Erhöhungen darzustellen – doch das ist eben nur Geschmackssache.

Auch in Afrika und den heißesten Strichen Amerikas gibt es noch einige solche Völker, die sich dem anschließen; da es aber bei diesen einfach Mode ist, keine Mode zu haben, können wir uns natürlich in einem Artikel ü b e r Moden auch gar nicht mit ihnen aufhalten, und sie fangen erst dann an, für uns ein Interesse zu gewinnen, wenn sie sich vervollkommnen, d.h. dem, was wir unter M o d e und mit dieser Z i v i l i s a t i o n gleichbedeutend verstehen, näherkommen.

Dass übrigens gerade die australischen Wilden dieser Kultur fähig sind, davon kenne ich mehrere, wirklich auffallende Beispiele. So habe ich in meinem Leben keinen glücklicheren, selbstgefälligeren Menschen auf der weiten Gotteswelt gesehen als einst einen solchen Wilden in seinem Naturzustande, dem ein neckisches Menschenbild ein Paar papierne Vatermörder mit einer Krawatte und ein Paar Handmanschetten umgebunden hatte. Gerade solche Stämme wissen sogar die feineren Nuancen unserer Moden zu würdigen, und sehr häufig habe ich die schwarzen, vollkommen nackten Burschen gesehen, wie sie sich mit einer weißen Erde, die sie dort haben, an den Seiten der Beine herunter weiße Streifen malten, um, so gut es unter ihren Umständen anging, eine Art Uniform herzustellen – und nur die Alten, d.h. die Vornehmeren durften das tragen.

Ebenso erinnere ich mich noch mit Vergnügen der wahren innigen Freude, die ich zwei Stämmen derselben, einem am Murray und einem in der Torresstrait bereitete, als ich ihnen die Nasen mit Zinnober rot malte, und ein Beweis, wie sehr sie solche Auszeichnung zu würdigen wissen, war mir der, dass sie den noch Unmündigen oder solchen vielleicht, denen überhaupt nicht gestattet war, die Nationalkokarde zu tragen, die rote Farbe auf das Sorgfältigste mit ihren Ellbogen wieder von den Nasen entfernten – da könnte jeder kommen und einen Orden haben wollen.

Was sonstigen Schmuck, Perlen, Glas- oder andere Korallen etc. betrifft, so ist das Tragen derselben über die ganze Welt verbreitet. – Die australischen Wilden, in einzelnen Stämmen wenigstens, tragen nur etwas durch die Nasen gesteckt – unsere lieben Frauen zu Hause – und Gott segne ihre schönen Augen – tragen es nur in den Ohren – und die kalifornischen Wilden wie auch die meisten brasilianischen Stämme in Ohren sowohl als Nasen, ja einzelne nordamerikanische Stämme gehen sogar so weit, dass sie sich den ganzen Ohrenknorpel bis oben hinauf durchlöchern, um Schmuck über Schmuck hineinzuhängen.

Der nächste Sprung, denn ich kann leider nur flüchtig über das Ganze hingehen, obgleich der Stoff reichhaltig genug wäre, ein Buch darüber zu schreiben, – ist nach den südseeländischen Indianern. Das Klima fordert sie auf, so wenig Umstände als möglich mit sich zu machen, nichtsdestoweniger veranlasst sie ein Gefühl, das die Kirchenväter dem ersten Apfelbiss zuschreiben, ein Stück selbstgefertigtes Zeug um ihre Lenden zu schlagen.

Dies Zeug ist die sogenannte T a p a und wird aus der inneren Rinde verschiedener Bäume, besonders des Brotfruchtbaums und Banians, eine Zeitlang gegoren und dann mit gerieften Klöppeln zu einem förmlichen Stoff auseinandergeschlagen.

Diese Stämme sind übrigens der Meinung, dass ihre vom Schöpfer erhaltene Haut ihnen nur als Rohmaterial überliefert und noch einer bedeutenden Verbesserung fähig wäre, sie tätowieren dieselbe deshalb mit dem Ruß der Tuituinuss und stellen dadurch eine, oft selbst nach unseren Begriffen von Schönheit, wirklich geschmackvolle und sauber ausgeführte Zeichnung auf ihrem Leib in solcher Art her, dass z.B. in Europa die Polizei darauf ganz vorzügliche Rücksicht unter der Rubrik »Besondere Kennzeichen« nehmen würde.

Einige dieser Inseln haben diesen Schurz, der bei den kalifornischen Frauen ebenfalls nur in einer einfachen Schürze von Binsen oder gegerbtem Leder besteht, noch insofern verfeinert, dass sie ein künstliches Flechtwerk dazu nehmen. Die Indianer des nördlichen Kalifornien an der Grenze von Oregon schneiden sogar dieses Leder in dünne feine Streifen, umflechten dieselben zierlich mit Stroh und schmücken dasselbe noch mit den Schalen einer langen Haselnussart.

Die nordamerikanischen Stämme, östlich von den Felsengebirgen, gehen noch weiter und sticken sogar diese Schürze mit farbigen Perlen, die sie sich von den Weißen zu verschaffen wissen.

Die Zivilisation und das Christentum hängen jetzt diesen Stämmen, einzelnen davon wenigstens, Kattun um, und wo erst einmal Kattun ist, da rückt die Seide stets leise nach. Wo sie sich selber dabei überlassen bleiben, behalten sie ihre alten Gewohnheiten, trotz dem Kattun, noch so weit bei, dass sie sich ein Stück davon wie früher ihre Tapa einfach um die Lenden schlagen, während sie ein anderes lose um die Schultern hängen und auf der einen Schulter oder vorn auf der Brust in einen Knoten schürzen; ein höherer Grad von Kultur ist dann, statt dem Brusttuch ein langes weißes Gewand, eine Art Morgenrock, der am Hals zugeknöpft wird und bis auf die Knöchel herunterfällt.

Aber gerade bei diesem, sonst so einfachen und natürlichen Volke haben Mode und Christentum, vorzüglich durch das letztere herbeigeführt, einen andern gewaltigen Satz gemacht, der um so auffallender ist, da er gewissermaßen isoliert in der Geschichte dasteht.

Um zuerst mit dem schönen Geschlechte zu beginnen, wie sich das auch von selbst versteht, so waren den frommen Männern, den Missionären besonders, die heidnischen Blumen in den Haaren ein Gräuel, aber sie wussten nicht wie und auf welche Art die am besten zu verdrängen wären. Sie fielen zuletzt auf ein Mittel, das bewies, wie weit sie in die Tiefen der menschlichen Natur eingedrungen waren – sie beschlossen das d u r c h e i n e a n d e r e M o d e zu tun und oktroyierten ihnen eben gleich mit als christliche Vorschrift als ein sittliches und anständiges Stück menschlicher Bekleidung eine Art Strohhut, wie er unsere Vorväter auf den Locken unserer Vormütter entzückte. Das Ding sieht genau so aus wie eine umgekehrte Kohlenschaufel, und es versteht sich von selbst, dass es die armen Kinder einer heißen Zone, denen es nicht allein als etwas Frommes empfohlen wurde, sondern denen es auch noch etwas Neues war, vortrefflich fanden.

Blumen und Federn kamen nun allerdings auch auf diesen Hut, aber das konnte unmöglich mehr etwas heidnisches sein, denn darauf waren die frommen Väter ja schon gewöhnt auch zu Hause, von den Kanzeln herunter niederzublicken, und der Sieg war in Jahren errungen. –

Ganz ließ sich aber der alte Adam (oder ich sollte hier eigentlich sagen die alte Eva, wenn Damen überhaupt je alt würden) doch nicht ausziehen, und wo die Priester eben nicht hinsahen, da flochten sich die wilden ungebärdigen Menschenkinder doch wieder die frischen duftigen Blumen in das lockige flatternde Haar, und der liebe Gott muss sich das eben mit den anderen Missbräuchen hier auf unserer verderbten Erde gefallen lassen. – Er hat sie aber doch lieb die stillen freundlichen Menschen, mit den klaren lachenden Augen, und er schüttet da draußen all seine schönsten und herrlichsten Gaben in reichster und unverkümmerter Fülle über sie aus – auch über die Missionäre.

Das wunderlichste Kunststück haben die letzteren aber mit der männlichen Bevölkerung vorgenommen, soweit dieselbe nämlich in den Bereich des Christentums kam, und ich wünsche meinen schönen Zuhörerinnen wahrlich, ein solches gottgefälliges Menschenkind an einem freundlichen Sonntagmorgen unter den wehenden Palmen aus seiner Kirche kommen zu sehen.

Ich will einen Versuch machen sie zu beschreiben — aber vollständig wird mir das nie gelingen.

Wie bei den Frauen der Hut, wurde von den Männern zuerst der F r a c k als unumstößlicher Beweis eines christlichen Herzens verlangt — und noch dazu der schwarze Frack, und die Missionare fingen bei der Ausrüstung des neuen Christen von oben an.

Vor allen Dingen bekam er einen schwarzen Zylinderhut aufgesetzt. — Es versteht sich von selbst, dass man seinen Hut abnehmen muss, wenn man in eine christliche Kirche kommt, wenn man aber gar keinen t r ä g t, kann man auch keinen abnehmen, und ein Hut wurde deshalb zur Notwendigkeit.

Dann bekamen sie ein Hemd an und sie ließen sich das gern gefallen — es war das ein weites bequemes Gewand, ihren Tapa-Überhängen nicht ganz unähnlich — über das Hemd kam aber erst ein Halstuch und später eine Weste, in der sie sich schon keineswegs so behaglich mehr fühlten, und eine Zeitlang sträubten sie sich gegen alles Weitere, aber es half ihnen nichts — ihre Toilette als Christen und Staatsbürger war noch lange nicht beendet, und jetzt kam der Frack, der ihren oberen Menschen und ihre Unbequemlichkeit vollenden sollte. Aber hiemit war ihre Geduld auch zu Ende — in H o s e n ließen sie sich unter keiner Bedingung einzwängen, und viele verweigerten selbst jetzt noch hartnäckig den Frack.

Man konnte an ihnen daher das Stadium ihres christlichen Glaubens leicht erkennen, je nachdem sie noch im Hemd oder im Halstuch oder gar schon in der Weste waren, denn den Frack trugen erst die wenigen Auserwählten. Aber selbst diese hatten sich bis jetzt nicht von ihren Lendentüchern getrennt oder wären zu bereden gewesen, Hosen und Schuhe und Strümpfe zu tragen, und ich habe wirklich noch nie etwas Komischeres in der Welt gesehen als diese Zwittergeschöpfe zwischen Zivilisation und Wildnis.

Ihr Kopf war bei den Älteren nicht selten halb geschoren, die Haare wenigstens ganz kurz abgeschnitten, darauf saß der schwarze Hut, dann kam der schwarze Frack und unter diesem und der Weste vor, hing das gewöhnlich grellrote und gelbe Lendentuch bis ziemlich an, oft bis über die Knie nieder. Die Füße waren aber von der alten Heidenzeit her noch tätowiert, und die beiden christlichen Frackzipfel, die hinten herunterhingen, schauten misstrauisch und drohend auf die blauen heidnischen Linien der Beine nieder, als ob sie hätten sagen wollen: »Na, wartet nur, ihr sollt nur noch bald genug in Hosen kommen.«

Die Mädchen jener Inseln, die besonders aus Tahiti mit Hilfe der neuen Eroberer, das alte Joch ziemlich abgeschüttelt haben und sich jetzt in einer Art Übergang vom protestantischen zum katholischen Glauben befinden, tragen oft auch einen ganz eigentümlichen Schmuck in den Locken, der ihnen zu dem dunklen Haar vortrefflich steht. Es ist das eine Art Geflecht aus der silberweißen Bastfaser der Arrowroot, den sie in eine Art von Diadem formen, an dem kleine Büschel und Troddeln flattern und wehen.

Höchst eigentümlich ist aber, dass diese Stämme echtes Gold vom unechten sehr genau zu scheiden wissen und sich aus unechten Sachen wenig oder gar nichts machen. Sie nennen das Geld Perú.

Ein Gleiches findet in Indien statt und auf Java verschmähen selbst die gewöhnlichen Malaien unechte Sachen, selbst unechte Steine zu tragen.

Auf Java ebenfalls hat die Zivilisation noch wenig von der Urtracht verdrängt, und die Eingeborenen dort haben höchstens dann und wann ihre eigens gewebten Stoffe, wenn ihnen diese zu teuer kommen, mit den billiger hergestellten Kattunen vertauscht.

Die Holländer sind auch darin weit vernünftiger als fast alle anderen Nationen und lassen den Stämmen, die sie unterjocht haben, ihren Glauben sowohl als ihre ihnen am besten zusagende Tracht, weil sie eben aus dem Klima und den natürlichen Bedürfnissen auch natürlich hervorgegangen.

Die Tracht der Javanen hat Ähnlichkeit mit der der Südseeländer, nur der Stoff ist verschieden und mehr verfeinert, denn was der Südseeländer aus der Rinde seiner Bäume mit einem hölzernen Klöppel herausschlägt, webt der Javane erst aus baumwollenen Fäden und gibt ihm dann in der nur erdenkbar mühsamsten Art geschmackvolle und oft wirklich künstliche Muster. Frauen allein fertigen meist all diese Arbeiten, und es gehört auch wirklich die sorgliche Geduld und Ausdauer einer Frau dazu, das komplizierte Muster dieser Stoffe mit heißem Wachs, Strich für Strich, erst auf der einen, dann auf der anderen Seite aufzuzeichnen, und dann zu färben, bei Stücken aber, die mehrere Farben haben sollen, solche ganze Arbeit zwei und dreimal zu wiederholen. –

Diese Stoffe nennen sie s a r o n g s und tragen sie um die Hüften ganz in derselben Art wie die Südseeländer ihre Tapatücher, nur dass die sarongs bis auf die Knöchel hinuntergehen. Zu diesem sarong gehört dann ebenfalls noch eine cabaya oder ein genähter Überwurf mit Ärmeln; die Landmädchen aber, die diesen Überwurf nicht haben, nehmen dann den sarong so hoch unter die Arme hinauf, als sie ihn bekommen können und stecken ihn über die Brust zusammen, während einzelne Stämme der Berge, besonders in den Preanger Regentschaften, mit dem Oberkörper ganz nackt gehen.

Die Männer tragen hier auch als einen ihrer religiösen Gebräuche das Kopftuch, das sie turbanartig nicht selten mit den Haaren zusammenwinden, und darüber meistens einen breiten, flachen, backschüsselartigen Hut von Bambus geflochten.

Die Frauen tragen nichts auf dem Kopfe oder doch nur sehr selten einen dem ähnlichen Hut, wie ich denn auch überhaupt bei allen unzivilisierten Völkern gefunden habe, dass die Frauen stets im bloßen Kopfe gehen und nur einzelne Sachen, Kränze oder Blumen, immer jedoch nur zur Zierrat, in die Haare flochten.

In den spanischen Ländern jedoch tragen sie meist Strohhüte wie die Männer, und ich brauche wohl nicht hinzuzusetzen, dass sie sich vortrefflich darunter ausnehmen.

Die spanische Tracht hat überhaupt in den fremden Weltteilen sehr viel Malerisches, besonders für die Männer, und ich habe wirklich nie im Leben einen pittoreskeren, kleidsameren Anzug gesehen als den der südamerikanischen Gauchos, wenn sie zu Pferde sitzen, wohin sie auch eigentlich nur gehören.

Die Füße stecken bei den gentlemen gauchos in feinen Lederstiefeln, bei den gewöhnlichen in der abgezogenen Haut eines jungen Pferdes, die Beine in weißen gestickten Unterhosen und eine cheripa – ein großes Tuch, das hinten im Gürtel befestigt, zwischen den Knien durchgezogen und vorn wieder ebenfalls in den Gürtel eingesteckt ist, – fällt an der Seite in offenen Falten nieder. Ein breiter Ledergürtel, reich gestickt und statt der Knöpfe mit großen spanischen Dollarn, ja bei recht reichen Gauchos sogar mit Unzen besetzt, umschließt seine Taille und eine kurze tuchene Jacke, mit kleinen silbernen Knöpfen, schließt oben über dem feinen weißen Hemd, über das hin noch ein rotseidenes Tuch lose gebunden teils den Staub abhält, teils zur Zierrat dient; die langen schweren Sporen dabei an den Hacken, am Handgelenk die gewichtige Revenka und das oft zwei Fuß lange Messer, mit seinem Elfenbein oder Perlmuttergriff hinten im Gürtel, dass es die herumgreifende rechte Hand leicht erreichen kann; das alles steht den schlanken, schwarzhaarigen, dunkeläugigen Söhnen der Pampas vortrefflich – wenn sie sich nur nicht, zu förmlichem Hohn des unteren Menschen einen schwarzen Zylinderhut oben darauf stülpten und damit die ganze Poesie förmlich zum Fenster hinauswürfen.

Auch die Tracht der mexikanischen Männer ist in der Art mit den an den Seiten aufgeschlitzten und mit silbernen Knöpfen und Hacken bedeckten Oberhosen und der buntfarbigen Serage kleidsam und malerisch und wird durch den breiträndigen Hut auch keineswegs entstellt.

Überhaupt haben die Mexikaner die größte Fertigkeit, ihre Seragen oder Ponchos zu weben und die feinsten, denen sie herrliche Farben zu geben wissen und die nicht selten mit Goldfaden durchwoben sind, kosten oft bis zu drei und vierhundert Dollar das Stück.

Aber wollte ich nach all den verschiedenen Richtungen abzweigen, auf alle die Einzelheiten eingehen, ich würde nicht fertig – und noch schlimmer, ich würde langweilig und nun zum Schluss will ich noch ein paar Worte über den Moment im Leben des Wilden sagen, wo ihm die M o d e zum ersten Mal dämmert und er sich dem Wahn hinzugeben beginnt, dass die Tracht, in der er bis jetzt – er fürchtet fast zum Skandal der Menschheit umhergegangen, – noch einiger Verbesserung fähig sei. Fast alle Stämme entwickeln darin, wie das ja auch sehr leicht erklärlich ist, die nämlichen Symptome, und ich bin fest davon überzeugt, dass sich unsere Vorväter, die alten biederen Cherusker und Hetrusker, ebenso linkisch benommen haben, als sie ihr Schild und ihre Streitaxt an einen Baum lehnten und in das erste paar Hosen, natürlich verkehrt – hineinfuhren, als es all die anderen Stämme noch heutzutage und unter ähnlichen Verhältnissen tun.

Die Wilden sind dabei wie die Kinder und der Beweis schon, dass ihnen all diese fremden Kleidungsstücke nicht nötig, dass sie nur ein Bedürfnis sind, welches die weißen Männer erst nach und nach in ihnen erwecken, damit sie ihnen später desto weniger entgehen können, ist der, dass sie all derartige Sachen von Anfang an nur als eine Art von Schmuck betrachten, den sie d a h i n binden, wo er ihnen am besten gefällt. So habe ich einst einen kalifornischen Wilden gesehen, der vollkommen nackt, sich ein Vorhemdchen mit Perlmutterknöpfchen wie einen Bergmannsschurz umgebunden hatte, und der australische Wilde, der sich aus einer Hose eine Jacke gemacht, indem er ein Loch ins Kreuz geschnitten und den Kopf dahin durchgesteckt, ging mit seinem neuen Kleid ebenso ernsthaft und gravitätisch umher, als ob er in alle möglichen unsinnigen Kleidungsstücke zum Ersticken eingezwängt, hoffähig angezogen hinter dem Stuhle eines unserer Allerhöchsten gestanden hätte.

Nach und nach erst gewöhnt er sich daran; der kleine Wilde sieht seinen Vater eine Jacke tragen und er denkt sich, gerade wie es bei uns die Kinder machen – wann Du doch auch erst ein Vater wärst und eine Jacke tragen könntest. So pflanzt sich's von Geschlechtern zu Geschlechtern, jede Generation will ein Verdienst haben und ein Stück dazutun, bis nachher zuletzt ein Menschenkind daraus wird, das mehr verschiedene Kleidungsstücke und Stückchen an sich trägt, als Deutschland Staaten hat.

Wir und die Wilden tragen denn auch unseren Staat und unsere Staaten mit Würde, nur dass bei den Wilden noch der natürliche Sinn zu leicht die Oberhand gewinnt, und ein paar Südseeländer, die sich unverhofft im Frack begegnen, fast stets einander anfixen, während mir gesagt ist, dass die Minister des neuen Kaisers z.B. in seidenen Strümpfen und gestickten Röcken gar ernsthaft und ehrbar an einander vorübergehen, ohne auch selbst nur eine Miene zu verziehen.

Das alles tut die Mode, die uns ebenso zum Bedürfnis geworden, dass wir sie zuletzt vom eigentlichen Bedürfnis gar nicht mehr unterscheiden können, aber sie sitzt bei uns im K o p f, nicht etwa im Herzen, und Gewohnheit und Sitte, Religion, Kunst, Phantasie, Politik und Wissenschaft – es sind a l l e s ihre Dienerinnen; ja selbst im T o d e noch lässt sie nicht von uns, denn sogar der Sterbende verlangt: »a n s t ä n - d i g   b e g r a b e n   z u   w e r d e n.«

Ein Schmetterlingszug

E s war in der letzten Hälfte des Maimonats im Jahre 68 und zwar bald nach Beginn der Regenzeit, dass ich unterhalb Angostura, vom Orinoco ab nach Süden und gegen das englische Guyana oder das Gebiet des Amazonenstroms hin, in die Berge hineinstieg, um die berühmt gewordenen venezuelanischen Goldminen zu besuchen.

Die Regen hatten allerdings noch nicht mit ihrer ganzen tropischen Stärke eingesetzt, in der sie manchmal nach kaum einem halben Tag die Bergströme über ihre Ufer hinaustreiben. Es fielen nur erst, bald hier bald dort, vereinzelt, wenn auch tüchtige Schauer; aber sie genügten doch, um den Frühling des schönen Landes zu erwecken, und wunderbar fast war die Wirkung, die wenige Tage nur in der Vegetation hervorbrachten.

Als ich den Orinoco herabkam, hatte es noch so gut wie gar nicht geregnet, und die Sonne dieses außergewöhnlich heißen Jahres schien die Wälder völlig ausgebrannt zu haben. Die Bäume – mit Ausnahme der vereinzelten immergrünen – standen ihrer Blätter so vollständig beraubt wie bei uns im Winter, die Llanos waren gelb und selbst die Tierwelt musste sich in schattige Dickichte zurückgezogen haben, denn man bekam nur wenig von ihr zu sehen. – Und jetzt, während ich kaum mehr als acht Tage in Angostura verlebt und nachher wieder drei Tage gebraucht hatte, um hierherzukommen, war Wald und Llanos wie neu geschaffen, und es grünte und blühte und zirpte und zwitscherte überall.

Einen prachtvollen Anblick gewährten schon, noch in der Nähe des Orinoco, die herrlich grünen, nur mit einzelnen Chaparro-Büschen bestandenen Ebenen, und wahrhaft entzückend wurde der Anblick, als ich die ersten Berge und

Waldbäume erreichte, an denen schon in der kurzen Zeit Tausende von Blüten ausgebrochen waren und Orchideen ihre traubenförmigen, in den schönsten Farben blitzenden Glocken über den Weg hingen.

Und wie rege sich die kleine Tierwelt dabei zeigte – die Grillen zirpten in allen Büschen und Baumwipfeln, dass Einem oft die Ohren gellten. Käfer surrten herüber und hinüber, bunte Schmetterlinge gaukelten über den Weg, Eidechsen raschelten überall durch das Laub, und das regte und rührte sich aller Orten und schien mit den Blumen zu wetteifern, die aus dem frischen Grün des Bodens ihre Kelche hoben.

Und was für prachtvolle Bäume, stark und hochstämmig, standen dort – vorzüglich der eigentümliche Ceiba-Baum, der eine vegetabilische Seide (die im Handel sogen. cotton silk oder Baumwollen-Seide) liefert, mit seinem riesigen Stamm und nur unverhältnismäßig kleinem Wipfel, an deren gespreizte Äste aber die Schneidervögel am liebsten ihre Nester hängen und dann aus- und einfliegen in rastloser Tätigkeit.

Und was für gewaltige Bäume, die den Balsam copahu liefern, mit ihrer glatten gelblichen Rinde und ihren schöngeformten Wipfeln und andere wieder, die tüchtige Stämme aus lauter einzelnen, aber fest verwachsenen Schösslingen bildeten und diesen nur oben wieder ihre volle Freiheit ließen, um sich als Zweige, die man von der Wurzel aus verfolgen konnte, auszubreiten. –

Und dann wieder von einer Höhe ab ein Blick in ein sonniges, wunderliebliches Tal mit weiten grünen Flächen, schattigen Baumgruppen und einem murmelnden Bach dazwischen hin – aber fast noch überall Wildnis, unberührter Wald, und wenn man erst das kleine Städtchen Upata verlassen hat, kaum hier und da eine vereinzelte Hacienda mehr.

Und trotzdem nirgends ein Stück Wild zu sehen. Hirsche sollen dann und wann vorkommen, aber es wäre zu mühsam gewesen, ihnen hier nachzugehen, wenn ich selbst Zeit dazu gehabt – Raubtiere gab es wohl überall im Wald – Tiger und

Panther hielten sich darin auf – aber es geht mit denen ebenso wie mit den Schlangen: Man hört eine Menge entsetzlicher Geschichten von ihnen; will man sie aber aufsuchen, so sind sie nirgends zu finden.

Besonders gefreut hatte ich mich unterwegs über einige reizende Schmetterlinge, die ich vorüberflattern oder an den Blüten hängen sah, dennoch waren sie immer sehr einzeln geblieben und nur e i n e Art schien häufiger vorzukommen, die auch unserem »Zitronenvogel« an Farbe und Gestalt fast genau glich. Ich sah oft mehrere dieser zusammen in der Luft spielen oder hinüber in die Büsche tändeln, bis wieder ein größeres buntfarbiges Exemplar meine Aufmerksamkeit anzog, so dass ich nicht mehr auf die »Gelblinge« achtete.

Ein schmales, ziemlich feuchtes Tal hatten wir gekreuzt. Von da an zog sich der Weg in den Wald hinein, bis wir zuletzt wieder an einen ziemlich steilen Berg kamen, den der Maultierpfad, ohne die bequemeren und nicht so schroffen Stellen zu suchen, schräg aber ziemlich steil hinanführte. Hohe, prachtvolle Bäume standen rechts und links und berührten sich an manchen Stellen oft beinahe mit den Zweigen. Trotzdem zeigte der Weg eine schmale wie in den Wald wenn auch nicht regelmäßig eingeschnittene Gasse, die eben breit genug war, um das Sonnenlicht hereinzulassen.

Hundert Schritte mochten wir etwa schräg an dem Hang hinaufgestiegen sein, als ich plötzlich vor uns und noch über uns einen kleinen Zug dieser gelben Schmetterlinge bemerkte, der um die nächste Biegung herumkam und wie spielend einander in langer Reihe zu jagen schien.

So wie es mir anfangs vorkam, waren es etwa 60 bis 70 Stück, und ich würde trotzdem kaum viel auf sie geachtet haben, wenn nicht ein völlig orangenfarbener Schmetterling – der einzige von der Farbe in dem ganzen Schwarm – den Zug eröffnet hätte, als ob er der Führer desselben gewesen wäre.

Die Schmetterlinge flogen auch nicht etwa in einem Trupp zusammen, sondern in einer regelmäßigen Reihe, – d. h. so regelmäßig Schmetterlinge überhaupt fliegen können, bald herauf, bald herunter, bald einander verfolgend, bald mit einander spielend, aber doch eine lange, über 20 Schritt deckende Kette bildend. Gar prächtig spielte dabei das Sonnenlicht auf den hellgelben Schwingen, und ich lenkte schon mein Maultier zur Seite, um sie vorbeipassieren zu sehen, als ich bemerkte, dass diesem Zug ein zweiter folgte, als ob er sich ihm anschließen wollte.

Wir ritten jetzt weiter und erreichten nach kaum fünfzig Schritten die Biegung, von der aus wir den ganzen schmalen Waldweg, bis hinan zur Höhe, übersehen konnten – und jetzt hielt ich wirklich mein Tier an, denn dort hinauf, soweit das Auge reichte, füllte den ganzen alleeartigen Pfad ein einziger, ununterbrochener Zug dieser allerliebsten Geschöpfe, und ein reizenderes, lebendigeres Bild lässt sich kaum in stiller Waldeseinsamkeit denken.

Der Hang, oder vielmehr der schmale, von hohen mächtigen Bäumen eingefasste Pfad, zog sich schräg und nur mit kleinen Windungen, die aber nicht bedeutend genug waren, ihn zu verdecken, etwa in einem Winkel von 36 Grad der Höhe zu; das frischgrüne Laub der Bäume funkelte dabei in den Sonnenstrahlen und dazwischen hinein, genau die kleinen Biegungen einhaltend, auf- und niederflatternd, herüber- und hinüberzuckend, steigend und fallend, kam der gelbe lebendige Schwarm, soweit das Auge reichte und weiter, viel weiter den Weg herab, und ich konnte mich gar nicht losreißen von dem Anblick.

Wo wir – mein Führer und ich – mit den Tieren hielten, wichen sie uns wohl ein klein wenig aus – aber auch nicht mehr als unumgänglich nötig war, um ihre Spielbahn nicht zu verkürzen. – Unter uns rechts hatte der vorhergegangene Schwarm jetzt die nächste Biegung erreicht und zog sich um die grünen Büsche links in den Wald hinein, so dass ich von einem höheren Standpunkt aus auf die wogende gelbe lebendige Masse h i n a b schauen konnte. Und ordentlich zauberhaft kam es mir vor – wie ein Feenzug, von dem luftigen Gesinde geleitet, der in der stillen Wildnis seinen Tummelplatz suchte, und ich erinnere mich nicht, je etwas Eigentümlicheres und dabei Lieblicheres in meinem ganzen Leben gesehen zu haben.

Sonderbar schien es dabei – und es k a n n Zufall gewesen sein –, dass der ganze fast ununterbrochene Zug hellgelber oder zitronenfarbiger Schmetterlinge nur von einzelnen orangefarbenen begleitet war. Jedes Mal aber, wenn einer der letzteren kam, flog er allein, dadurch eine kleine Unterbrechung bildend, und hinter ihm gaukelte dann wieder der luftige Schwarm, so dass es fast aussah, als ob der ganze Heereszug in Kolonnen eingeteilt gewesen sei, denen die einzelnen Orangefarbenen, die auch um eine Idee größer waren als die Hellgelben, als die Führer oder Offiziers dienten – waren es die Weibchen?

Zuerst wollte ich das Ende des Zuges abwarten – aber er schien gar kein Ende zu nehmen, und begierig zu sehen, woher diese wirklich zahllose Menge von Schmetterlingen eigentlich kam, trieb ich mein Tier wieder vorwärts, den Hang hinan und mitten in den Schwarm hinein, der mich auch im nächsten Augenblick völlig umgab.

Die Schmetterlinge flogen etwa zehn bis zwölf Fuß über den Boden hin, also etwas über Kopfhöhe eines Reiters, da sie aber fortwährend stiegen und sanken, so befanden wir uns mitten zwischen ihnen, und scheu waren sie dabei nicht im mindesten.

Endlich schloss der Zug, dem merkwürdiger Weise wieder ein einzelner orangefarbener Schmetterling folgte, und von der jetzt erreichten Höhe bis in das Tal hinab und einer kurzen, aber dicht bewaldeten Ebene folgend, sahen wir nicht einen einzigen mehr.

Dort im Tal floss ein kleiner Bergstrom, und auf einem etwa sechzig Schritt im Durchmesser haltenden Plateau, gerade über dem felsigen Bett des Stromes, der durch dichtes, lianendurchwachsenes Gebüsch davon getrennt war, zeigte der von Hufen zerstampfte Boden, dass es die Arrieros zu einem gewöhnlichen Ruheplatz ausersehen. Dort konnten sie selber im Schatten der prachtvollen Bäume rasten und ihre Tiere nachher auf einem schmalen, aber mit der macheta durch das Dickicht gehauenen Pfad zum Wasser hinabführen.

Wir nahmen unseren Tieren die Zäume ab, um sie ein wenig Gras zupfen zu lassen, als ich wieder ein paar einzelne gelbe Schmetterlinge bemerkte, die aus den Büschen, und zwar vom Flusse her, zu kommen schienen und alle der einen Ecke des Plateaus zueilten. Dorthin ging ich und fand eine Schmetterlingsversammlung, wie ich sie im Leben noch nicht gesehen hatte.

Häufig trifft man ja, besonders in tropischen Ländern, an feuchten Stellen Hunderte der verschiedensten Schmetterlinge, die dort zerstreut umhersitzen und ihre Nahrung suchen – hier aber, auf dem trockenen Plateau am Fuß eines kleinen Baumes, an dem ein Maultier mit den Hufen den Rasen abgekratzt zu haben schien, hatte sich ein ganzer Heereszug eingefunden, und eigentümlich war es, wie sie den geringen Raum benutzten.

Die Stelle konnte nur wenig mehr als einen Fuß im Durchmesser halten, auf derselben aber saßen, die Flügel alle hoch empor und fest angelegt, um den möglichst kleinen Raum einzunehmen, Schmetterling an Schmetterling still und regungslos und schienen dort aus dem Boden einen möglicherweise salzigen Stoff oder jedenfalls doch etwas Pikantes begierig einzusaugen. Sie ließen sich auch nicht stören, als ich dicht zu ihnen hinantrat, ja neben ihnen niederkauerte, um sie genauer zu beobachten. Ja selbst, als ich endlich dem Verlangen nicht widerstehen konnte, mit zwei Fingern behutsam hineingriff und – so viel ich fassen konnte – etwa zehn oder zwölf Stück langsam heraushob, flogen wohl die nächsten auf, die ich ebenfalls berührt hatte, die andern aber blieben ruhig sitzen.

Ich wollte die allerliebsten Tiere jedoch nicht schädigen, sondern behielt nur einen von ihnen sorgsam in der Hand, um ihn etwas genauer zu besichtigen, und fand jetzt, dass sie unseren Zitronenvögeln mit ihren hübsch ausgeschweiften Flügeln genau glichen; nur auf dem Mittelpunkt derselben hatten sie noch eine kleine hellbraune Zeichnung.

Einem flüchtigen Überschlag nach mochten auf dem engen Raum etwa 500 Schmetterlinge beieinandersitzen, und ich sah wieder etwa fünf oder sechs orangefarbene zwischen ihnen.

Vor der Hand ließ ich sie ruhig gewähren, um erst mein eigenes Tier zu tränken, kaum erreichte ich aber den kleinen Fluss, so sah ich, dass es dort von Schmetterlingen wimmelte. Diese aber, als sie gestört wurden, flogen von den nassen Felsplatten auf und zogen sich jetzt allmählig dem Plateau zu, das, als ich es wieder betrat, von ihnen lebte. Die andern saßen aber noch unter dem Baum, und um die Versammlung vollständig zu machen, nahm ich jetzt einen kleinen Zweig und fing an, die Schmetterlinge leise damit abzukehren. Wie ich sie nur berührte, stiegen sie empor, und jetzt auf einmal sah das ganze Plateau gelb aus, so dass es einem wirklich an den Augen weh tat, diese im Sonnenlicht hin und her flackernde Masse zu betrachten.

Wir lagerten dort etwa eine halbe Stunde und sahen ihnen zu, bis sie sich plötzlich wieder zu einem Zug, wie der war, der uns vorhin begegnete, formierten und wieder mit einem Orangefarbenen voran – es k o n n t e das gar kein Zufall sein – den Weg hinabflatterten. Die Übrigen schienen sich daran gar nicht zu kehren, wenigstens ließ sich nichts davon erkennen, aber trotzdem wurde der Zug nicht unterbrochen und riss nicht ab, denn mehr und mehr folgten. – In langer schwankender Reihe konnten wir sie schon im Weg erkennen, und wie bei einem Treiben auf der Jagd, wo regelmäßig Schützen und Treiber abgeschickt werden, um einen bestimmten Platz zu umzingeln und dabei in gleichmäßiger Entfernung zu bleiben, so schlossen sich nach und nach die bis jetzt noch Zurückgebliebenen an, bis auch der letzte von ihnen das Plateau verlassen hatte – und wieder war das ein Orangefarbener.

Von da an sahen wir diese gelben Schmetterlinge nur noch sehr vereinzelt, und als ich auf dem Rückweg den nämlichen Platz wieder erreichte, war kein einziger mehr davon zu finden.

Eine Taufe unter den Fulahs

Eine ziemliche Strecke am Senegal hinauf, an der Westküste Afrikas, lag ein freundliches Dorf der Fulahs, eines intelligenten, mächtigen Negerstammes, der sich zum größten Teil zur mohammedanischen Religion bekennt. Viele der Stämme haben freilich noch einen Teil ihrer alten heidnischen Gebräuche beibehalten und dabei den Islam in wunderlicher Weise mit dem Fetischdienst vermischt, aber schon ihre ganze Regierungsweise ist mohammedanisch, wie denn auch ihr Oberhaupt »Beherrscher der Gläubigen« genannt wird.

Allerdings hatten christliche Missionaire auch in diesem Lande versucht, die Bewohner von ihrer Irrlehre zu bekehren, aber doch nur mit sehr geringem Erfolg, denn in den Hauptstädten war der Islam zu mächtig und im Innern das Volk zu gleichgültig, um einen günstigen und entscheidenden Erfolg zu erzielen. Außerdem ist es eine eigentümliche Tatsache, dass jeder G l a u b e n auch ein bestimmtes K l i m a verlangt, in dem er nur allein gedeihen und wachsen kann, und wie Erfahrung gelehrt, scheint der protestantische am Wenigsten unter den Tropen fortzukommen.

Schon in Europa finden wir das bestätigt, wo er nur im Norden fest und dauernde Wurzel schlagen konnte, und selbst in Deutschland sehen wir die südlichen und wärmeren Staaten fast ausschließlich von Katholiken bewohnt, während sich die dort lebenden, vereinzelten Protestanten nur mit der Unterstützung des Nordens ihre Kirchen bauen können.

In fremden Weltteilen tritt uns das aber noch viel deutlicher vor Augen, und trotz der massenhaften Bibelverteilung englischer, protestantischer Gesellschaften, trotz der massenhaften Auswanderung nordamerikanischer Missionaire in a l l e

Welten – und trotz den rosenfarbenen Berichten, die sie von überall her einschicken, sind ihre Erfolge doch in allen jenen Ländern außerordentlich gering. Ja, wo sie wirklich zuerst eintrafen und Propaganda für ihre Kirche machten, wandten sich die b e k e h r t e n Eingeborenen später in s e h r vielen Fällen dem Katholizismus zu, sobald dessen Priester ihnen die neue Lehre predigten, und besonders in den Südsee-Inseln finden wir dafür den Beweis, denn nur eigentlich auf den hawaiischen Inseln – und auch dort nur durch Polizeigewalt – konnte sich der protestantische Glaube als Landesreligion halten.

Die Missionaire mussten die außergewöhnlichsten Anstrengungen machen, um den Katholizismus nicht aufkommen zu lassen. Wer nur einer Neigung dazu verdächtig war, wurde verurteilt, an den Straßen zu arbeiten. Leute, die nicht in der von ihnen übersetzten, protestantischen Bibel lesen konnten, erhielten keine Erlaubnis zum Heiraten, und viele andere solche gewalttätige Gesetze wurden gegeben, die in unserem Glauben schwerlich ihre Berechtigung fanden.

Noch mehr aber als der Katholizismus sagte den südlichen Völkern, wenn sie ja ihre Religion wechseln m u s s t e n, der Islam zu, und alle die Stämme und Nationen, z.B. im ganzen ostindischen Archipel und an den asiatischen und afrikanischen Küsten, die nicht ihren alten Glauben beibehielten, sind viel leichter zur mohammedanischen als zur christlichen Religion bekehrt worden und haben auch, trotz der verschiedensten Bekehrungsversuche, hartnäckig daran festgehalten.

Aber die Nordamerikaner sind ebenfalls ein zähes Volk, das nicht so leicht von einem einmal erfassten Gegenstand, sei es im Guten oder Bösen, wieder ablässt. Sie haben in ihrem Lande ordentliche Seminare, in welchen ihre Missionsprediger ausgebildet und auf die Länder, denen sie ihre Tätigkeit widmen wollen, vorbereitet werden, und kaum einen Punkt der Erde gibt es, auf den sie ihre Tätigkeit nicht erstreckt oder doch wenigstens den Versuch gemacht hätten, ihre Lehre dorthin zu verpflanzen.

Besonders fleißig und unternehmend sind dabei die Methodisten, eine außerordentlich exaltierte, protestantische Sekte, die auch deshalb fast alle amerikanischen Neger zu ihren Anhängern zählt, weil bei ihnen gerade die äußere Form so vorherrschend ist. Der Heilige Geist – wie sie sich ausdrücken – befällt die Gläubigen. Wenn derselbe über sie kommt, fangen sie an zu jauchzen, der Schaum tritt ihnen auf die Lippen, sie beginnen zu rasen und zu toben und stürzen zuletzt – genau wie es die mohammedanischen Derwische tun – in einer Verzückung zusammen.

Von dieser Sekte gehen die meisten Missionaire aus, und schon in den Vereinigten Staaten findet man sie überall verbreitet. Ja, im ganzen Westen derselben haben sie, besonders unter den für das Übernatürliche am meisten empfänglichen Frauen, auch die zahlreichsten Anhänger, und wo sich Pioniere der Mission in fremden Weltteilen zuerst eines Erfolges erfreuten, waren es besonders diese Methodisten. Es lässt sich deshalb denken, dass sie auch die Westküste Afrikas nicht außer Acht ließen, denn alle handeltreibenden Nationen sandten immer die Missionaire voraus, um das Volk für einen Verkehr mit anderen Völkern vorzubereiten, was besonders die Engländer auszubeuten verstanden.

Auch bei den Fulahs hatten vorzüglich amerikanische Missionaire dieser Sekte ihr Glück versucht, bis jetzt aber immer mit sehr mittelmäßigem Erfolg, denn die Fulahs selber hingen entweder an der einmal angenommenen, mohammedanischen Lehre oder wollten überhaupt von keiner Bekehrung wissen, die ihnen nicht auch zugleich einen praktischen Nutzen brachte. Wenn die Missionaire freilich an solche, die ihren Predigten zuhörten, wollene Decken, Glasperlen und sonstige wünschenswerte Gegenstände verteilten, so fanden sie sich wohl bei der Versammlung ein, hörten auch andächtig zu und machten nicht einmal große Einwendungen, wenn sie getauft werden sollten. Die Missionaire hatten aber weiter keinen Nutzen und Erfolg davon, als dass sie ihre Geschenke los wurden und nach Hause berichten konnten, sie hätten wieder so und so viele Heiden dem Bund des Christentums gewonnen. Mit den Heiden blieb es gewöhnlich beim Alten, und das Taufwasser war an ihnen kaum getrocknet, als sie schon nichts mehr von der neuen Religion wussten oder wissen wollten.

Solche Enttäuschungen hatte einer der eifrigsten Missionaire, ein Mr. Ezra Bowring, besonders häufig erlebt, ohne dadurch im Geringsten entmutigt zu werden. Er kämpfte nach seiner festen Überzeugung für eine gute Sache, und da die Fulahs doch schon zum großen Teil von ihrem wilden Heidentum zum mohammedanischen Glauben übergetreten waren, so gab er auch die Hoffnung nicht auf, sie noch einen Schritt weiterzuführen und zum Christentum zu bringen. Freilich sah er dabei ein, dass das auf dem alten Wege – durch Geschenke und Versprechungen – nicht möglich sein würde, denn er hatte noch nie etwas anderes dadurch erreicht, als dass sie die Geschenke nahmen und dann doch nach wie vor in ihrem alten »Aberglauben« verharrten. Er beschloss deshalb, es jetzt in einer anderen und mehr praktischen Weise anzufangen, und wie nur wieder ein Schiff von den alten Staaten eintraf und ihm die Mittel verschaffte, eine größere Reise in das Innere zu unternehmen, ging er mit frischem Mut an die Ausführung seines Planes, der in nichts Geringerem bestand, als vor allen Dingen die F r a u e n für seine Lehre zu gewinnen. Gelang ihm das, so stand er nicht mehr allein, sondern hatte Tausende von Bundesgenossen, die für ihn arbeiteten und ihn unterstützten, und er zweifelte deshalb auch keinen Augenblick mehr an seinem endlichen Erfolg.

Seine Ausrüstung war bald gemacht. Er kaufte sich einen der gewöhnlichen Missionswagen, in welchem er auch in wilden Gegenden übernachten konnte, und auf dem er zugleich seine Provisionen und was er sonst unterwegs brauchte, mit sich führte. Dann schiffte er sich auf einem der französischen Dampfer, die den unteren Teil des Senegal befuhren, ein, um eine große Strecke seines Weges in größerer Bequemlichkeit

zurücklegen zu können und stieg erst am letzten Landungsplatz aus, um von hier ab seine Reise mit dem eigenen Fuhrwerk fortzusetzen.

Ochsen, die seinen Wagen ziehen sollten, musste er sich
hier allerdings erst kaufen und auch Treiber dazu mieten,
das aber war nur mit geringen Schwierigkeiten verknüpft. Es
standen ihm genügende Mittel zu Gebote, sich alles Nötige
anzuschaffen, und schon am zweiten Tag sah er sich im Stande,
seine Landreise anzutreten.

Dort gleich an Ort und Stelle zu beginnen, verhinderten ihn
nämlich verschiedene Rücksichten. Erstlich wohnten dort zu
viele Fremde, französische und portugiesische Sklavenhänd-
ler, die einer wirklichen und ernstlich gemeinten Mission nur
störend entgegenwirken. Können sie doch den Eingeborenen
als keineswegs empfehlenswerte Anhänger eines fremden
Glaubens gelten, und dann legen sie den Missionairen noch
außerdem jedes mögliche Hindernis in den Weg, ja suchen
sie sogar bei der Bevölkerung zu verdächtigen, als trieben sie
Zauberei und andere verbotene Künste. Je weiter er diesen aus
dem Wege ging, desto besser, und ohne deshalb auch nur irgendwen mit seinen Absichten und Plänen bekannt zu machen,
bestieg er sein bescheidenes Fuhrwerk, einen mit einer Plane
überspannten gewöhnlichen Leiterwagen und fuhr mutig und
seinem guten Werk vertrauend in die Wildnis hinein.

Alle diese Missionaire sind aber auch in der Tat zugleich
Handelsleute, führen wenigstens stets eine Quantität von
Waren mit sich, die sie, wenn nötig, entweder verwerten oder
auch zum Eintausch dessen, was sie brauchen, verwenden und
haben sich so jedenfalls für alle Fälle gerüstet. Verstehen sie
dann auch noch mit der Büchse umzugehen, um im schlimmsten Fall ihren Lebensunterhalt zeitweilig auf der Jagd zu finden, so sind sie für alles gerüstet und können die wildesten
Strecken ruhig betreten.

Sonderbarerweise ist das Letztere aber sehr selten mit den
amerikanischen Missionairen der Fall; besonders scheinen

sich die Methodisten der Jagd entschieden zu enthalten, und selbst mitten in den amerikanischen Wildnissen wird man sie nie mit einer Büchse auf der Schulter treffen. – Auch unser Reverend, Mr. Bowring, führte wohl ein altes Gewehr und etwas Munition bei sich, aber nur zu dem Zweck, um nachts – wenn wilde Tiere seinem Lager nahen sollten – Schreckschüsse abzufeuern. Er würde nie daran gedacht haben, auf ihre Vernichtung auszugehen.

So setzte er seinen Marsch ununterbrochen sechs Tage fort, bis er jenes vorerwähnte Dorf erreichte, das ihm weit genug ab von jedem unmittelbaren, europäischen Verkehr zu liegen schien, um es nicht allein zum Anfangs-, sondern auch zum späteren Mittelpunkt seiner Wirksamkeit zu machen.

Es war in der Tat ein reizendes Fleckchen Erde, das nicht mehr den tödlichen Miasmen der Niederungen und Sümpfe ausgesetzt war und schon am Fuß des höheren Landes liegend, von Hügeln eingeschlossen und von einem klaren, kühlen Bergwasser durchströmt, mit allem Zauber tropischer Vegetation ausgestattet ein glückliches, zufriedenes Völkchen barg. Der Ort mochte etwa drei- oder vierhundert Hütten zählen, zwischen denen sich eine einfache, kunstlose Moschee erhob. Der größte Teil der Einwohner gehörte auch in der Tat dem Islam an. Trotzdem lebten noch viele Fetischdiener zwischen ihnen, ohne dass sie von den wenigen Derwischen, denen der Gottesdienst oblag, belästigt worden wären. Diese schienen es vielmehr der Zeit zu überlassen, die noch rückständigen Heiden zu bekehren und lebten dadurch auf dem freundschaftlichsten Fuß mit ihnen; ja gerade die Heiden kamen am häufigsten zu ihnen, um sich Rat zu holen oder in irgendeinem Fall ihre Hilfe zu erbitten und gingen dann auch selten fehl.

Der amerikanische Missionair verweilte dort einige Tage, und mit der Sprache der Fulahs, nach einem vierjährigem Aufenthalt in ihrem Lande, genau vertraut, lernte er rasch die einfachen und »interessanten« Verhältnisse des kleinen Ortes kennen. Außerdem fand er bald, nach vorläufigen und vorsichtigen Erkundigungen, die er unter der Hand einzog, dass man ihm nicht die geringsten Schwierigkeiten in den Weg legen würde, wenn er seine Lehre predigen wollte. So viele Missionaire hatten schon das Land besucht, und dabei nicht den geringsten Schaden getan, dass selbst die Derwische gleichgültig gegen solche wandernde Priester geworden waren und sie ruhig gewähren ließen. Brachten sie doch auch stets eine Menge nützlicher und angenehmer Geschenke mit, und um den Preis konnte man es ihnen schon gestatten, ein paar Reden zu halten und dem Volke – wie sie sich in ihrer morgenländischen Weise ausdrückten: »Märchen zu erzählen«. Nachher zogen sie wieder weiter, und alles andere blieb beim Alten.

In etwas überraschte sie aber der neue Geistliche dadurch, dass er sich mit den Männern gar nicht befasste und erklärte, nur den Frauen predigen zu wollen. Er denke nicht daran, wie er sagte, irgendwen zu bekehren, sondern wolle ihnen nur die Lehre der christlichen Liebe in die Herzen pflanzen, damit sie ihre Kinder darnach erziehen und gute Menschen aus ihnen machen könnten.

Natürlich verfehlte das seine Wirkung auf die Frauen nicht, und als er nach einiger Zeit diese alle zu sich einlud, um ihn anzuhören, kamen sie in Masse herbei; denn die Frauen der Fulahs wollten gerade so gern alles wissen – ohne dabei im Geringsten neugierig zu sein – wie unsere eigenen europäischen Damen. Der Unterschied lag nur in der Farbe.

Der bestimmte Tag brach an, und da Mr. Bowring, der wie gesagt seinen kleinen Hausrat in seinem Planwagen bei sich führte und seine stete Wohnung darin hatte, selbstverständlich die Moschee nicht zu seiner Predigt benutzen durfte, weil er sie sonst, nach dem Glauben der Mohammedaner, entweiht hätte, so blieb ihm nichts anderes übrig, als im Freien zu predigen und zwar von seinem eigenen Wagen herab.

Dieser war, aus den Palisaden heraus, die sich der Amerikaner zum Schutz gegen wilde Tiere gebaut, auf einen freien

Platz gezogen, die Plane wurde von dem hinteren Teil desselben zurückgeschlagen, und dort stand der Geistliche, der von hier aus die zahlreich versammelten Frauen am besten überblicken konnte, und begann seine Predigt.

Bowring war übrigens, in Ausnahme von den gewöhnlichen Methodistenpriestern, die in einem monotonen, näselnden Schnarren die höchste Salbung zu finden glauben, ein ganz tüchtiger und gewandter Redner, der dabei der Sprache vollkommen mächtig und mit einem bestimmten Ziel vor Augen in s e i n e m Thema kaum verfehlen konnte, Eindruck auf seine Zuhörerinnen zu machen. Er sprach nämlich zu ihnen anfangs allerdings von der freundlichen Duldung der christlichen Religion – wobei er sich wohl hütete, des dreißigjährigen Krieges oder sonstiger Juden- und anderer Verfolgungen Erwähnung zu tun. Er schilderte nur die sanfte Lehre Christi in einfachen Worten und ging dann ohne Weiteres darauf über, ihnen zu erzählen, wie liebevoll und mit welcher Achtung die Frauen in christlichen Ländern von ihren Gatten behandelt würden und behandelt werden müssten, wenn nicht das Gesetz Zuwiderhandelnde treffen solle. Dann beschrieb er ihnen die häuslichen Sitten Amerikas, die Gewalt, welche die Frau dort über ihren Mann ausübe, der, wenn erst verheiratet, keine weiteren Frauen nehmen und außerdem nicht daran denken dürfe, sie zu irgendeiner Arbeit zu zwingen, ja dass eine nur einigermaßen wohlhabende Frau sich sogar nicht einmal um die einfachsten und leichtesten Angelegenheiten zu kümmern brauche, sondern das alles den zahlreichen Dienstboten oder Sklaven überlassen müsse. Sie selber habe dabei nichts zu tun, als Schmuck und schöne Kleider zu tragen und ihren Vergnügungen nachzugehen.

Anders freilich sei die Frau, wie er fortfuhr, in den Ländern gestellt, welche Mohammed als den einzig wahren Propheten erkennten und noch schlimmer bei den Anbetern von Götterbildern, wo sie wenig mehr als Sklavin des Mannes wäre – aber er riet ihnen nicht ihren Glauben zu ändern. Der einzig wahre Gott, wie er auch heiße, habe das alles weise angerichtet, damit der Mensch nicht auf einmal zur vollen Glückseligkeit übergehe. Zuerst lebe er noch im Stande des Heidentums, dann trete er zum Islam über und zuletzt führte ihn der Herr doch in seiner Liebe zum rechten Glauben.

Damit schlug er das Buch, welches er bis dahin in der Hand gehalten, zu, bückte sich hinter die Plane, welche ihn den Blicken seiner aufmerksamen Zuhörerinnen entzog und hatte seine Predigt für heute geschlossen. – Aber der ausgestreute Same wirkte.

Acht Tage zeigte er sich nicht unter den Bewohnern des Dorfes, und seine mitgebrachten Diener mussten Jedem, der nach ihm fragte, sagen, dass er in seinem Wagen im Gebet vor Gott läge.

Auch das machte einen guten Eindruck auf die Fulah-Frauen. Er war überhaupt anders als die weißen Fremden, die sie bis jetzt gesehen; er trank keine spirituösen Getränke, was die Weißen nur zu häufig und im Übermaß taten; er war nie ungezogen oder roh gegen die Frauen und Mädchen, sondern behandelte sie stets mit größter Achtung; er verteilte auch häufig Geschenke unter sie und zahlte doch alles, was er von ihnen brauchte, war also jedenfalls ein braver, rechtschaffender Mensch, von dem man nur Gutes lernen konnte. Der weibliche Teil der Bevölkerung erwartete auch in der Tat mit Ungeduld den nächsten Tag, an welchem er wieder predigen würde, und als es endlich geschah, fehlte wohl kaum eine von allen aus dem ganzen Dorfe. Selbst die Kinder hatten sie mitgebracht, und manche von den Männern fanden sich ebenfalls ein, um doch auch einmal zu hören, was der bleiche, magere Mann alles vorbringen würde.

Mr. Bowring war aber heute vorsichtig und erging sich weniger darin, dass die Frauen, wenn sie Christinnen geworden wären, nichts mehr zu arbeiten brauchten, sondern schilderte vielmehr wieder das freundliche Familienleben seines Landes, erzählte, wie sorgsam die Eltern ihre Kinder erzögen und sie etwas Tüchtiges lernen ließen, damit sie später im Stande wären, sich viel Geld zu verdienen und angesehene Leute zu werden, und ließ, als er schloss – während er die Frauen nur noch mehr in ihrer guten Meinung von ihm bestärkt hatte, auch bei den Männern einen nicht ungünstigen Eindruck zurück. – Aber selbst das genügte ihm nicht.

Ezra Bowring war ein durchaus praktischer Mensch, der alles, was er angriff, auch am rechten Ende packte – ein echter Yankee in Fleisch und Blut, und dabei klug genug um alle, mit denen er es zu tun bekam, rasch zu durchschauen. Selbst die Derwische hatte er sich durch freigebige Geschenke und indem er es sorgfältig vermied, ihnen gegenüber in Religionssachen eine Meinung auszusprechen, schon zu Freunden gemacht, und das war ihm auch mit dem ersten Häuptling des Dorfes so weit gelungen, dass dieser ihn selber in seine Hütte führte und sich von seinem fernen Vaterland erzählen ließ. Dabei konnte es dem Amerikaner nicht entgehen, dass hier zwei Sachen zusammenwirkten, die er, wenn geschickt benutzt, sehr zu seinem Vorteil ausbeuten konnte. Erstlich stand der Häuptling einer Streitsache wegen, die er über zwei Joch Ochsen mit den Derwischen gehabt, diesen nicht gerade freundlich gegenüber, und dann machten ihm in seinem eigenen Hause sieben angetraute Frauen das Leben schwer, so dass er in aller Verzweiflung schon anfing sich dem Trunk zu ergeben.

Da kam Ezra Bowring und versprach ihm in beiden Fällen Abhilfe, wenn er ihm und seiner Lehre folgen wolle. Die christliche Religion geböte nämlich, dass jeder Mann nur e i n e Frau haben dürfe. Sobald er sich also zu diesem Glauben öffentlich bekennen würde, verstand es sich von selbst, dass er von seinen sieben Frauen nur eine auszuwählen brauchte, die er bei sich behielt. Die Ehe mit den anderen sechs aber wäre dadurch gelöst, und sie hätten vollständig das Recht verloren, sich um seine Familienangelegenheiten zu bekümmern.

Der Häuptling war nach dieser Unterredung sehr nachdenkend geworden und hatte in den nächsten Tagen mehrere geheime Besprechungen mit anderen Leidensgefährten gehabt; kurz, es fing an ein unruhiger, unheimlicher Geist in dem Dorfe umzugehen, der sich besonders dadurch als der mohammedanischen Religion nicht günstig herausstellte, dass am nächsten Freitag nur sehr wenige Gläubige die Moschee besuchten, und die Derwische, wie wir sagen, vor leeren Bänken oder dort vielmehr vor leeren Matten predigen mussten. Noch fürchteten sie allerdings nicht das Schlimmste und schrieben dies entschiedene Ausbleiben der »Gläubigen« einem zufälligen Umstande zu, aber sie sollten über den wirklichen Tatbestand nicht lange in Zweifel bleiben.

Schon am nächsten Tag berief der Häuptling oder Sheik eine Versammlung der Großen seines Dorfes, zu welcher weder die Derwische noch Frauen Zutritt hatten, und dort schilderte er in beredten Worten die Vorteile, deren sie teilhaftig werden konnten, wenn sie sich zu der christlichen Lehre bekennen und eben sowohl ihrem alten Heidentum wie dem Islam entsagen wollten. Der Zustimmung der Frauen waren sie dabei gewiss, denn diese hatten schon lange für den Fremden Partei ergriffen und da der neue Geistliche Geschenke unter sie v e r t e i l t e, während die Derwische nur fortwährend Steuern und Pflichtteile verlangten und eintrieben, so musste sich auch in dieser Hinsicht ihre Lage wesentlich verbessern. Den Ausschlag bei der Verhandlung gab aber die Kunde, dass man sich mit der Annahme der n e u e n Religion aller a l t e n Frauen entledigen könnte. Von da ab wurde die Versammlung stürmisch und einige alte Heißsporne verlangten sogar augenblicklichen Übertritt und Beseitigung schwebender Hindernisse.

Dagegen stimmte der Häuptling und zwar aus sehr triftigen Gründen. Jetzt, wie er erklärte, hätten sie die Frauen alle auf ihrer Seite und die mohammedanische Geistlichkeit fände an den Gegnern keinen Halt; erführen diese aber, um was es sich eigentlich handele, so wäre eine nicht zu verachtende Opposition zu erwarten. Von dem Ausscheiden der überzähligen Frauen dürfe deshalb keine Rede sein, bis der Übertritt nicht wirklich erfolgt und also ein Rückgängigmachen des Geschehenen nicht mehr möglich wäre; auf morgen früh berufe er deshalb auch eine allgemeine Versammlung, zu welcher der Geistliche eingeladen werden solle, und an dem nämlichen Abend möge dann die Taufe sein. Folgte in solcher Art Schlag auf Schlag, so blieb den Derwischen auch keine Zeit, sich mit ihrer Klage an den Fürsten und die hohe Geistlichkeit zu wenden, und selbst die Frauen mussten sich dem Unabwendbaren geduldig fügen.

Ein Geheimnis, das mehr als einer weiß, ist eigentlich kein Geheimnis mehr, und die Derwische hätten eben keine – Derwische sein müssen, wenn sie nicht noch an dem nämlichen Abend wenigstens das Wichtigste der Verhandlung: den beabsichtigten Übertritt des ganzen Stammes zur christlichen Religion, herausbekommen. Es lässt sich auch denken, wie sie darüber erschraken; denn nicht allein gefährdete es ihre eigene Existenz, sondern musste sie auch, ihren Vorgesetzten gegenüber, dem schlimmsten Verdacht aussetzen, ihr Amt schlecht verwaltet und die ihnen anvertraute »Herde« ohne Hirten gelassen zu haben. Sie taten auch wirklich für den Augenblick alles, was in ihren Kräften stand. Ein Bote wurde noch in der nämlichen Nacht nach der Hauptstadt gesandt – die er freilich frühestens in vier Tagen erreichen konnte, und beide Geistlichen suchten selber den Häuptling auf, um diesen auf die Gefahr aufmerksam zu machen, der er sich an Seele wie Körper bei einer solchen übereilten und gottlosen Maßregel aussetze. Dieser aber – ob er etwas ähnliches geahnt oder sich selber nicht recht sicher fühlte – war noch an demselben Nachmittag mit drei der einflussreichsten Fulahs des Dorfes hinaus auf die Jagd gegangen – angeblich um einem Löwen aufzulauern, der schon mehrere Nächte hindurch ihr Dorf umschlichen und in der letzten sogar ein Rind geraubt hatte – in Wirklichkeit aber nur um etwaigen, doch gefürchteten Einsprüchen aus dem Wege zu sein.

War die Sache einmal geschehen, so ließ sich nichts mehr daran ändern, aber vorher wünschten sie doch allen etwa möglichen Erörterungen auszuweichen.

Den größten Triumph feierte indessen an diesem Abend Ezra Bowring; denn ehe der Häuptling das Dorf verließ, hatte er diesen mit seiner Absicht bekannt gemacht und ihn beauftragt, die nötigen Vorbereitungen für den nächsten Tag zu treffen.

So hatte er denn jetzt sein Ziel erreicht – das höchste Streben seines ganzen Lebens, und morgen Abend schon konnte er einen expressen Boten mit einem Brief an »the board of Missionaries« senden, um ihnen mitzuteilen, dass er an e i n e m Tage so und so viel tausend Seelen dem ewigen Verderben entrissen und der Gemeinschaft der Methodisten gewonnen habe. – Aber er hütete sich wohl, irgendjemand hier im Ort ahnen zu lassen, wie glücklich er sich darüber fühle, sondern hielt sich an dem ganzen Nachmittag verschlossen in seinem Zeltwagen; ja selbst als gegen Abend einer der Derwische kam und ihn zu sprechen verlangte, musste ihn sein Diener abweisen. Sein Herr sei krank, lautete die Entschuldigung – er liege auf seinem Bett, schlafe und dürfe nicht gestört werden.

Der nächste Tag brach an und mit ihm kam ein ganz merkwürdig reges Treiben in den kleinen Ort. Schon lange vor Sonnenaufgang waren die Frauen beschäftigt, sich an dem kleinen Bergstrom zu waschen und zu putzen, und selbst die Männer strichen sich frisch mit Fett an und ölten sich das wollige Haar, dass es glänzte. Auch bunte Tücher banden sie sich um die Hüften und warfen ihre Binsenmäntel um, kurz alles zeigte an, dass etwas Außerordentliches im Werke sei. Kaum war das Frühstück verzehrt, als die Wanderung nach dem Wagen des Missionairs begann, während der Amerikaner, noch hinter seinem Zelt verborgen, durch eine kleine Öffnung in demselben, mit freundlichem Lächeln das Herbeiströmen der frommen Schar beobachtete.

Lange durfte er sich ihnen aber nicht vorenthalten, denn die Fulahs hatten nicht viel Geduld, und er fürchtete dabei auch nicht mit Unrecht, dass die Derwische wie ihr Anhang alles Mögliche aufbieten würden, um den voraussichtlichen Erfolg des Fremden zu vereiteln. Er trat deshalb auf den Vorbau seines Wagens hinaus, und es sah in der Tat eigentümlich aus, wie der lange hagere Mann mit den blonden Haaren und blauen Augen, den die heutige Aufregung nur noch bleicher als gewöhnlich machte, zwischen den Tausenden von schwarz glänzenden mit bunten Tüchern und Gold und Korallenputz behangenen Gestalten stand, ein wirklicher Prediger in der Wüste zwischen »Türken und Heiden« und seine heutige Predigt mit einem schmetternden Gesang zum Lobe des Höchsten begann.

Dann kam die Rede selber und der Amerikaner war klug genug, nichts darin zu erwähnen, was einen oder den anderen Teil der hier Versammelten hätte stutzig machen können. Er hielt sich vernünftiger Weise streng an die einfache Lehre Christi, nicht an den Aufputz, den ihr spätere Jahrhunderte übergehangen, und da er ihnen damit nur Liebes und Gutes künden konnte, so verfehlte er auch nicht die erhoffte und eigentlich schon bei seinen Zuhörern beschlossene Wirkung. Allerdings übte seine Predigt hier noch nicht den Einfluss auf die Gemüter der Andächtigen aus, wie wir das so häufig in Amerika bei den Methodisten beobachten können, aber alle schienen doch fest entschlossen, den neuen Glauben, den ihnen der Fremde gebracht und der sich mit gar keinen weiteren Unannehmlichkeiten verknüpft zeigte, anzunehmen, und als Mr. Bowring endlich diejenigen in der Versammlung welche Willens wären, den alten Irrtümern zu entsagen, aufforderte zu ihm heranzutreten, drängten sich, mit Ausnahme Einzelner, die zu der Partei der Derwische gehörten, alle um seinen Wagen und verlangten jetzt mit stürmischen Rufen getauft zu werden.

Allerdings hatte der Häuptling bestimmt, dass die Zeremonie erst am Abend vorgenommen werden solle, und der

Amerikaner war auch damit einverstanden gewesen. Als er aber die Erregung ringsumher bemerkte, fühlte er doch auch zu gleicher Zeit, dass ein so passender und günstiger Augenblick vielleicht nie im Leben wiederkehren würde, und nicht gesonnen, sich irgendeinen Vorteil aus der Hand zu geben, beschloss er den Moment zu benutzen. Wasser war bei der Hand, ein kleiner Bach rieselte dicht an seinem Wagen vorüber, Gefäße hatte er ebenfalls schon bereits; sein Diener musste herbeitragen, was er konnte und noch stand die Sonne nicht im Mittag, als er schon, in einem etwas summarischen Verfahren, das aber die Umstände vollkommen entschuldigten, den ganzen Stamm durch die Taufe zu Christen gemacht. Nur wenige hatten sich davon zurückgehalten und ein paar von diesen waren dann augenblicklich zu den Derwischen hinübergeeilt, um ihnen die Schreckenskunde mitzuteilen.

Was aber konnten diese tun, solange sie noch nicht einmal weitere Befehle von ihren Oberen erhalten – ja was selbst dann, wo das Entsetzliche als eine vollbrachte Tatsache feststand.

Indessen eilten die jungen Christen nach Hause, um sich ihres neuen Standes zu erfreuen, vermieden aber dabei, den Weg an ihrer alten Moschee vorüber zu nehmen, denn es war ihnen doch ein etwas unbehagliches Gefühl, wenn sie sich dachten, dass sie den früher mit solcher Ehrfurcht betrachteten Platz nun nie wieder betreten und den Gott, den sie dort früher angebetet, für immer meiden sollten. Das Ganze war ihnen auch eigentlich ein wenig rasch gekommen und viele waren sich wohl der doch so wichtigen Sache gar nicht recht klar geworden. Aber das ließ sich jetzt eben nicht mehr ändern, und so schlimm konnte es doch auch nicht sein, denn so viele weiße Fremde – ja fast alle, die zu ihnen kamen, waren Christen und befanden sich wohl dabei, und der Verkehr und Handel mit diesen musste jedenfalls dadurch erleichtert werden.

Und welche Verbesserung sollte der neue Glauben jetzt im eigenen Hause erbringen, wo zwischen den verschiedenen

Frauen eines Mannes so oft Streit und Hader entstand – die Männer scheuten sich nur noch, es ihren Frauen mitzuteilen und über Mittag wurde auch in der Tat in keiner Hütte davon gesprochen; aber beraten musste die Sache doch endlich und damit auch zur Entscheidung gebracht werden und am Nachmittag versammelte deshalb der Häuptling die Ältesten des ganzen Stammes um sich, um ihnen, nur von einem streng religiösen Standpunkt aus, die Sünde vorzuhalten, mehr als e i n e Frau zu haben, wie sie aufzufordern, ihr künftiges Leben in Einklang mit der neuen Lehre zu bringen.

Das war ein Schlag für die Frauen, der um so härter traf, je unerwarteter er kam. I h n e n hatte der fremde Christenprediger nur gesagt, dass kein Mann, wenn er schon verheiratet sei, noch eine weitere Frau dazunehmen dürfe, und das war ihnen gerade recht gewesen. Aber dass die alten auch noch abgeschafft werden sollten, überstieg die Grenzen jeder Möglichkeit und völlig ratlos, was jetzt zu tun, liefen sie aus alter Gewohnheit zu denen, die bisher ihre Ratgeber gewesen, von denen sie sich aber heute völlig losgesagt – zu den Derwischen.

Was für merkwürdige Leute solche Derwische sind! Durch ihre Spione hatten sie schon lange Kunde von all' den Vorgängen im Dorfe erhalten und waren ebenso auf das Genauste von der unter den Frauen herrschenden Aufregung unterrichtet worden. Sie wussten auch, dass diese zu i h n e n kommen würden, um Hilfe zu suchen, und etwas Angenehmeres als dieser Zwischenfall hätte ihnen gar nicht geschehen können – aber ob sie sich das Geringste davon merken ließen? Gott bewahre. Mit auf der Brust gekreuzten Armen saßen sie da, verdrehten die Augen, seufzten und hörten schweigend und regungslos die immer stürmischer werdenden Klagen der Frauen an. Nur als diese endlich auf eine Antwort drangen, zuckten sie die Achseln und sagten mitleidig:

»Ihr habt es ja selber so gewollt – jetzt ist es zu spät. Die neue Religion legt auch eueren Männern nicht einmal die

Pflicht auf, künftighin für eueren Lebensunterhalt zu sorgen; Ihr seid Christinnen geworden – vielleicht gibt euch der neue Gott, was ihr eben braucht.«

»Aber dann bleiben wir keine Christinnen«, riefen die Weiber. »Wir wollen von einer Religion nichts wissen, die uns auf die Straße setzt.«

»Das hilft euch nichts«, sagte aber ruhig der ältere Derwisch, »ob ihr euch jetzt dazu bekennt oder nicht. Eure Männer sind zu derselben übergetreten, und so lange der fremde Priester hier ist, wird er sie auch darin erhalten und bestärken.«

»Aber wenn er fort ist?«

Der Derwisch zuckte mit den Achseln. – »Es wäre m ö g - l i c h, dass dann eine Änderung eintreten könne, aber Bestimmtes ließe sich nicht darüber sagen.«

Mit den wenigen Worten hatte er einen Funken in ein Pulverfass geworfen und die Mine explodierte.

Hatten vorher die Männer eine Zusammenkunft gehalten und Beschlüsse gefasst, so hielten die Frauen jetzt ebenfalls eine, begnügten sich aber darin nicht mit den einfachen Beschlüssen, sondern führten sie augenblicklich und auf frischer Tat aus. Es war indessen Abend geworden und Mr. Bowring eben von einem Besuch bei dem Häuptling zurückgekehrt, dem er noch einige notwendige Verhaltungsregeln für die nächste Zeit gegeben. Unmittelbar neben seinem Lagerplatz, der mit Palisaden und Dornen eingefasst war, um wilde Tiere zu verhindern, ihm einmal über Nacht hineinzubrechen, brannte ein kleines, aber helles Feuer, an welchem ihm einer seiner Diener eben das Abendbrot bereitete, als der andere, der gerade die Plane des Wagens zurechtzog, weil der Himmel mit Regen drohte, dem Amerikaner meldete, vom Dorfe herüberkämen eine Anzahl von Fackeln gerade auf den Lagerplatz zu.

Mr. Ezra Bowring schüttelte mit dem Kopf. Was wollten die Leute noch heute Abend von ihm? Denn seines Wissens hatte er alles Nötige schon mit dem Häuptling besprochen. Geschah das, um ihm, vielleicht einer ihrer alten Sitten nach, eine Ehre zu erweisen, und dunkle Erinnerungen von einem daheim erlebten Fackelzug schwebten ihm vor, dessen afrikanische Ausführung jedenfalls interessant gewesen wäre. Er stand langsam auf und bestieg seinen Wagen, um von da auch die Nahenden besser betrachten zu können.

Ein Zug war es freilich nicht; die Fackeln schwärmten wirr und ungeordnet durcheinander und buntes Toben und Geschrei tönten zugleich herüber. Wie eine religiöse Prozession sah das keinenfalls aus; aber freilich hatte dies wilde, wunderliche Volk auch wilde und wunderliche Sitten und einem späteren, ruhigen Leben musste es vorbehalten bleiben, sie zu ändern und zu bessern. Hatte ihm doch der Häuptling heute schon zugesagt, dass gleich am morgenden Tage der Bau einer Kirche sowohl, als eines Wohnhauses für ihn selber in Angriff genommen werden sollte, und war das erst beendet, dann hoffte er auch besser und nachhaltiger auf die Bevölkerung einwirken zu können.

Der wilde Schwarm kam indessen immer näher. Deutlich konnte er schon einzelne Ausrufe und Schreie unterscheiden – das war eine tolle, lärmende Feier, die jedenfalls später einer würdigern weichen musste – man durfte freilich nicht zu viel auf einmal von den erst aus der Nacht ihres Unglaubens erweckten Heiden erwarten.

Jetzt waren sie da. Der Schwarm hatte die Palisaden erreicht; als sich Ezra Bowring aber schon darauf vorbereitete, eine Anrede an die Menge zu halten, fassten fünfzig, sechzig schwarze Fäuste die aufgestellten spitzen Hölzer, die seine Umzäunung bildeten, und rissen sie mit Gewalt zu Boden, während ein ganzes Rudel wilder, dunkelhäutiger Megären, die Fackeln in der Linken und viele in der Rechten sogar Keulen, Messer oder Lanzen haltend, in den inneren Raum drangen und dermaßen, alle zu gleicher Zeit auf ihn einschrien, dass er nicht eine Silbe davon verstand. Desto deutlicher waren freilich die drohenden Bewegungen, die sie gegen ihn machten, und Ezra, natürlich nur in dem Glauben, dass hier irgendein unglückseliges Missverständnis obwalten müsse, begann von seinem Wagen herunter die etwas ungestümen Besucher anzureden. Wenn er aber gehofft hatte, in einer Versammlung von einigen hundert Frauen, von denen jede Einzelne entschlossen und gewillt war zu reden, zu Wort zu kommen, so musste er bald seinen Irrtum einsehen. Alles schrie und tobte auf ihn ein.

Ezra, mit noch keiner Ahnung einer ihm etwa drohenden Gefahr, fasste mehr das Komische der Situation auf, und in einer momentanen Pause sagte er deshalb freundlich:

»Meine Damen, ich muss dringend bitten, dass nur vier von Ihnen auf einmal reden –« – aber auch das gestanden sie ihm nicht zu, denn jede wollte bei den Vieren sein, bis sie endlich selber einsahen, dass sie auf diese Art den Zweck nicht erreichten, der sie hergeführt. Eine kurze Verhandlung entstand zwischen ihnen, von welcher aber der Amerikaner, obgleich der Sprache vollkommen mächtig, gar nichts als abgebrochene Ausrufungen verstand. Diese aber konnten nicht dazu dienen, ihn über den f r i e d l i c h e n Charakter der Schar zu beruhigen, denn sie waren wirklich drohender Art, und er hörte endlich mit Genugtuung, dass eine der Wütenden – es war die älteste Frau des Sheiks, also auch die erste Dame des Landes, eine wild aussehende, trotzige Gestalt mit einer Fackel in der Linken, eine mit kupferner Spitze bewehrte Lanze in der rechten Hand haltend – vor ihn hintrat und mit gellender Stimme rief:

»Ist das deine Religion, du bleichhäutiger Fremder du, dass die Männer ihre Frauen verjagen und auf die Straße werfen sollen, hast du uns nicht vorgelogen, dass wir, wenn unsere Männer Christen geworden wären, es gerade so gut wie im Himmel haben sollten?«

Ezra wollte etwas erwidern und ihnen sagen, dass noch nie eine Lüge über seine Lippen gekommen, aber sie ließen ihn nicht reden – von allen Seiten schrien sie auf ihn ein, und als sich der Sturm nur einigermaßen gelegt hatte, verstand er wohl, dass sie irgendeine Forderung an ihn stellten, aber war nicht im Stande herauszubekommen, welche. Da überschrie die erste Rednerin endlich den Rest, denn sie merkte, dass der Fremde nicht hören konnte, was sie von ihm verlangten, und dicht vor ihn tretend, dass er die Glut der Fackel an seinem Gesicht fühlte, kreischte sie:

»Augenblicklich nimm das Verbot zurück, dass die Männer nur e i n e Frau haben dürfen. Wir wollen Christen bleiben, aber in der Weise, wie wir's gewohnt sind.«

»Aber meine Damen –«

»Die Männer sollen Frauen nehmen dürfen, so viel sie wollen und ernähren können!« schrien ein paar schrille Stimmen und wieder brach ein Chaos von Ausrufungen los, das er erst musste austoben lassen, ehe er etwas darauf erwidern konnte. Jetzt endlich legte sich der Lärm, denn die Versammelten wollten nun die Antwort des Missionairs hören, die ihrer Meinung nach natürlich nicht anders als zustimmend ausfallen konnte.

»Meine Damen«, sagte da Ezra noch einmal, denn keine Frau der Welt hält mehr auf eine höfliche und achtungsvolle Anrede als eine alte Negerin, »Sie werden mir bezeugen müssen, dass ich nun und nie davon gesprochen habe, ein Mann unter den Christen könne mehr als eine Frau ehelichen. Im Gegenteil erinnere ich mich recht gut, Ihnen gesagt zu haben, dass ein Mann, wenn er verheiratet wäre, keine weitere Frau dazunehmen dürfe.«

»Aber dass er die alten fortjagen soll, davon hast du kein Wort gesagt«, schrien die Frauen wieder – »jetzt wollen wir's hören, dass wir bei unseren Männern bleiben und dass sie uns nicht fortschicken dürfen.«

»Die christliche Religion«, begann Ezra, aber von d e r wollten die Versammelten nichts hören – »bei unseren Männern bleiben«, schrien und tobten sie. – »Du bist der Geistliche, du kannst das bestimmen und nur unter der Bedingung haben wir unseren alten Glauben verlassen.«

»Aber das geht nicht«, schrie jetzt Ezra über den Lärm hinaus. »Es ist gegen die Religion und ich kann doch nichts erlauben, was der große Prophet Christus selber verboten hat?«

Wieder unterbrachen sie ihn mit wütendem Toben und verlangten von ihm das Unmögliche. Es dauerte eine geraume Zeit, bis sie endlich die Gewissheit erlangten, dass er christlichen Männern nie das Recht zugestehen könne, Vielweiberei zu treiben. Jetzt aber erreichte die Wut der Megären auch ihren Gipfelpunkt.

»Der Derwisch hat recht! Er ist ein Betrüger – er ist gar kein Priester – nieder mit ihm – nieder! Schlagt ihn tot!« und mit den Fackeln und Lanzen drangen sie auf ihn ein, schlugen nach ihm und hätten ihn in ihrer Raserei vielleicht umgebracht, wenn nicht der alte Derwisch, der sich bis dahin in der Nähe gehalten, ohne Teil an der Verhandlung zu nehmen, zugesprungen wäre und die Frauen »in Allahs Namen« ermahnt hätte, von Gewalttätigkeiten abzustehen. Er wusste recht gut, welche Folgen das für ihr Dorf haben musste, wenn sie hier einen Weißen erschlagen hätten, denn die Fremden schützten einander und ihre Schiffe waren so zahlreich wie die Löwen in der Wüste.

Ezra Bowring war übrigens schon bei dem ersten Anprall der rasenden Weiber in seinen Zeltwagen zurückgefahren und hatte nach der dort liegenden Flinte gegriffen – wohl nicht in der Absicht eine zu töten, aber sie doch wenigstens damit zurückzuschrecken. Der Derwisch ersparte ihm aber selbst dieses letzte verzweifelte Mittel, und wie er die Frauen jetzt bat, dem Fremden kein Leides zu tun, sondern ihn nur fortzuschicken, damit er ihren Frieden hier nicht länger störe, kam auf einmal ein neues Leben in den Schwarm.

»Ja! Fort mit ihm!« schrien die Frauen, den Gedanken rasch auffassend, aus – »fort mit ihm! Schickt ihn dahin, wo er hergekommen – fort! Wo sind seine Ochsen? – wo seine

Leute – wir wollen nichts von seiner Lehre wissen. Er ist ein Betrüger, ein Lügner und nur hierhergekommen, um uns unglücklich zu machen.«

Aber es blieb auch nicht bei den bloßen Ausrufungen, denn die Fulah-Frauen, selber an harte Arbeit und ebenso daran gewöhnt, mit dem Vieh umzugehen, hatten sich augenblicklich mit ihren Fackeln in der Nachbarschaft zerstreut, wo sie auch bald die Ochsen und die dorthin geflüchteten Diener des Missionairs antrafen. Da galt auch kein Zaudern oder Hinausschieben. Die Leute, die bald verstanden, was von ihnen verlangt wurde, schienen selber froh, hier mit heiler Haut fortzukommen und trieben die Zugochsen rasch zum Lager. Fünfzig Hände halfen ihnen dort beim Anschirren. Alles fasste mit an, und ehe eine Viertelstunde vergangen war, standen die Ochsen eingespannt vor dem Wagen. Was noch dort von Geschirr in der Nähe lag, wurde dann hinaufgeworfen, ohne dass sich Ezra auch nur noch einmal auf seiner »Veranda« gezeigt hätte, und: »Fort! Fort mit ihm!« schrien die Weiber jetzt wieder und hieben auf die außerdem von den Fackeln scheuenden Stiere ein, die sich in einen so raschen Trab setzten, dass ihnen die Treiber kaum folgen konnten.

Aber selbst damit waren die Megären noch nicht zufrieden. Nicht einmal in der Nähe wollten sie den gefürchteten Priester die Nacht dulden, weil sie besorgten, dass er am nächsten Morgen aufs Neue ihre Männer beschwatzen könne. An dem Dorf vorbei, in dem sich die Männer nicht regten noch rührten, mit wehenden Fackeln und Hohngeschrei trieben sie den Wagen des armen Methodisten, der auf seinem nicht mit Federn versehenen Fuhrwerk und über den rauen Weg wahrlich keine gute Fahrt haben konnte. Und auch hier durfte er noch nicht halten, weiter und weiter musste er in die Nacht hinein, und als sie ihn endlich verließen, erklärten sie den Treibern, dass sie Morgen mit Tagesanbruch hierher zurückkehren und alle totschlagen würden, die sie noch in dem Bereiche oder nur der Nachbarschaft ihres Dorfes fänden. Damit verließen sie ihn.

Ezra Bowring kehrte auch ohne Weiteres an den Senegal zurück, denn er hütete sich wohl, den erbosten Weibern wieder zu nahe zu kommen. Aber er hatte seinen Zweck doch erreicht und konnte durch den nächsten Dampfer mit gutem Gewissen nach Hause berichten, dass er »in dem und dem Monat über zweitausend Fulahs getauft und in den Bund der Christen aufgenommen habe.« Daheim wurden denn Sammlungen für die »interessanten Bekehrten« veranstaltet, und besonders tätig waren die Damen, wollene Strümpfe und Unterröcke für die »neuen Christen« zu stricken und hinüber an den Senegal zu senden.

In dem Fulahdorf blieb indessen alles beim Alten. Die Männer hatten einmal an jedem Abend den Frauen das Feld überlassen, und als der Missionsprediger am anderen Morgen verschwunden war und ihre Weiber, wie ebenso die Derwische auf das Bestimmteste erklärten, es sei nur ein Betrüger gewesen, der in böswilliger Absicht zu ihnen gekommen wäre, um ihren Frieden zu stören, betrachteten sie ihre Taufe als nicht geschehen. Geschenke bekamen sie außerdem nicht mehr, und ihre alten Frauen waren sie auch nicht losgeworden – weshalb sollten sie sich weiteren Unannehmlichkeiten aussetzen. So sind denn auch die Fulahs bis auf den heutigen Tag noch Mohammedaner oder Heiden geblieben, und später dort eingetroffene Missionaire fanden für die Bekehrung ein so unerquickliches Feld, dass sie nie lange in jener Gegend blieben.

Die Nacht auf dem Walfisch

Der englische Walfischfänger »König Harold« kreuzte in der Nähe der Kingmillsgruppe, ziemlich unter der Linie, auf Spermfische, in der Absicht, die Wintermonate hier zuzubringen, um mit Beginn des Frühjahrs wieder nach Norden auf den Fang des rechten Walfisches auszulaufen. Vergebens waren sie aber jetzt monatelang hin- und hergefahren und durch die sonst besten Jagdgründe für diese Fische wieder und wieder auf- und abgesegelt. Die Ausgucks in den Tops der Masten, die dort oben den ganzen Tag gehalten werden, um nach etwa auftauchenden Fischen auszuschauen, und einander zu gewissen Stunden ablösen müssen, blieben still und stumm, und wenn wirklich einmal ein Ruf kam, glaubte schon niemand mehr daran, denn es hatte sich fast jedes Mal als ein nicht zu gebrauchender Finback oder vielleicht eine School kleinerer Braunfische ausgewiesen, auf die man nicht Jagd machen wollte.

Die Sonne brannte dabei heiß und sengend auf das ihren vollen Strahlen preisgegebene Deck nieder; und das Schiff, so still und reinlich, mit den kleingerefften Segeln in der leichten Brise, sah gerade so aus, als ob es hier an einem freundlichen aber etwas langen Sonntagnachmittag zum Vergnügen herumfahre und eben keinen andern Zweck, kein bestimmteres Ziel kenne. Die Leute haben dabei natürlich immer ihre Arbeit; Segel müssen ausgebessert, das Takelwerk, stehendes wie laufendes, muss nachgesehen werden; die Eisen und Lanzen für den Fang des Fisches selber dürfen nicht rosten, und den »Bootssteuerern« liegt die besondere Pflicht ob, sie blank und im Stand zu halten; auch der Böttcher an Bord hat seine Arbeit, mit den Fässern zu einem etwaigen Fang gleich bereit zu sein;

und der Zimmermann macht sich eine Beschäftigung an den zur Vorsorge mitgenommenen Booten, hie und da morsche Stellen daran zu finden und neue Stücke einzusetzen. Aber in der ganzen Sache ist kein Leben, keine wirkliche Tätigkeit; man sieht, dass die Leute, die sich schon monatelang auf dieselbe Art herumgetrieben, eben nur arbeiten, um nicht müßig zu stehen, und von der Arbeit fort schweift bei allen der sehnsüchtige Blick über die leicht gekräuselte Meeresfläche, in der allerdings vergeblichen Hoffnung, vom Deck aus den aufgeblasenen Strahl eines Fisches zwischen dem Blitzen der Wogen zu erkennen, den aber die Leute oben in den Masten, wenn etwas Derartiges in Sicht wäre, schon lange ausgeschrien hätten.

»There she blows!« (Dort bläst sie.)

Wie auf Kommandowort ruht jede Arbeit – der Böttcher wirft seinen Hammer, der Tischler seinen Hobel hin, und der Kapitän, der unten in seiner Kajüte auf dem Sofa gelegen und gelesen oder geschlafen hat, um die entsetzlich langweilige Zeit eines solchen müßigen Umherfahrens zu töten, springt die Kajütstreppe hinauf, um zu windwärts und nach dem Mann oben im Top zu sehen und die Details über die »aufgekommenen« Fische erfahren zu können.

»There she blows!« ruft der Mann oben wieder – und »blow – blow – blow« – setzt er langsam und gedehnt hinzu, als mehrere Strahlen nacheinander aufschießen, jeden Strahl bezeichnend.

»Wohinaus zu?« lautet der Ruf vom Deck, und der ausgestreckte Arm des Ausgucks bezeichnet die Richtung; aber der Arm deutet zu windwärts, d.h. gegen den Wind an, und die Bootssteurer rufen in wilder Eile ihre Bootsmannschaften zusammen, die ersten zu sein, die fertig in See sind – immer eine ehrenvolle Auszeichnung. Das kleine Wasserfass wird gefüllt, die Butte mit dem aufgerollten Tau für die Harpunen, die auf einem Gestell an der Want dicht über dem Boot gestanden, damit sie dieses durch ihre Schwere nicht schädige, wird hineingelassen, das Boot selber gleitet unter den Krahnen nieder aufs Wasser – die Leute folgen wie Katzen an den Außenwänden des Schiffes niederkletternd, die Riemen werden eingelegt und wie der Harpunier oder boatsheader seinen Platz hinten am Steuerriemen eingenommen, stoßen sie ab; und der Bug des scharfgebauten leichten kleinen Fahrzeugs strebt schäumend und die Flut an beiden Seiten zurückwerfend der bezeichneten Richtung zu.

Kommen die Fische in leewärts, d.h. unter dem Winde auf, dann können ihnen die Schiffe selber mit vollen Segeln bis zu einer gewissen Entfernung folgen, ohne sie scheu zu machen, und die nun rasch ausgesetzten Boote gleiten ebenfalls mit ihren Segeln geräuschlos und unbemerkt an ihre Beute heran; die Jagd ist in dem Fall auch immer weit schneller gemacht und sicherer sowohl als auch weit weniger mühsam. Wollte das Schiff aber zu windwärts aufkreuzen, um den Fischen den Wind abzugewinnen, so würde dadurch viel Zeit verloren gehen und die Beute jedenfalls nur höchst selten eingeholt werden. Das Aufrudern ist deshalb, wenn auch das mühsamste, doch gewiss in diesem Fall das schnellste und sicherste, und das Schiff folgt dann mit der zurückgelassenen Mannschaft, so rasch es eben kann, seinen Booten, um diese nach vollendeter Jagd wieder auf- und einen etwa geworfenen und getöteten Fisch langseit zu nehmen.

Die vier Boote des »König Harold« ruderten denn auch, so rasch sie die elastischen Riemen vorwärts treiben konnten, dem Wind gerad' in die Zähne, und kamen nach einer etwa halbstündigen wackern Arbeit in Sicht der ersten »Strahlen« der dort wahrscheinlich spielenden und bald auf-, bald untertauchenden Fische. Von Bord des Walfischfängers wurde ihnen bis dahin mit einem an einer Stange befestigten und schwarz bemalten runden Korbe das Zeichen gegeben, nach welcher Richtung die Fische sich wandten. Ein dort postierter Matrose musste diesen nämlich, der auf sehr weithin sichtbar ist, hinaushalten, und die Boote richteten oder änderten darnach ihren Kurs.

Ein eigener Wetteifer herrscht aber bei solcher Fahrt nicht allein unter den Bootssteuerern und Harpunieren, wer zuerst an einen Fisch »festkommt«, sondern unter der ganzen Mannschaft; es wird zur Ehrensache, welches Boot den ersten glücklichen und auch einträglichen Wurf getan, indem bei solcher Jagd alle, vom Kapitän bis zum Schiffsjungen hinunter, auf Anteil ausgehen, und die Leute tun gewiss ihr Äußerstes, nicht hinter den anderen zurückzubleiben.

Die drei schnellsten Boote hatten denn auch heute wieder die beste Aussicht, bald in Wurfnähe zu kommen, während das vierte, das ein junger, tollköpfiger Ire befehligte, trotz der wirklich verzweifelten Anstrengung seiner Mannschaft nicht imstande war, ihnen nachzukommen, und als sich in den ersten Booten die Bootssteuerer schon zum Harpunenwurf fertig machten, wohl eine ganze Kabelslänge noch hinter diesen zurück war. Gerade da ging rechts von ihnen, aber freilich noch eine weite Strecke entfernt, ein einzelner Strahl auf, und wenn sich auch die Boote nicht gern zu weit voneinander trennen, um im Fall der Not einander Hilfe leisten zu können, sah doch der hinten an seinem Steuerriemen stehende junge Ire kaum den einzelnen Strahl, der ihm auch nach der Richtung zu Fische versprach, als er den Bug seines Bootes blitzschnell herumwarf und von den übrigen Booten ab, dem neu aufgetauchten Wilde nachjagte.

In dem Augenblick hatten die anderen Boote zu viel mit sich selber zu tun, um darauf zu achten; und die rudernden Matrosen, die mit dem Gesicht nach rückwärts im Boot saßen und den veränderten Kurs ihrer Kameraden sahen, konnten sich leicht denken, dass dort ebenfalls Fische aufgekommen waren, und hatten nicht das Mindeste dagegen, einen Konkurrenten auf ihrer Hetze loszuwerden. Überdies befanden sie sich näher bei den Fischen, als sie im Anfang selber gedacht, denn als diese plötzlich nach unten gegangen waren und eine Zeit lang fortblieben, während die Boote, so rasch sie konnten, ihren Kurs beibehielten, tauchten sie plötzlich kaum dreißig

Schritt vor ihnen wieder empor, und ein Fisch kam sogar in Wurfsnähe von dem ersten Harpunier auf, dessen Bootssteuerer denn auch seine Eisen augenblicklich an ihm festwarf. Die anderen beiden kamen ebenfalls fest, ehe sie zehn Minuten gelaufen waren, das Eisen des zweiten Bootes riss aber wieder aus und der Fisch ging tief, sodass das zweite Boot, jetzt außer dem Bereich der anderen Fische, dem dritten folgte und dessen Beute mit zu sichern suchte, was ihm auch nach einiger Anstrengung gelang. In voller Flucht gingen aber die festgekommenen Fische gerade nach Norden auf, die Boote hinter sich dreinreißend, dass die Wellen an ihrem Buge hoch empor schäumten, bis es dem dritten Harpunier zuerst gelang, seine Lanze hinter der Finne seines Fisches einzuwerfen und ihm den Todesstoß zu geben, während der erste Harpunier wohl noch eine englische Meile weiter mit fortgenommen wurde, dann aber den seinigen ebenfalls tötete und auf seinen Rudern liegenblieb, das Schiff zu erwarten. Mit dem gewaltigen Fisch im Schlepptau wäre es ihm nicht möglich gewesen zu rudern.

So weit hatten sie sich übrigens von ihrem Schiff entfernt, dass sie den Rumpf schon nicht mehr über Wasser sahen, und mühselig genug musste dieses jetzt zu ihnen gegen die schwache Brise aufkreuzen, die nicht einmal recht in seine Segel fassen wollte, und wieder und wieder über Stag gehen, dem Nord-Ost die verlorenen Meilen abzugewinnen.

Die drei Boote sahen sich jetzt auch, freilich vergebens, nach dem vierten um, das ihnen ganz aus Sicht gekommen, und suchten rund um sich her das vielleicht gesetzte hellere Segel desselben irgendwo zu erkennen; es blieb verschwunden, und sie trösteten sich damit, dass sie es von Bord und den Masten aus wohl jedenfalls im Auge behalten haben und genau die Richtung kennen würden, die es genommen.

Der »König Harold« war aber keineswegs ein sehr schneller Segler, wenigstens nicht dicht am Winde, und der Nachmittag ging darüber hin, bis es ihm gelang, zu den beiden Fischen aufzukreuzen und sie an beiden Seiten seines Bords zu befestigen. Der zweite Harpunier war schon früher an Bord zurückgekehrt, um mit der also vergrößerten Mannschaft das Schiff leichter regieren zu können; und ein Mann wurde jetzt wieder mit dem Fernglas nach oben geschickt, sich zu vergewissern, wo das vierte Boot läge, damit man ihm, falls es ebenfalls einen Fisch hätte, lieber alle anderen Boote zu Hilfe schicke, um die Beute ins Schlepptau zu nehmen.

»Nun, Sirrah, nach welcher Richtung liegt es?« fragte der Kapitän vom Deck aus, als er die bis jetzt gemachte Beute geborgen wusste und nun auch dem andern Boot seine Aufmerksamkeit zuwandte: »Ist es weit von hier?« »Kann es nirgends finden, Sir!« lautete die Antwort zurück, und der Mann begann von neuem den Horizont um den ganzen Kompass herum zu bestreichen. »Ach Unsinn, du brauchst nicht nach windwärts zu sehen, da hinzu ist es nicht!« rief der Kapitän wieder hinauf, »lass die Sonne rechts und such aufmerksam nach Süden hinüber – dort muss es liegen.«

Der Mann gehorchte der Weisung, schaute aber ohne ein scheinbares Resultat so lange durch das Glas, dass der Kapitän endlich ungeduldig wurde und selber auf die Schanzkleidung sprang und die Wanten hinauflief, nach dem Boot auszuschauen, dessen Verschwinden ihn doch jetzt anfing zu beunruhigen.

»Da drüben ist es mir schon ein paar Mal so vorgekommen, Sir«, sagte der Mann, dem er das Glas abgenommenund deutete nach Süd-Süd-West hinunter – »als ob ich einen etwas dunkleren Punkt auf dem Wasser erkennen könnte, wenn ich aber genauer hinsah, war es immer wieder verschwunden.« »Wo hinaus?« »Gerade dorthin, etwa in der Richtung, wo die kleine weiße Wolke liegt – vielleicht noch ein wenig mehr nach Westen.«

Der Kapitän folgte der angegebenen Richtung eine Zeit lang mit dem Glas, schüttelte dann mit dem Kopf und fing an weiterzusuchen. Aber vergebens blieb er oben, bis die Sonne hinter den Horizont sank und dabei alle, auch die geringsten

Gegenstände auf das klarste und deutlichste hervortreten ließ. Er konnte nicht das mindeste von dem Boot bemerken, das doch auch jedenfalls um diese Zeit, wo es wusste, dass man es besonders mit dem Glase suchen würde, sein Segel hätte setzen müssen, dessen weißer Schein weithin über das Wasser leuchtet. Auch der erste Harpunier war jetzt nach oben gekommen – dem Boot musste jedenfalls ein Unglück geschehen sein, und die Leute fingen an unruhig deshalb zu werden. Aber auch dieser konnte durch das ihm gereichte Glas nicht das mindeste erkennen, was einem Boot oder Segel glich, und die jetzt rasch einbrechende Dämmerung, der die Nacht in jenen Breiten auf dem Fuße folgt, machte ein weiteres Ausschauen bald unmöglich.

Dem Kapitän des »König Harold« blieb aber keine Wahl, was er in diesem Fall zu tun habe; auf- und abkreuzen konnte er schon der langseits genommenen Fische wegen nicht, hätte er aber nur eine Richtung gewusst, wohin er halten solle, würde er doch vielleicht selbst die gemachte Beute im Stich gelassen haben, um seine verlorenen Leute wieder aufzufinden. So aber hatte er noch immer die Hoffnung, dass er sie in Lee finden würde, und dorthin trieb jetzt das Schiff, an dem alle Segel aufgegeit waren, mit dem Passat und der Äquatorialströmung. War dann am nächsten Morgen noch nichts von dem Boot zu sehen, so konnte er, was über Nacht von den Fischen noch nicht eingeschnitten worden, mit einer darauf gesteckten Flagge zurücklassen und nach dem verlorenen Boot umherkreuzen. Aber dann blieb ihnen auch wenig Hoffnung, es wiederzufinden, und es wäre das eben nur geschehen, um sich selber nicht den Vorwurf machen zu müssen, dass man einen Teil der Kameraden leichtsinnig aufgegeben habe. Die höchste Wahrscheinlichkeit blieb immer, dass ein vielleicht verwundeter Spermfisch das Boot zertrümmert und die Mannschaft nicht imstande gewesen war, sich so lange mit Schwimmen an der Oberfläche zu halten. Die See war freilich ruhig genug, aber der furchtbare

Hai wittert rasch das Blut eines geworfenen Fisches; und wie jetzt sechs oder sieben dieser gierigen Bursche ihr Schiff umschwammen und ungeduldig das Anschneiden der Beute erwarteten, daran herumzerrten und rissen, und doch die scharfen Fänge nicht in die riesige zähe Masse einschlagen konnten, so waren sie auch sicher dort aufgekommen, wo sich das andere vermisste Boot befand, und wehe den Unglücklichen, die, des schützenden Fahrzeugs beraubt, ihrem Heißhunger preisgegeben waren.

Aber auch die Möglichkeit blieb noch immer, dass das unbeschädigte Boot durch die Jagd nur zu weit nach Lee zu verschlagen worden, um so bald wieder aufrudern zu können; ein Boot ist nur ein kleiner Fleck auf dem ungeheueren Ozean und kann mit dem besten Fernrohr wohl dem Auge entgehen. Dann wussten sie aber auch recht gut, welcher Richtung sie zu folgen hatten, und um ihnen die auch für die Nacht klar und deutlich anzugeben, wurden zwei Laternen auf dem Vor- und Haupttop befestigt, damit sie das Schiff nicht etwa in der Dunkelheit vorbeiruderten. Nach Dunkelwerden, dann um Mitternacht und vor der Morgenwacht ließ der Kapitän ebenfalls die kleinen Kanonen lösen, die er auf dem Deck stehen hatte, um auch durch den Schall dem Boot die Richtung anzudeuten; aber umsonst, die Nacht verging und von den Vermissten war nichts zu hören noch zu sehen.

Das Einschneiden der Fische ging indessen rüstig vor sich; der Blubber oder Speck war angestoßen und wurde mit einem besonders dazu eingerichteten Windwerk aufgeholt, und selbst das Auskochen begann zugleich mit dem Anbordnehmen, um keine Zeit zu versäumen und das unter der Linie sonst leicht in Verwesung übergehende Material aus dem Weg zu bekommen. Große, mit Streifen Blubber genährte, Fackeln hingen in einer aus Eisenbändern gefertigten Art von Käfig oder Netz über Bord, und warfen ihren blutroten, flammenden Schein über ein wildbewegtes, reges Bild. Noch vor Mitternacht war auch der eine gewaltige Fisch schon eingeschnitten, und mit dem schwermächtigen Blubberhaken wurde der riesige Kopf, der im Wasser noch von der Wirbelsäule abgestoßen worden, ganz an Bord gehoben, sodass sich das Schiff neigte unter der gewaltigen Last, als er über die Seite kam.

Mit Tagesanbruch, wo die ganze Mannschaft schon scharf an dem zweiten Fisch arbeitete, mussten aber wieder ein paar von den Harpunieren, jeder mit einem Fernrohr, nach oben, und vergebens hatten sie schon bis zu Sonnenaufgang den Horizont nach jeder Richtung hin durchsucht und nichts entdecken können, als der Blick des ersten Harpuniers auf einen dunklen Punkt in dem jetzt hellblitzenden Wasser traf und diesen festhielt. Die Entfernung war aber selbst für das gute Glas zu groß, etwas Genaueres unterscheiden zu können, nichtsdestoweniger wurde der Kapitän gleich davon in Kenntnis gesetzt, der dann ebenfalls nach oben kam.

Jedenfalls schwamm dort irgendetwas auf dem Wasser, was es auch sein mochte, aber es lag zu windwärts. Sie mussten in der Nacht daran vorbeigetrieben sein, und um sich erst davon zu überzeugen, was es sein könne, wurde der zweite Harpunier mit seinem Boot beordert, hinzufahren. Wenn auch nicht das vermisste Boot, denn so sah es nicht aus, war es möglicherweise ein toter Walfisch und lohnte nicht allein die Mühe danach zu sehen, sondern konnte sie auch auf die Spur der Verlorenen bringen, da der Fisch, wenn er von ihnen geworfen worden, jedenfalls noch eine der Schiffsharpunen oder »Eisen« in sich trug.

Der Befehl wurde hinunter an Deck gerufen, und wenige Minuten später stieß das Boot schon vom Bord und schoss, von den vier kräftigen Riemen getrieben, pfeilschnell der Richtung zu, die ihm von dem Hauptmast aus durch den ausgehaltenen Korb fortwährend angedeutet ward; der Kapitän aber blieb oben in der großen Bramstengensalung, um den einmal gefassten Punkt nicht wieder aus dem Glas zu verlieren und den Erfolg des Bootes beobachten zu können.

Wohl eine halbe Stunde war dieses indes, nur dem Zeichen vom Bord aus folgend, gerudert, ohne selber etwas nach vorne wahrnehmen zu können, als endlich der vorne im Boot auf der Back stehende Harpunier einen dunklen Gegenstand gerade vor sich und dicht über dem Wasser zu erkennen glaubte. Der eingezogene Korb an Bord zeigte ihnen ebenfalls, dass sie die rechte Richtung hätten, und nicht lange mehr dauerte es, so rief der Harpunier plötzlich, indem er sich nach seinen Leuten halb umwandte und mit dem Arm nach vorn deutete:

»Greift aus, meine Burschen, greift aus – das ist bei Gott ein Mensch, der da auf einem Floß oder Boot oder sonst was steht – greift aus, denn wie mir scheint, kommen wir eben noch zur rechten Zeit!« Dann ein lautes »H a l l o !« ausstoßend, suchte er dadurch den Gegenruf von da drüben zu erwecken; aber kein Laut antwortete ihm, und indem sie nun alle Kraft in den Druck der Ruder legten, dass sie sich fast zum Zerspringen bogen, schäumte das scharfgebaute schlanke Fahrzeug seinem wunderlichen Ziel entgegen.

»Ein Mann! ein Mann!« riefen aber auch die Leute jetzt im Boot, die neugierig den Kopf nach ihm wandten, und: »damn my eyes!« brummte der Bootssteurer, der ebenfalls mit dem Steuerriemen in der Hand hoch im Boot stand – »if that ai'nt Patrik!« (Verdamm meine Augen, wenn das nicht Patrik ist.)

»Patrik, by God!« rief auch jetzt der Harpunier – »aber wo sind die andern?« Jede weitere Frage erstarb jedoch in den neuen Ausrufen des Staunens, als sie näher kamen und nicht allein wirklich den vierten Harpunier, den jungen Iren Patrik, in dem Schiffbrüchigen erkannten, sondern auch fanden, dass er keineswegs auf einem Floß oder umgedrehten Boot, sondern auf einem toten Spermfisch kniete, der mit seiner Last einige Zoll unter der Oberfläche des Wassers lag. – Die linke Hand hatte er dabei um das kurze Tau einer noch in dem Blubber steckenden Harpune geschlagen, was ihn allein auf seinem schlüpfrigen Stand gehalten, und mit der rechten hielt er den Harpunenstiel, den er von der Leine losgeschnitten, so krampfhaft umfasst, dass er ihn nicht einmal lassen wollte, als das Boot an ihn hinanschoss und sich aller Arme nach ihm ausstreckten, um ihm hineinzuhelfen.

Der arme Teufel sah dabei totenbleich aus und brachte keinen Laut über die Lippen – ja sein Blick schweifte wild und stier selbst über die Kameraden hin, als ob er sie nicht mehr kenne; wie mechanisch nur richtete er sich selber auf, in das Boot zu steigen, brach aber dort, sobald er nur die festen Planken unter sich fühlte, ohnmächtig zusammen. Er hatte eine furchtbare Nacht durchlebt, und wir müssen zu dem Augenblick zurückgehen, wo er mit seinem Boot die Übrigen verließ, um den einzeln aufgekommenen und von der übrigen School abschwimmenden Fisch zu verfolgen.

In etwa fünfhundert Schritt Entfernung von dem Sperm ruderten sie hinter ihm drein und gewannen an ihm, wie er mehrmals untertauchte und dann langsam, keinen Feind hinter sich ahnend, wieder nach oben kam. Mehr und mehr drehte er dabei von dem bisher gehaltenen Kurs ab, möglicherweise vielleicht um in einem weiten Bogen zu dem früheren Spielplatz zurückzukehren; aber auch diesen Kurs änderte er wieder und zog jetzt, während das Schiff selber, wie man im Boot recht gut sehen konnte, über den anderen Bug von ihnen fort lag, gerade gen Westen mit Wind und Strömung. Patrik, wie vorher bemerkt der Harpunier oder Boatsheader des vierten Bootes, ließ nun, da ihnen der Wind günstig geworden, seine Segel setzen, um dem Fisch desto schneller und geräuschloser folgen zu können.

Dieser aber, ob er nur so auf eigene Faust in rasche Fahrt kam, oder doch, trotz aller Vorsicht, etwas von den Verfolgern gewittert hatte, lief jetzt so schnell durch das Wasser, dass selbst das leichte Boot mit einer günstigen Brise nur wenig an ihm gewinnen konnte. Da plötzlich, als sie nach mühsamer Arbeit schon fast in Wurfsnähe hinangekommen, und der Bootssteurer auch bereits zum Wurf mit seinem Eisen ausholte, ging er nach unten, und das Boot schoss im nächsten Augenblick über die Stelle hin, in der die Flut noch hinter dem gesunkenen Ungetüm kräußte und wirbelte.

»Segel ein!« scholl da der rasch und dringend gegebene Befehl des Harpuniers; die kleine Rahe fiel im nächsten Augenblick, das Boot glitt nur noch langsam, einmal im Schuss, ein Stück weiter auf seiner Bahn, und der Bootssteuerer stand, auf den Wink seines Oberen, mit gehobener Harpune still und regungslos vorn im Boot, um gleich zum Wurf bereit zu sein, wenn der Fisch sich wieder zeigen sollte; aber er selber zweifelte, dass das Tier hier wieder nach oben kommen würde, und deutete, fragend dabei den Harpunier ansehend, weiter nach vorn. Dieser, obgleich noch jung an Jahren, war doch ein alter Walfischfänger, und die ganze Art wie der Fisch niedergegangen, schien seine Vermutung zu rechtfertigen, dass er hier nur einen plötzlichen Halt gemacht und nicht weit gehen würde, bevor er aufs Neue zur Oberfläche käme. Während das Segel nun an den Mast flappte und der Harpunier das Schootenfall desselben noch um die Hand gewickelt hielt, um keinen Augenblick zu verlieren, wenn sie dennoch die Verfolgung wieder aufnehmen müssten, sahen die Leute an den jetzt leise wieder vorgenommenen und für jeden Fall eingelegten Rudern aufmerksam in die klare Flut unter sich nieder, in der allerdings etwas ungewissen Hoffnung, den vielleicht darunter hinschwimmenden Fisch zu sehen und seine genommene Richtung dadurch bestimmen zu können. »Da schwimmt was!« rief plötzlich einer der Leute mit halbunterdrückter, erschreckter Stimme – »gerade von unten herauf!« »Bst!«,warnte aber der Ruf des Offiziers – »leise – leise! Ihr scheucht ihn fort! Wo?« – »Da kommt er – da kommt er!« schrien aber drei oder vier Stimmen jetzt zu gleicher Zeit und fast instinktartig griffen sie nach den Rudern. –

»Zurück mit euch – zurück – um euer Leben!« schrie aber auch in diesem Augenblick der Harpunier, der, über Bord gebeugt, die hellgrüne riesige Gestalt blitzesschnell aus der Tiefe herauftauchen sah, und die Gefahr recht gut kannte, der sie ausgesetzt waren, wenn der Koloss ihr Boot so im Aufkommen nur leise traf. Fast in demselben Augenblicke fielen auch die Ruder in das Wasser, und das Boot, von dem Gegenschlag derselben zurückgeschnellt, konnte kaum um seine eigene Länge den Platz geräumt haben, als der riesige abgestumpfte Kopf eines mächtigen Spermfisches, den weiten schmalen Rachen halb geöffnet, an die Oberfläche tauchte und mit dem halben Kopf darüber hinausschnellte, um gleich darauf mit e i n e m gewaltigen Satz, das Wasser dabei in vollen dicken Strahlen seitwärts abstoßend, nach vorne zu schießen, um dem fremden Gegenstand, dem Boot, das er jedenfalls gesehen haben musste, zu entgehen.

Vorn im Boot und dicht über dem »Berg von Blubber«, der sich eigentlich unter seinen Füßen aus der Flut hob, stand der Bootssteuerer mit gehobenem Eisen; aber sein Arm zitterte, und noch im Bereich des furchtbaren Gegners, der sie mit einem Schlag zermalmen konnte, wagte er es nicht, die Harpune in den fliehenden Koloss zu schleudern. »Wirf — wirf, in's drei Teufels Namen!« schrie aber Patrik, die Gefahr total missachtend und in dem Moment nur ihrer Jagd gedenkend, die ihnen die Beute fast in Armes Bereich gebracht — »Mensch, du lässt dir ja den Fisch unter den Händen weg!« Und die eigene Lanze aufgreifend, schien er den Augenblick mit wilder Lust zu erwarten, wo er den scharfen Stahl hinter die Finne des Wildes schleudern könnte.

Noch zögerte der Bootsteuerer, aber es waren nur Sekunden, die ihm zum Besinnen blieben, denn ließ er den günstigen Moment ungenutzt vorbei, so war die Frage, ob er bei dem jetzt scheu gemachten Fisch je wiederkehrte. Aber das Segel, von des Harpunierers Hand rasch angezogen und gehalten, hatte schon den Wind gefasst, und indem er den Steuerriemen scharf gegen die Hüfte presste, um den Bug des Boots herumzubringen, ließ er es schäumend hinter dem flüchtigen Fische dreinfliegen. Und jetzt sauste die Harpune, von der kräftigen

Hand des jungen Engländers geschleudert, tief in den Rücken des Gegners und haftete in dem zähen Blubber.

Im Nu war das Segel wieder genommen, waren die Ruder eingeworfen, und der Bootssteuerer gab jetzt, indem er zurücksprang und seinen Platz am Steuerruder nahm, dem Harpunier Raum, die Lanze zu werfen und dem Leviathan der Tiefe den Todesstoß zu geben. Denn der Harpunier ist nämlich der erste Offizier in einem Walfischboot, der Bootssteuerer der zweite; im Anfang der Jagd haben aber beide ihre Plätze gewechselt oder vielmehr die rechten noch nicht eingenommen, denn der Harpunier steuert das Boot an den Fisch hinan, was eine sehr sichere, geübte Hand erfordert, und der Bootssteuerer steht vorn mit der Harpune, den Fisch zu werfen und an ihn festzukommen. Hat aber die Harpune gefasst, dann nimmt der eigentliche Harpunier mit der Lanze (eine wirkliche Lanze ohne Widerhaken) zum T ö t e n des Walfisches den Platz vorn im Boot ein, und sein Wurf muss gerade hinter die Finne auf einen etwas ausgehöhlten dunkleren Fleck treffen, wo das mächtige Tier allein tödlich verwundet werden kann.

Die Leine, an der die Harpune saß, sauste indessen rauchend durch die vorn auf dem Boot zu dem Zweck angebrachte offene Klüse (Stoßpinnen), und das Boot schoss blitzesschnell hinter dem herüber und hinüber zuckenden Fisch drein.

Patrik stand jetzt vorne im Boote, die Lanze zum Wurf aufgehoben, und die Leute holten mit Macht Leine ein, um ihr kleines Fahrzeug wieder zum Todesstoß für den Gefangenen an ihn hinanzuziehen. Jetzt kamen sie hinan, Patrik bog sich zurück, und während der Schwanz des riesigen Tieres fast dicht neben ihnen das Wasser schlug und es sich hob, um der jetzt ihm b e w u s s t e n Gefahr zu entgehen, sauste der tödliche Stahl in die weiche Flanke des Feindes tief hinein. Im Nu riss sie aber der Harpunier mit einem triumphierenden Blitzen der Augen zurück, den Stoß zu wiederholen, als sich der Fisch im Schmerz und Todeswut rasch und plötzlich wandte, dass die See seine Seiten peitschend, zischte und schäumte.

»Dickes Blut, dickes Blut!« jubelten die Leute in diesem Augenblick, aber »zurück!« schrie die Stimme des Harpuniers in lautem gellendem Ton, und wie sich der Bootssteuerer mit ganzem Gewicht in seinen Riemen warf und weit hinaus über das Boot lehnte, um den Bug desselben rasch herumzuwerfen, und bevor die Leute selbst ihre Ruder in die Dollen werfen konnten, kam das gereizte Tier, das seinen Feind jetzt so dicht vor sich sah, mit offenem Rachen heran, und das Boot fassend und zermalmend riss es die dünnen Planken auseinander, als ob sie von Papier gewesen wären.

Patrik sah die Gefahr, wusste, was ihnen bevorstand, und mit ruhiger, fester Hand schleuderte er die schon wieder gehobene Lanze gerad' nach dem Auge des Feindes, das er traf und durchbohrte; aber das Boot konnte er nicht damit retten. Das wütende Tier fühlte im Todeskampf vielleicht nicht einmal die neue Wunde. Denn das dicke schwarze Blut ausblasend und nur noch in dem einen Bewusstsein, dem der Rache, knirschte es das Boot zusammen, und die schäumende blutige Flut wirbelte im nächsten Augenblick über eine Masse von Trümmern und Schwimmenden, die nur ein Brett zu fassen suchten in dem nächsten Gefühl der Erhaltung.

Nur Patrik selbst hatte fast unbewusst und krampfhaft noch im Sturz die Leine gepackt, in der die Harpune saß. Als sie sich um seinen Arm schlang, riss sie ihn wenige Minuten später mit fort durch die blutige Flut, hinaus in freies Wasser und nach unten, und er wäre verloren gewesen, wenn der Fisch nur noch für Sekunden länger Leben behalten hätte. Aber der erste Wurf hatte ihn zu sicher getroffen, und wieder nach oben kommend, schwamm er ein-, zweimal im Kreise herum, peitschte mit den riesigen Flossen die zitternden Wogen um sich her, und trieb dann langsam und t o t in der blutigen Flut.

Patrik, der mit ihm wieder nach oben gekommen und von dem getöteten Fisch so unfreiwillig eigentlich ins Schlepptau genommen war, zog sich jetzt rasch zu dem mit der Oberfläche gleich schwimmenden Koloss hin, und die dort noch haftende Harpune ergreifend, half er sich in demselben Augenblick hinauf, als ein wilder Schrei dicht hinter ihm ertönte. Erschreckt wandte er sich darnach um – der Hilferuf klang gar so entsetzlich und markdurchschneidend; aber ihm selber stieß es wie mit einem Messer ins Herz, als er, gar nicht weit von sich entfernt, die dunklen Flossen zweier Haie erkannte, die rasch und gierig herüber- und hinüberschossen, während das Gurgeln im Wasser dicht hinter ihm und das Peitschen der Wogen die Stelle verriet, wo einer seiner Kameraden den Todeskampf kämpfte in den erbarmungslosen Fängen einer dritten Bestie.

Wie sich die Geier und Raben sammeln um ein sterbendes Vieh, so steigt aus dem Grunde herauf der Hai, plötzlich und unerwartet, dem Schwimmer zum Verderben, und was er einmal gefasst, das ist auch sein und er hält es, sich herumwirbelnd, wie in eisernen Fängen.

Hie und da trieben jetzt noch einzelne der Unglücklichen aus dem zerschmetterten Boote, die sich teils an die Überreste desselben geklammert, teils einen Riemen gefasst hatten, sich über Wasser zu halten; aber nur noch drei waren übrig von all den kräftigen, lebensfrohen Gestalten, die keck und trotzig noch wenige Minuten vorher der Gefahr ins Auge geschaut, und die Hyänen der Tiefe wüteten jetzt unter ihnen. Was half der mit dem Arm nach ihnen geführte machtlose Schlag, was der gellende Aufschrei der Verzweiflung – es war Musik in den Ohren der kalten furchtbaren Raubtiere mit den Katzenaugen und der riesigen Kraft, und der blutige Schaum, der in der nächsten Sekunde auf der Oberfläche des Meeres schwamm, war das Leichentuch der Unglücklichen und zeichnete ihr Grab.

»Das ist furchtbar!« stöhnte Patrik, der kaum die Kraft behielt, sich auf dem ihn jetzt noch schützenden Körper des Wals zu halten. – »Furchtbar, s o enden zu sollen, und k e i n e Hilfe !« – und das Auge suchte verzweifelnd in der

Wasserwüste um ihn her das rettende Schiff, das weit, weit am Horizont von ihm ab kreuzte, den andern Booten nach. Und wenn sie ihn dann auch vermissten und suchten, und das Boot nicht mehr finden konnten mit dem Glas, und hier auf- und absegelten tagelang, was half es ihm? – Nur Stunden, Minuten vielleicht waren ihm noch gegeben, und seine Henker wälzten und jagten sich um ihn her und sprangen und tauchten in wilder befriedigter, aber nimmer gesättigter Lust.

Schaudernd barg er das Gesicht in die Hand, die eigene Gefahr fast vergessend, nur den Todeskampf der Kameraden um sich her nicht zu sehen, – war er ja doch ein Spiegelbild dessen war, was ihn selber erwartete; aber das Zischen und Schlagen des Wassers um ihn her zwang ihn zuletzt, mit dem Instinkt der Selbsterhaltung, die sich bis zum letzten Augenblick selbst an den Strohhalm klammert, auf eigene Rettung zu denken, oder sein Schicksal doch wenigstens so lange hinauszuschieben wie möglich, um eben der Möglichkeit einer Hilfe überhaupt noch Raum zu geben.

Die Harpune in dem Rücken des Wals, die er, um ihr mehr Festigkeit zu geben, noch tiefer in den Blubber hineindrückte, bot ihm eine Stütze, sich auf der schlüpfrigen, glatten Masse zu erhalten. Denn wenn er auch ein paar Mal daran dachte, das Eisen herauszuschneiden und sich desselben als Schutzwaffe gegen den gierigen Hai zu bedienen, den Gedanken musste er doch immer wieder aufgeben. Hinuntergespült in die Flut, wäre selbst das scharfe Eisen nicht Wehr genug gegen den schnellen Hai gewesen, der herüber- und hinüberschießend sein Opfer doch zuletzt gefasst und dann, trotz allen ihm vielleicht versetzten Wunden, in die Tiefe gezogen hätte.

Aber eines konnte er tun. Der Stiel der Harpune, ein kurzer, stämmiger Eichenstock von vielleicht zwei Zoll im Durchmesser, stak noch im Eisen fest, und den hob er heraus, befreite ihn mit dem kurzen Messer, das in seinem Gürtel hing und das jeder Matrose bei sich trägt, von der Leine, und behielt noch Zeit, diese von der Harpune zu lösen und wieder daran zu festigen. Und indem er die Harpunenleine dann zum besseren Halt um seine linke Hand schlang, fasste er den stämmigen Stock jetzt mit frohem Selbstvertrauen in die Faust und sah mit zusammengebissenen Zähnen und neu erwachtem Mut dem ersten Angriff des Feindes entgegen, der indessen lange auf sich warten ließ.

Die Haie waren für den Augenblick gesättigt und spielten mehr in den Strömen des Blutes, die rings das Wasser färbten, als dass sie nach neuer Beute verlangten; in dem Blut selbst hatten sie auch weiter keine Witterung mehr und suchten nur manchmal, wenn auch vergebens, einen Halt an dem schlüpfrigen, breiten Körper zu bekommen, ja schwammen auch wohl faul und schläfrig hinter den aus dem Boot geschlagenen, treibenden Brettern und Riemen her, hier eins fassend und eine Weile im Rachen haltend, und dort eins mit dem runden, schaufelförmigen Oberkiefer vor sich hinstoßend.

Das Wetter war glücklicherweise still und ruhig, und nur der Ostpassat warf leichte Wellen, in deren Wogen der Fisch sich ebenfalls hob und senkte, auch über Patrik hin, aber keiner der Haie war bis jetzt so nahe gekommen, dass er ihn gesehen oder, wenn gesehen, beachtet hätte, und er hoffte schon, vielleicht unangegriffen seinen Platz behaupten zu können, bis das Schiff zu seiner Rettung herbeikäme, oder wenigstens seine Boote schickte. Aber wo war das Schiff? – Heiliger Gott, keine Aussicht auf Entsatz noch in langer Zeit! Denn selbst auf die Entfernung hin konnte es dem Auge des Seemanns nicht verborgen bleiben, dass es noch immer von ihm abhalte, in den Wind hinein. Die anderen Boote waren also ebenfalls festgekommen und, mit den genommenen Fischen langseits, gar nicht einmal mehr imstande, nach ihm zu suchen.

Die Sonne brannte ihm dabei heiß und sengend auf den Scheitel, und die Zunge klebte ihm am Gaumen. Wasser! – Die kühle Flut netzte seinen Fuß, und sollte er darin verschmachten? – Er kniete nieder und wusch sich Stirn und Schläfe und Augen und Lippen, um einige Kühlung zu haben in der Glut, und dann band er sich, da er beim Zerschlagen des Bootes auch seinen Hut mit eingebüßt, sein Taschentuch über den Kopf, um ihn etwas gegen die stechenden Strahlen zu schützen.

Durch diese Bewegung musste aber einer der Fische auf ihn aufmerksam geworden sein, oder konnte auch, wenngleich gesättigt und übersättigt, doch die Gier nach neuer Beute nicht mäßigen. Denn wie er den Kopf eben emporrichtete, bemerkte er, dass eine der größten ihn umschwimmenden, hoch aus dem Wasser ragenden dunklen Rückenflossen gerade und rasch auf ihn zugeschwommen kam. Er behielt auch in der Tat kaum Zeit, sich emporzurichten und mit seiner Wehr zum Schlag auszuholen, als ein tüchtiger Bursch von vielleicht dreizehn Fuß Länge herangeschossen kam und sich mit der gerade steigenden Woge halb um auf den Rücken des Wals drehen wollte, um, was dort oben sich noch befand, herunterzulangen. Mit der Gefahr kehrte dem Seemann all der frische tollkühne Mut zurück, und den schweren Harpunenstock schwingend in der Faust und mit der Linken das Tau noch immer gefasst, um seinen festen Stand zu bewahren, traf er den eben die Oberfläche berührenden Kopf des Ungetüms mit so kräftigem, gut gezieltem Schlag, dass der Hai halb betäubt von dem Fisch zurückglitt und wegsank, ehe er sich zu einem neuen Angriff rüsten oder vielleicht auch entschließen konnte.

Aber andere Haie hatte das Geräusch, das Plätschern und Schlagen herbeigelockt, und wenn sie auch nicht gleich einen unmittelbaren Angriff auf das kecke Menschenkind machten, das ihnen in ihrem eigenen Element zu trotzen wagte, so umschwammen sie doch den Ort, wo er stand, in immer engeren Kreisen und kamen ein paar Mal selbst so nahe, dass Patrik sie mit dem starken Ende des Holzes genugsam über die Kiemen traf, um ihnen in Zukunft mehr Respekt einzuflößen. Der Hai ist aber ein gierig stöckisches Vieh und kehrt, wenngleich selbst schwer verwundet, immer wieder zu einer einmal gewitterten Beute zurück, solange er nur noch die Kraft dazu in sich fühlt.

So auch hier. Wieder und wieder musste sie das schwere Holz belehren, dass hier noch nichts für sie zu holen sei, so lange wenigstens nicht, als sich der junge Ire noch stark genug fühle, gegen Hunger und Durst, gegen den sengenden Sonnenstrahl und die stete furchtbare Anstrengung seiner Nerven in der entsetzlichen ihn umgebenden Gefahr anzukämpfen.

Und das Schiff? – Keine Rettung von dort! Tiefer und tiefer sank die Sonne, und weit, zu windwärts noch, lag das Schiff mit seinen hell schimmernden Segeln. Gieriger aber wurden die ihn umschwimmenden Bestien, die vergebens ihre Fänge in die zähe Haut des Spermfisches einzuschlagen suchten, und wie die Sterne sich im Osten entzündeten und nach und nach über den ganzen Himmel flammten, sah er die glühenden Strahlen in der phosphoreszierenden Flut herüber und hinüber streichen, wie die Fische zu und abwärts schwammen, und die Gefahr für ihn wuchs mit der Nacht.

Wohl erkannte er die für ihn ausgehangenen Laternen seines Schiffes, ja er sah, als es völlig dunkelte, den hellen Feuerschein der Blubberlampen und das matte Licht sogar, das von den Kochöfen der Transieder ausging und in den aufgegeiten Segeln seinen Widerschein fand; aber was half das i h m? Wie durfte e r hoffen, von dem Schiffe aus in dunkler Nacht gesehen und aus seiner furchtbaren Lage gerettet, befreit zu werden? Und würden menschliche Kräfte bis zum nächsten Morgen das so ertragen können?

Er war bereits kaum noch imstande, sich auf den Füßen zu halten und suchte kurze Erholung wenigstens darin, dass er minutenlang oder so lange ihn die immer wieder näher kommenden Fische ließen, auf seinem wunderlichen Floße kniete und selbst versuchte, sich, wenn auch im Wasser, oh nur ein einziges Mal der Länge nach auszustrecken. Vergebene Hoffnung! Seine Peiniger ließen ihn nicht ruhen, und die Gefahr war zu furchtbar nah, von ihnen überrascht, gefasst und seinem Tode entgegengerissen zu werden, als dass er sich mutwillig ihrem Angriff aussetzen durfte. Der gierigste der

Burschen, ein junger Fisch von kaum mehr als acht Fuß Länge, packte sogar einmal die Harpune selbst, hinter die er getreten, und hielt sie lange genug, um von der zurückweichenden Welle halb trocken auf dem Spermfisch gelassen zu werden; da traf ihn aber Patriks Harpunenstiel dermaßen über den tückisch drohenden Schädel, dass er betäubt von dem schlüpfrigen Wal zurückglitt, das Weiße vom Bauch aufdrehte und versank. Aber andere nahmen seinen Platz ein, und nur der Glutenstreif, den sie im dunklen Wasser zogen, verriet ihr Nahen und mahnte den Unglücklichen jedes Mal, dem neuen Angriff die Stirn zu bieten.

Stunde um Stunde verging so in dem entsetzlichen Ringen um sein Leben; aber neue Hoffnung erwachte in ihm, als das Schiff jetzt näher und näher kam, und der wieder abgefeuerte Schuss hell und klar zu ihm herübertönte.

Jetzt konnte er schon das Deck selber erkennen, ja die Gestalten sogar, die sich in demselben Lichte hin und her bewegten. »Ahoi! – o ahoi!« tönte sein wilder, verzweifelter Schrei hinüber zu den Kameraden, die ohne ihn zu bemerken, an ihm vorübertreiben wollten – »ahoi!«

Wieder galt es, sein Leben zu verteidigen, denn die Fische, von dem Ruf der menschlichen Stimme angelockt, kamen von allen Seiten herbei, und die dunkeln Rücken streiften und teilten die Oberfläche des Wassers an vielen Stellen. Da und dorthin traf sein Schlag, das Ende des zähen Holzes war schon zersplittert in den verzweifelten Streichen – Streiche, die einen Stier betäubt haben würden, und bei dem Hai nur höchst selten mehr Wirkung ausübten, als ihn auf kurze Zeit zurückzutreiben.

Und das Schiff? – Da drüben trieb es, fast in Rufes Nähe; wieder schmetterte ein Kanonenschuss zu ihm herüber, und die darauf folgende Pause benutzte er aufs Neue, den gellenden Hilferuf dorthin zu senden, wo ihm so nah und doch unerreichbar die Rettung lag. Aber der Wind kam von dort herüber; so deutlich er den Schall des Geschützes hörte, ja selbst dann und wann den einzelnen Laut einer Stimme vom Deck zu unterscheiden glaubte, so wenig vermochte sein eigener Ruf hinüberzudringen. Nur die Feinde um ihn her machte er mehr und mehr rege und gierig, und ihre Angriffe wurden häufiger.

Was die Hoffnung auf Rettung bis dahin wachgehalten, seine Kraft, sein guter Mut – sie sanken, als er das Schiff vorbeitreiben sah, sanken, als ihm kein Mittel geblieben war, seine Nähe zu verkünden. Nur der krampfhafte Trieb der Lebenserhaltung hielt ihn noch aufrecht, es zu verteidigen gegen den Angriff der gierigen Bestien – bis zum letzten Atemzug.

So schwand die Nacht – das südliche Kreuz am Himmel drehte sich langsam – langsam nach Westen, und dort hinten im fernen Ost dämmerte der Tag. Er sah das noch – erkannte, wie die Sonne dem Meer entstieg, erkannte wieder die Umrisse seines Schiffs, die schlanken Masten und die aufgegeiten Segel, wollte noch das L e t z t e versuchen, sein Dasein zu verkünden, und versuchte das Hemd auszuziehen und es zu schwenken, dem Ausguck im Mast ein deutliches Zeichen, – er vermochte es nicht mehr. Die Glieder waren ihm starr und steif, selbst die Stimme versagte ihm den Dienst und schwand in ein leises Röcheln, die Augen brannten, der Kopf wirbelte ihm, und eine neue wilde Idee wie ein Irrlicht auf weitem Meer blitzte in ihm auf und schien alles andere, jeden Gedanken an Hilfe oder Rettung, jede Hoffnung, jeden weiteren Blick um sich her zu verdrängen. Er fing an, unter den ihn noch immer rastlos umschwimmenden Haien sich den einen auszusuchen, auf den er sich werfen und den er mit dem scharfen kurzen Messer, das er trug, zugleich mit sich vernichten wollte. Wieder und wieder hatte ihn der bedrängt und ihm nicht Ruhe noch Rast gelassen auch nur eine Stunde lang: Immer aufs Neue, wenn auch immer wieder mit dem schweren Holz empfangen und zurückgeschlagen, kehrte er zurück, der Gierigste unter der gierigen Schar, und Rache wollte er an d e m .

Aber die Kräfte verließen ihn, die furchtbare Aufregung seines Geistes und Körpers drohte ihn zu bewältigen, und während die Haie seit Tagesanbruch, wenn sie auch nicht den getöteten Wal verließen, doch keinen direkten Angriff mehr auf den Mann machten, der ihnen ja doch bald zur Beute fallen musste, war er in die Knie gesunken und folgte halb bewusstlos nur mit den Blicken den dunklen, dräuenden Flossen. Er hatte das Schiff ganz vergessen.

Das laut herübergerufene Hallo des rettenden Bootes weckte ihn zuerst aus seiner Betäubung, — er sah das Boot, aber er schien kaum zu begreifen, was es wolle, wo er sich eigentlich befinde. Aber er richtete sich noch einmal auf — fühlte sich von anderen Armen unterstützt, von freundlichen, herzlichen, ermutigenden Worten begrüßt, und sank ohnmächtig zurück.

Der Harpunier hatte nun allerdings Ordre bekommen, wenn er den dunklen Punkt, den sie von Bord aus gesehen, erreiche und einen toten Walfisch finde, ein Zeichen durch das Wehen einer mitgenommenen weißen Flagge zu geben, und dann dort zu bleiben, bis ihm die anderen Boote zu Hilfe geschickt werden konnten, um den toten Fisch ins Schlepptau zu nehmen. Sie hatten aber nicht erwartet, einen einzelnen, halbtoten Kameraden darauf zu finden. Er gab deshalb wohl das Zeichen und stieß die mitgenommene Flagge in den Körper des toten Wals, damit die anderen Boote den Platz finden könnten, ruderte dann aber, so rasch ihn die Riemen seiner Leute vorwärts zu bringen vermochten, mit dem Geretteten zum Schiff zurück. Drei von den Haien, die sich die schon sicher gehoffte Beute nicht so leicht wieder wollten entreißen lassen, folgten dem Boot und wurden von dem Harpunier, der sich wohl denken konnte, wie sie den Kameraden dort geängstigt und bedrängt, einzeln vom Boot aus mit der Lanze geworfen und erlegt.

Tahiti

Schon eine Stunde vorher etwa hatte ich mich ans Steuer gesetzt – meine drei Indianer ruderten, und es erforderte meine ganze Aufmerksamkeit, in der rasch einsetzenden Dämmerung den überall nach dem Fahrwasser zu auszweigenden Korallenbänken auszuweichen. – Aber – was bedeuteten die gleichmäßig brennenden Lichter in den regelmäßigen Entfernungen am Strande? – Straßenbeleuchtung? – Der Gedanke war zu kühn, diese auf eine der Südseeinseln zu suchen, und doch sah es von Weitem ganz genauso aus – es war wunderbar.

Näher und näher kamen wir den Lichtern, zwischen ein paar dort vor Anker liegenden Schiffen fuhren wir durch, und mein alter Indianer, der schon mehrmals hier gewesen war, zeigte jetzt auf eines der Lichter als unseren Landungsplatz. Ich hielt darauf zu und bei allen Sonnen sämtlicher Welten – es war eine Straßenlaterne, eine ehrliche alte Straßenlaterne mit trübem gemütlich flackernden Öllicht, dicht unter einem Palmbaum, und darüber strahlt und funkelt das südliche Kreuz.

Ich war ordentlich gerührt, als ich die alte Laterne sah – o was für süße liebe freundliche Erinnerungen knüpften sich an ihre Schwestern, und hier, mitten in der Südsee ein solches liebes memento zu finden, war mehr als ich erwartet hatte, war eine förmliche Überraschung.

Unser Boot stieß indes auf den Strand, ich sprang ans Land und küsste nicht etwa den gewonnenen pomareklassischen Boden, nein, aber ich umarmte die Straßenlaterne und sagte ihr, dass ich mich ungemein freue, ihre werte Bekanntschaft zu machen.

Der Strand war, gerade da wo wir landeten, sehr belebt, eine Masse Indianerinnen und Indianer und Weiße aller Gattungen trieben sich untereinander herum, und es schien ein ganz außergewöhnliches Leben hier zu herrschen, als plötzlich die kriegerischen Töne eines Trommelwirbels, und zwar gar nicht weit von uns entfernt, herübertönten.

»Revolution« war mein erster Gedanke, Aufforderung an das Volk, auseinander zu gehen, kurze Rede des Kommandanten, langweiliges Verlesen der Aufruhrakte und drei Salven oder auch erst drei Salven und nachher eine Entschuldigung. – War das Alexanderregiment etwa hier herübergekommen und half es den Franzosen, die Eingebornen zu beglücken? – Nein, meine Befürchtungen waren ungegründet; allerdings enthielt dieser Trommelwirbel und der darauf folgende, sich jetzt mehr und mehr in der Ferne verlierende Marsch eine Aufforderung, auseinander zu gehen – sie war aber total friedlich und weiter nichts als der regelmäßige Abendappell. Eine halbe Stunde später etwa folgte ein Kanonenschuss, und nach diesem darf kein Indianer mehr in den Straßen gefunden werden. Noch vor diesem hatten sich aber die Scharen sämtlich verlaufen, und die ganze kleine Stadt lag um 8 Uhr so still und öde, als ob die Pest in ihren Mauern herrsche.

Ich wanderte indessen am Ufer auf und ab, um ein ordentliches Gasthaus zu finden, wo ich nicht allein übernachten, sondern auch logieren konnte; trotz der Masse von Trinkbuden und Schenkständen aber, ja trotz einiger wirklich so benannten Hotels war kein solcher Platz aufzutreiben, und ich beschloss, diese Nacht lieber noch einmal an Bord meines Bootes zu schlafen; bei Tag konnte ich dann eher ein passendes Logis ausfindig machen.

Das war übrigens leichter gedacht als ausgeführt; wegen dem Wellenschlag dicht am Ufer hatten die Indianer das Boot fast hundert Schritte in See hinausgenommen und schliefen schon wie die Ratten; am Strand mochte ich auch nicht liegen bleiben, zog also meine Kleider aus, watete, soweit das gehen wollte, hinüber und nahm endlich, als das Wasser zu tief wurde, den kleinen Pack in die linke Hand und schwamm zum Boot.

Eine Viertelstunde später lag ich, mein Gesicht der freundlichen Straßenlaterne zugekehrt, warm in meiner Decke eingewickelt im Boot und verträumte meine erste Nacht in Tahiti.

Mit dem Kanonenschuss, der den dämmernden Tag verkündete, wachte ich auf und konnte auch nicht wieder einschlafen, denn ich war neugierig, den Hafen von Papeete, von dem ich so viel schon gehört und gelesen, bei Tageslicht zu bewundern. Wie es aber gewöhnlich geht, wenn die Erwartungen von irgendetwas zu hoch gespannt sind, so ging es auch mir hier; ich fand sie, wo ich etwas großartig Schönes erwartet hatte, keineswegs in dem Grade befriedigt. Die Gebirge, die den Hintergrund bildeten, sind allerdings hoch und, wie schon gesagt, bis in die höchsten Gipfel, in die schroffsten Hänge hinein bewaldet, sie laufen aber allmählich zu weit von der Küste zurück und haben zu wenig scharfe Konturen, irgendein pittoreskes Panorama zu liefern.

Aber ein liebliches Bild bot der stille, an drei Seiten von freundlichen Wohnungen und Gärten, auf der andern von schäumenden Riffen eingefasste Hafen der schönen Insel, und ein kleines, Palmen bewachsenes Eiland, Motuuta, das gerade neben der Einfahrt liegt und früher den Königen dieser Gruppe zum Aufenthalt gedient hat, stach wahrhaft reizend gegen den Hintergrund der Seeseite ab, den zur einen Hälfte das weite Meer, zur andern die zackigen Bergrücken Imeos bildeten. Oben und unten formten zwei, gegen die Riffe auszweigende Landzungen einen förmlichen Halbkreis, in dessen inneren Bogen die Stadt Papeete dicht am Strande hin mit ihren Gärten und lauschigen Häusern lag.

Von der See aus glich der Ort nun freilich weniger einer Stadt als einer ununterbrochenen Reihe von mit Gärten umgebenen Landhäusern, wie sie sich in der Nähe einer großen

Stadt finden, hätten nicht die hie und da ausragenden echt yankeeartigen »Hotel«-Schilde den Eindruck ländlicher Zurückgezogenheit zunichte gemacht und auch dieser abgelegenen Insel den kalifornischen Stempel − das kalifornische Motto − »Geld um jeden Preis« − aufgedrückt.

Schiffe lagen nicht so viel in der Bai, als ich erwartet hatte hier zu finden; und nur ein paar Walfischfänger, ein Franzose und ein Amerikaner, zwei oder drei Kauffahrteischiffe, ein für diesen Tag nach Sydney bestimmter Schoner und mehrere Gouvernementsschoner, unter diesen auch der Schoner »Kamehameha« − ein allerliebstes Fahrzeug, das die Franzosen vor 13 oder 14 Monaten etwa, bei der schon früher erwähnten Gelegenheit, neben 20.000 Dollars Bargeld, den armen Sandwich-Insulanern einfach weggenommen hatten − (ich würde das nach m e i n e n Begriffen vom Recht s t e h l e n nennen) − und den sie auch wohl je schwerlich wiederzusehen bekommen.

Die Indianer hatten mit Tagesanbruch das Boot dicht an Land gebracht, wobei sie, beiläufig gesagt, nicht wenig erstaunt waren, mich an Bord zu sehen, da mich niemand von ihnen kommen gehört, und schleppten ihren (unterwegs gefangenen) Haifisch zu Strand. Kaum wurden diesen aber die Eingeborenen gewahr, als sie auch schon in Hast herandrängten, und so rasch die Stücke nur abgeschnitten werden konnten, rissen sich die Käufer darum. Der Marktmeister legte sich aber hier bald ins Mittel: Sämtliche zum Verkauf nach Papeete gebrachten essbaren Sachen müssen auf den Markt geschafft und dort ausgeboten werden, wobei sie einen von der Regierung bestimmten festen Preis haben. Meine Indianer wurden beordert, ihren Hai zum Markthaus zu nehmen. Es war aber nur noch der Schwanz des ganzen sieben Fuß langen Fisches übriggeblieben, mit diesem machten sie sich bereit, dem Befehle Folge zu leisten. Zwei der gierigsten Käufer überhoben sie dabei der Mühe des Tragens, denn sie fassten, damit ihnen niemand anders zuvorkommen konnte, an beiden Seiten das Stück Fisch an und marschierten auf solche Weise damit ab.

Ich machte mich jetzt auf die Wanderung nach einer Wohnung, fand aber, dass das nicht so leicht war. Vor allen Dingen musste ich mir auch wieder einige Kleidungsstücke anschaffen und ging deshalb in einen der englischen Kaufläden, von denen ich mehrere Firmen sah.

Nach meinem Anzug konnten sie dort wohl bald sehen, dass ich erst kürzlich hier angekommen war, und als ich den einen der im Laden Stehenden auch noch frug, wo hier wohl das beste Gasthaus zum Logieren sei, meinte er, das würde sehr schwer halten, da die Hotels hier keineswegs auf Logieren eingerichtet seien und jeder, der hier längere Zeit bliebe, sich gewöhnlich ein kleines Zimmer miete und dann nur zum Essen in ein Wirtshaus ginge.

»Übrigens«, setzte der gute Mann mit einem freundlichen Lächeln hinzu, »mit welchem Schiff sind Sie denn eigentlich gekommen; es ist doch seit drei Tagen keines hier eingelaufen?«

Ich sagte ihm, dass ich mit einem Walfischfänger bis Maiao gekommen und von dort in einem Boot hier herüber gefahren sei.

»In einem Boot? – also mit einem Walfischfänger – Bootsteurer?«

»Bootsteurer«, erwiderte ich ihm jetzt, vollkommen in mein Schicksal ergeben und nur noch die Kleinigkeit Ehrgeiz für mich rettend, nicht für einen gemeinen Matrosen gehalten zu werden.

»Dann wird es aber Schwierigkeiten haben, dass Sie hier eine Aufenthaltskarte bekommen«, fuhr der Mann fort; »die Polizei ist hier sehr streng, und o h n e Aufenthaltskarte darf Sie niemand über Nacht behalten.«

Aufenthaltskarte, Straßenlaternen, Polizei – o süße, süße Erinnerungen! – weiter fehlte mir jetzt gar nichts als auch noch die bescheidene Forderung eines Heimatscheins. Und hier, mit all diesen wehmütigen Anklängen aus der Heimat, sollte man nicht das Heimweh bekommen? Mir wurde ganz weh und weich ums Herz, und ich sah den Mann gerührt an. Dieser hielt das aber wahrscheinlich für Angst, denn er suchte mich zu beruhigen und meinte, das ließe sich alles machen, wenn ich hier nur einen guten Freund fände, der für mich gutsagte.

Ich versicherte ihn, dass ich mein möglichstes tun würde mich zu beruhigen, kaufte, was ich brauchte und mehr, als er wahrscheinlich erwartet hatte und wanderte dann mit ihm – denn als er sah, dass ich Geld hatte, wurde er auf einmal ungemein gefällig und zuvorkommend – die Straße hinunter, wo ein Landsmann von ihm – ein Schotte – und die Schotten sind wahrhaftig über die ganze Welt zerstreut – ein ausgezeichnetes und für die hiesigen Verhältnisse auch billiges Hotel hielt. Wir brauchten nicht lange zu gehen, den Platz zu erreichen und fanden ein ziemlich geräumiges, aber auch fast uneingerichtetes Gebäude, schmutzig und unwohnlich, mit einem so diebisch aussehenden Gesell zum Wirt, als sich nur irgendjemand hätte wünschen können. Überall in den Ecken lehnten müßige Eingeborene mit dem Zeichen des Trunks in den stumpfen Zügen, Burschen, die hier an Arbeit verrichteten, was zu verrichten war und in Branntwein bezahlt wurden, und der Platz sah wüst und öde aus. – Ich ging flüchtig hindurch und wollte wieder ins Freie, der Kaufmann aber, der wohl ein besonderes Interesse dabei haben mochte, wollte mich gar zu gern veranlassen, dem Mann zuzusagen, dass ich bei ihm einziehen würde, und ich musste mich zuletzt ordentlich mit Gewalt von ihm losmachen. – Und ich hatte es nicht zu bereuen, denn nur zwei Tage später hörte ich, dass gerade in demselben Wirtshaus das Zimmer des einzigen dort logierenden Fremden erbrochen und ihm eine Summe Geld gestohlen war.

Vor allen Dingen übrigens die Sache mit meiner Aufenthaltskarte in Ordnung zu bringen, ging ich erst einmal auf die Polizei hinunter, mich nur zu erkundigen, was eigentlich von mir verlangt wurde. Der Polizeikommissär war nicht da, und ich wurde eine Stunde später hinbeordert; der Schreiber, der dort war, sagte mir aber, dass eine Bürgschaft wohl nötig sein würde.

Ich ging jetzt zum amerikanischen Konsul, einem Hrn. Gray, dem ich meine Empfehlungsschreiben unseres amerikanischen Konsuls in Leipzig, des Hrn. Dr. Flügel, überreichte. Dadurch konnte ich mich jedenfalls legitimieren und das wenige, was er zu tun brauchte, war mir ein paar Zeilen an das Polizeibureau zu geben. Statt dessen zog er es vor, mir das »American Hotel« zum Aufenthaltsort zu empfehlen; der Wirt desselben würde für mich gut sagen; ich sollte ihn nur zu ihm bringen, er wolle mit ihm sprechen.

Da ich nicht gesonnen war, einen Wirt für mich Bürgschaft leisten zu lassen, empfahl ich mich Hrn. Gray, dessen Benehmen, das wenigste zu sagen, höchst undelikat war, und ging einfach wieder auf die Polizei zurück, zeigte dem jetzt anwesenden Kommissär meine Papiere, wurde von diesem auf das Freundlichste empfangen und erhielt ohne weiteres meine Aufenthaltskarte, einen lithographierten »Permis du Séjour à Papeete.«

Bei meinem Morgenspaziergang war mir übrigens ein Schild mit der Aufschrift:

Merz

tailleur, tailor

Schneider

aufgefallen, und diesen beschloss ich jetzt aufzusuchen. Vielleicht konnte ich dort ein Zimmer mieten, und dann hatte ich wenigstens meine Sachen sicher verwahrt, wenn ich einmal einen kleinen Ausflug in die Insel machen wollte.

Der kleine Schneider saß gerade mit einem Engländer – ein Geselle, der bei ihm arbeitete – einem Franzosen und einer Indianerin – der Frau des Franzosen – beim Frühstück, und ich war nach den ersten fünf Minuten schon fest entschlossen, bei diesem Schneiderlein, wenn es nur irgend möglich sein sollte, zu wohnen.

Es war dies wahrlich ein »Charakter;« er unterhielt sich bei Tisch mit uns allen vieren; mit jedem in seiner Sprache und radebrechte alle vier Sprachen – ich kann nicht sagen auf eine so schauerliche – nein auf eine so lustige Weise, dass ich eine ganze Weile gut aufpassen musste, herauszubekommen, welche er gerade bearbeitete. Er war ein Straßburger und hatte sich damit ein Recht erworben, kein Deutsch zu sprechen, aber er sprach auch kein Indianisch, kein Englisch und kein Französisch, obgleich er in allen vier Sprachen Geschichten erzählte. Eine halbe Stunde später kam auch noch ein Spanier dazu, mit dem er sich aber indianisch unterhielt, nachdem er ihm vorher gesagt hatte: me no sabe you speak; zu Deutsch: mich nicht weiß ihr sprecht.

Außer meinem alten Freund Schwarz von Sacramento und Bockenheim (oder Buckingham, wie ihn die Amerikaner nannten) am Fourche la Fave in Arkansas, habe ich noch nie einen Menschen in der weiten Welt gesehen, der so vollkommen k e i n e lebende Sprache redete als mein kleiner Schneider. Er war ein personifiziertes Miniatur-Babel.

Glücklicherweise hatte er ein Zimmer zu vermieten, und er freute sich ebenso, es loszuwerden, als ich, es zu bekommen. Nur eine Schwierigkeit war noch, meine Aufenthaltskarte; ich wollte gern hören, was seine Ansicht darüber sei und sagte ihm, dass ich wahrscheinlich Bürgschaft haben müsse, um eine solche zu bekommen.

»Ja, ich will Ihnen was sagen«, meinte er, (ich gebe hier übrigens nur die Übersetzung dessen, was er mir auf Straßburg-Tahitisch mitteilte) ich will alles für Sie tun, was ich kann – worin das bestand, wussten wir noch nicht – »aber Bürgschaft – ne, Bürgschaft kann ich nicht für Sie leisten, die leist' ich für keinen Menschen.«

»Aber mein lieber Hr. Merz«, erwiderte ich ihm mit großer Milde, »Sie werden mir zugeben, dass das etwas ist, um das ich Sie noch gar nicht im entferntesten ersucht habe. Soweit ich mich erinnern kann, habe ich Ihre Bürgschaft noch gar nicht verlangt.«

»Nein«, sagte mein kleiner Wirt ganz ruhig, »nein, das weiß ich wohl, aber ich bin so ein guter Kerl, ich kann keinem Menschen etwas abschlagen, und darum sag' ich es allen Fremden lieber gleich vorher, dass ich keine Bürgschaft für sie leisten will, damit sie mich gar nicht darum bitten.«

Das war ein vortrefflicher Grund, und es ließ sich nicht gut etwas dagegen einwenden. Unsere Hauptsorge war nun, meine Sachen jetzt aus dem Boot, das wir bis ungefähr 150 Schritt vom Haus bringen konnten, unter Dach und Fach zu schaffen. Der Kanaka, den er im Hause hatte, sollte mir dabei helfen, und er zeigte sich selber bereit, mit mir herunterzugehen. Die Miete für das Zimmer, aber auch nur für das Zimmer, ohne Tisch, Bett oder Stuhl, betrug einen Dollar für die Woche.

»Das bleibt jedoch ausgemacht«, sagte der kleine Schneider, sich noch einmal gegen mich herumdrehend, »ich will alles für Sie tun, was ich kann, aber Bürgschaft −«

»Aber lieber Hr. Merz −«

»Nein wahrhaftig, Bürgschaft kann ich nicht für Sie leisten, sehen Sie, ich bin schon zu oft schlecht angekommen; da wohnte einmal −«

»Aber ich habe meine Aufenthaltskarte ja schon in der Tasche.«

»Sie haben Ihre Aufenthaltskarte schon? Ja warum sagen Sie denn das nicht gleich?«

Er setzte mir seine Scheu vor Bürgschaften noch unterwegs weitläufig auseinander, unterdessen schafften wir die Sachen ins Haus, und eine halbe Stunde später war ich vollkommen eingerichtet.

Vor allen Dingen tat mir jetzt ein Bad not, und mein kleiner Schneider versicherte mich, dass etwa eine Viertelstunde von da ein reizender Badeplatz in frischem Wasser, und zwar in dem Bergbach, läge, der in der nächsten Schlucht aus dem Gebirge niederkam. Salzwasser hatte ich in der letzten Zeit genug gehabt, ich sehnte mich nach frischem Wasser, und da mein Wirt sich geneigt zeigte, mich zu begleiten (er versicherte mich noch oft, dass er alles für mich tun wolle etc.), so wanderten wir langsam einen hübschen breiten Weg zwischen

Gärten und Orangebäumen ins Freie. Rechts in ein Dickicht von Guiaven einbiegend, folgten wir etwa hundert Schritt einem kleinen Fußpfad und erreichten bald darauf einen wirklich reizenden, unter Büschen halb versteckten Badeplatz, in dessen klarem Wasser sich schon ein halbes Dutzend Franzosen lachend herumtrieb.

Der Platz war gänzlich von Guiaven und einzelnen Zitronenbäumen beschattet und das Bad wahrhaft stärkend und erfrischend. Noch nicht lange waren wir übrigens im Wasser gewesen, als plötzlich aus den dichten Büschen eine der indianischen Schönheiten, ein junges, vielleicht achtzehnjähriges braunes Mädchen vortauchte. Sie war in einen der gewöhnlichen langen roten Kattunröcke gekleidet und hatte einen weißen Blumenkranz in den vollen rabenschwarzen Haaren.

»Hallo, Wahine?« riefen ihr die Franzosen lachend zu, »komm mit herein zu uns, das Wasser ist kühl und Platz genug.«

Das Mädchen hatte sich dicht am Ufer niedergekauert und schaute uns mit halb lachendem, halb trotzigem Gesichte an; sie hatte augenscheinlich Lust, der Einladung Folge zu leisten, und die Franzosen mochten ihr das auch wohl ansehen, denn sie wurden immer dringender.

Der eigentliche Badeplatz bestand hier aus einem kleinen, vielleicht zwanzig Schritt langen und acht Schritt breiten Bassin, das durch einen gleich darunter quer durch den Bergstrom gezogenen Steindamm gebildet wurde und an der tiefsten Stelle gegen sieben Fuß hatte. Auf der andern Seite stand, auf einem etwas vorragenden Stück Ufererde, das nur durch die Wurzeln des alten Baums noch zusammengehalten wurde und schon ganz unterhöhlt war, ein trockener, etwa zehn Fuß hoch abgebrochener Baumstamm; unter diesem war die tiefste Stelle. Der Bach mochte im ganzen etwa 20 Schritt breit sein.

Das Mädchen kauerte noch immer am Ufer, und seine Augen blitzten und funkelten; plötzlich, als einer der jungen

Leute gegen sie hinschwamm, war sie in den Büschen verschwunden.

»Ich glaubte, sie würde zu uns hereinkommen«, rief der junge Mann, sich wieder zurückwendend, »sie sah gerade so aus.«

»Sie wäre auch gekommen, wenn du sie nicht weggescheucht hättest«, sagte ein anderer, »wenn man die wilden Dirnen sich selber überlässt, haben sie den Teufel im Leib.«

»Miri, miri«, rief in dem Augenblick eine klare lachende Stimme, die aus der Luft zu kommen schien – wir sahen rasch empor, und oben auf dem kaum sechs Zoll breiten Stamm, mit den langen flatternden Haaren, das Obergewand abgeworfen und nur mit dem schmalen, in der Brise wehenden Lendentuch bekleidet, stand das junge Mädchen, warf die Arme empor und sprang mit einem Jubelgeschrei, sich blitzwenig darum kehrend, wem sie auf den Nacken kam, mitten zwischen uns hinein. Wir hatten eben noch Zeit, unter ihr wegzukommen. Im nächsten Moment war sie wieder am Ufer, kletterte wie eine Katze an dem Stamm hinauf und stand jetzt, während die klare Flut an ihr hinabträufte, sich die nassen Haare aus der braunen Stirn streichend, zum zweiten Mal auf ihrem Platz.

Es war wirklich ein reizendes Bild, und ich konnte mich nicht sattsehen an der jugendlich schlanken braunen, so wild trotzigen und doch so lieblichen Gestalt.

Wieder warf sie die Arme empor, und im nächsten Augenblick schlug die Flut über ihr zusammen. Diesmal hatten sich auch die Franzosen näher zu ihr gehalten und suchten sie zu fassen, das bekam ihnen aber schlecht; mit Händen, Füßen und Zähnen wehrte das wilde Ding die Zudringlichen von sich ab, schwamm ein paarmal im Kreise herum und glitt dann plötzlich, so rasch und unerwartet als sie gekommen, wieder in die Büsche hinein, um nicht mehr zurückzukehren.

Wir gingen jetzt selber in die Stadt zurück, und es war hohe Zeit, denn kaum eine Viertelstunde später goss ein echt tropischer Regen auf die Insel nieder. Die Regenzeit fällt hier sonderbarerweise gerade in den Sommer, und zwar sollen die Monate Januar, Februar und März die schlimmsten sein.

Auch hat die Flut etwas eigentümliches, sie wechselt so regelmäßig, dass um Mittag und Mitternacht immer höchstes, um sechs Uhr morgens und abends immer niedrigstes Wasser ist und Mitternacht und Hochwasser sogar gleichen Namen im Tahitischen haben.

Vor allen Dingen richtete ich mich nun bei meinem kleinen Schneider, bei dem es übrigens kriegerisch genug aussah, häuslich ein. Dieser hatte nämlich seine Wände voll indianischer Waffen hängen, die ihm ein nach Kalifornien gezogener deutscher Uhrmacher zur Bewahrung übergeben hatte und die grimmen Pfeile und Lanzen, die Streitäxte und Wurfspeere der Fidjees stachen allerdings wunderbar gegen die friedliche Beschäftigung ab, mit der mein kleiner Merz darunter saß und Nanking-Unflüsterbare nähte.

Wir kochten uns selber, d.h. wir hatten einen kleinen indianischen Jungen, der morgens kam, Feuer anmachte, Wasser kochte, Brotfrucht und Fische oder Fleisch röstete und dann den übrigen Tag noch besorgen sollte, was etwa zu besorgen war, den übrigen Teil des Tages aber gewöhnlich gar nicht wieder aufgefunden werden konnte und uns nicht selten zwang, unser ebenso frugales Mittagsbrot selbst zu bereiten.

Eine Frau hatte Merz nicht, aber er sprach stark davon »sich eine zu nehmen;« als ich ihn aber frug, wo er ein weißes Mädchen hier finden wolle, das geneigt sein könne, in den Stand der heiligen Ehe zu treten, meinte er ganz treuherzig: Es komme ihm gar nicht so genau auf die F a r b e an, wenn nur der S t o f f gut wäre und ich sollte auch noch wirklich, ehe ich Papeete verließ, Zeuge sein, wie er all die Freuden und Leiden eines sorgenden Hausvaters, ähnlich an Schnelle mit den Tagfliegen, von Anfang bis Ende durchlebte, und wie ich ihn gefunden, einen unzufriedenen aber sonst heiteren Junggesellen – so verließ ich ihn wieder.

Papeete – wie Stadt und Hafen dieser Insel genannt wird – böte, was ich schon oben bemerkte, von der Seeseite den Anblick einer Reihe von Lusthäusern, störten nicht eben die vorragenden Hôtelschilder diesen freundlichen Eindruck. Die nächste Straße aber, welche zugleich das ganze Innere der Stadt bildet, gleicht, einem kleinen Teil derselben, wo mehrere Wirtshäuser und Läden sind, ausgenommen, ganz und gar einem Garten, und ein dichter Wald von Brotfruchtbäumen, Bananen, Papayas und Orangen verbirgt mehr als er umgibt die in seinen Schatten hineingeschmiegten freundlichen Wohnungen, die teils aus Indianerhütten, teils aus mehr europäischen Gebäuden gleichenden Häusern bestehen. Hohe Kokospalmen ragen überall aus dem dunkeln Laub der niederen Bäume heraus, und der Anblick dieses stillen ländlichen Platzes ist wirklich reizend.

Die französische Regierung hat in Papeete schon mehrere ziemlich bedeutende Gebäude angelegt und auch sonst viel nützliche Anlagen gemacht. Die sogenannte Broomroad oder Besenstraße, welche die ganze Insel umzieht, ist eine von diesen, obgleich die Indianer, die umsonst daran arbeiten mussten, mit der ersten Anlage keineswegs einverstanden sein mochten.

Eine andere vortreffliche Einrichtung ist die Wasserleitung, wodurch das Wasser durch eine eiserne Röhre bis an ein steinernes, die Bay begrenzendes Werft geführt wird und dort in einem etwa 2 Zoll starken Strahl in die See läuft. Die in der Bay liegenden Schiffe brauchen ihre Boote nur mit den Wasserfässern dorthin zu senden und können dieselben solcher Art auf die leichteste und bequemste Weise füllen. Das Ganze ist aber immer nichts weiter als ein Kriegshafen, Soldaten liegen überall verteilt, halten alle Plätze besetzt und ziehen schwerbewaffnet durch die Straßen, während die halbnackten Eingeborenen, selbst ohne ein Messer an der Seite, wunderlich gegen solche Truppenzüge abstechen.

Merkwürdig ist dabei, dass nicht allein die Franzosen auf Tahiti, sondern auch alle europäischen Nationen fast, die

in fremden Zonen Eroberungen gemacht, dem alten Kama-
schendienst treu, der nichts abändern und anrühren darf,
weil man dann immer gleich fürchtet, das ganze künstlich
aufgebaute System fiele über den Haufen, ihre schwere un-
zweckmäßige, warme und puppenartige Kleidung richtig
beibehalten und die armen Teufel von Soldaten nicht allein
durch den Dienst, nein, mehr noch durch das quälen, was sie
höchst unnützer Weise auf und über sich hinhängen müssen.
Wenn das geschieht, um den Eingeborenen zu imponieren,
so irrt man sich sehr, denn diese lachen nur darüber und viele der Soldaten gehen dabei zu Grunde.

Die Engländer machen es dabei ebenso in Indien, die Holländer ebenso in ihren Besitzungen, und wollen neue Führer
an dem alten Systeme ändern, so fällt ihnen gleich der Zopf
um den Hals und bittet sie, um Gotteswillen, sich nicht unnützer Weise zu bemühen.

So ziehn denn die Franzosen hier wirklich in ihrer vollen
europäischen Uniform genauso auf Wache, als ob sie in einer
Winternacht im Freien liegen wollten – und alles nur pour
la gloire.

Noch besteht die frühere Befestigung der Stadt, ein hoher
Wall und Graben, hinter dem sich die Franzosen einst gar
wacker gegen die rüstig anstürmende Schar der Eingeborenen
verteidigen mussten, doch ist der Frieden jetzt wohl für immer,
wenigstens für eine lange Zeit gesichert, denn die Franzosen
sind gute Kolonisten oder wissen sich vielmehr den Sitten und
Gebräuchen der fremden Stämme viel leichter anzuschmiegen
als die Engländer. Der Beweis schon ist das leichte und rasche
Erlernen der fremden Sprache, während der Engländer stets
hartnäckig auf seinem eigenen Dialekt beharrt. Auch die katholische Religion, wenn sie nun doch einmal Christen sein
müssen, sagt den wilden Stämmen mehr zu – sie bietet ihnen
etwas für das Auge, ihren Sinnen wird eine Art von Ersatz
für alles das gegeben, was man ihnen genommen hat, und –
der Katholizismus raubt ihnen auch nicht ihre Tänze, ihre

Blumen, ihre Vergnügungen. Sich mehr selber überlassen, vergisst das Volk endlich nach und nach, dass es früher Fürsten und seinem eigenen Blute huldigte und eine selbstständige Nation gewesen.

Das einzige, das sie manchmal kränkt, ist, wenn sie zu Arbeiten gezwungen werden, die sie selber bis dahin natürlich für vollkommen unnötig hielten; im Ganzen wird aber doch wenig von ihnen gefordert, und sie leisten eben das wenige – weil sie müssen.

Mit den Verhältnissen der Insel sollte ich aber später schon noch näher bekannt werden, und mir lag jetzt nur daran, vor allen Dingen, so viel als möglich von dem äußeren Leben der Eingeborenen zu sehen, die für mich von ganz besonderem Interesse waren.

Am nächsten Morgen, einem Sonntag, denn wie schon gesagt, haben die Franzosen hier wieder die richtige Feier des christlichen Sabbat eingeführt, ging ich aus, eine der Kirchen der Eingeborenen zu besuchen. – Es hatte in der Früh ein wenig geregnet, aber die Sonne lachte schon wieder am wolkenreinen Himmel, und die Luft trug den balsamischen Hauch von tausend Blumen und Blüten.

Ziemlich am äußersten Ende der Stadt stand die mir nächste Kirche – ein großes hölzernes Gebäude, einfach, aber seinem Zweck vollkommen entsprechend und luftig gebaut. Vier Türen an den vier verschiedenen Ecken standen sämtlich geöffnet, der innere Raum war schon mit geputzten Kanakas fast ganz gefüllt, und die Stimme des Predigers, eines englischen Missionärs, schallte in der Sprache der Eingeborenen natürlich daraus hervor.

Ich trat ein und ließ mich auf der mir nächsten Bank nieder. Die Kirche roch entschieden nach Kokosnussöl und Haifisch – die Ausdünstung der Eingeborenen hat einen dem ziemlich ähnlichen Geruch. Die bunte Tracht der Eingeborenen aber, die dunkeln ausdrucksvollen Gesichter, die schwarzen funkelnden Augen, dazu der weiße Mann, der hinter dem einfach mit einem weißen Tuch bedeckten Altar stand, den Kindern einer fremden Raçe eine fremde Religion gebracht hatte, und ihnen diese nun in ihrer eigenen Sprache verkündigte, dazu draußen die wehenden Palmen und das dumpfe murmelnde Brausen der Brandung, das deutlich bis zu uns herübertönte – ich weiß nicht, es machte einen wunderlichen Eindruck auf mich, und wunderliche Gedanken waren es, die mir Herz und Sinn dabei durchkreuzten.

Der Prediger war ein alter, ehrwürdig aussehender Mann mit schneeweißen Haaren (ein Hr. Orsmond), der schon seit dreißig Jahren auf dieser Insel lebte, und wenn ich nicht irre, einer der ersten gewesen ist, die Gottes Wort zu diesen »heidnischen Völkern« brachten. Der Mann stand dort und predigte noch dasselbe, was er ihnen vor dreißig Jahren gepredigt hatte, und ich bin fest überzeugt, er ist einer von denen, die das auch f e s t   g l a u b e n ,   s e l b e r glauben, was sie den »Ungläubigen« sagen. Er kam auf diese Insel, verwarf die Religion, welche die Kinder dieses Landes von ihren Vätern geerbt, in der sie glücklich waren und lehrte sie ein anderes W e s e n ? Nein, dasselbe Wesen, das sie bis dahin angebetet, nur unter einem andern Namen kennen. Er verkündete ihnen andere Wunder und Zeichen, wie sie bis hierher gekannt, oder bestätigte auch alte – (wie z.B. die Sage von Adam und Eva und der Sündflut, die sie ganz wie wir, nur etwas verändert haben und auf die ich später wieder zurückkommen werde) und der Indianer, der sich vor dem neuen Gott in den Staub warf und doch noch nicht alles aus seinem Herzen bannen konnte, was dort seit frühster Kindheit Wurzel geschlagen und das ihm die Mutter unter dem flüsternden Rauschen seiner Palmen gelehrt und zu dem die Sterne, lauter alte liebe Bekannte aus früherer Zeit, ihr funkelndes Licht geliehen, sah einen zürnenden rächenden Gott vor sich aufsteigen, der da strafte »bis ins neunte oder zehnte Glied.«

Das Predigen jedes andern würde mich auch wahrscheinlich kalt und gleichgültig gelassen haben: Das ganze Missionärwesen ist leider den meisten eine Art Geschäftssache, ein Beruf wie Kaufmann oder Handwerker haben, ihr Leben dadurch zu fristen und sich eine Existenz zu gründen. In Europa selbst geht es auch ziemlich spurlos an uns vorüber; wir lachen vielleicht einmal, wenn für die »Heiden in fremden Weltteilen« wollene Unterröcke und Strümpfe oder dergleichen Sachen gesammelt und Unterstützungen gefordert werden, wo so viel Elend ungelindert gerade unter unsern Augen existiert; wundern uns auch wohl, wie es Menschen geben kann, die wirklich Summen daran verschwenden; oder ärgern uns, wenn selbst sogar blutarme Leute, die ihr bisschen sauer erworbenes Geld selber nötig genug brauchen, veranlasst werden, ihr »Scherflein«, und »sei es auch noch so wenig«, zu solchen fernen Expeditionen beizutragen, denken aber doch selten weiter und genauer darüber nach. Ich, meinesteils, hatte bis jetzt die Klasse der Missionäre immer nur in zwei Sekten geteilt: in Schwärmer und Heuchler, d.h. in solche, die sich der Bekehrungssache wirklich mit vollem uneigennützigem Eifer hingeben, die Leben und Eigentum daran setzten, Vaterland und Familie verließen, einen B e r u f , wie sie glaubten, zu erfüllen, der ihnen vom Himmel selber auferlegt sei, die eigene Religion in der Welt zu verbreiten und fremde Stämme, denen noch nicht der Segen derselben geworden, vor ewiger Verdammnis zu retten – und dann in solche, die eben aus der wirklichen Religion – der eigentlichen Seele des Menschen – ein gewöhnliches Geschäft, einen Handelsartikel machen, von dem sie berechnen, wie viel solcher Seelen sie nicht s e l i g – denn sie k ö n n e n nicht wissen, was jenseit des Grabes liegt, so lange selbst Katholiken und Protestanten noch den trostlosen Kampf fortsetzen – nein, s i c h kontributionspflichtig gemacht haben.

Hier nun fand ich einen einfachen, schlichten weißhaarigen Mann, der mir nichts weniger als ein Schwärmer aussah und sicherlich kein Heuchler war, der dabei den Indianern seit dreißig Jahren die christliche Religion als die einzig reine und wahre predigte. – Was müssten nun gerade eines solchen einfachen schlichten Mannes Gedanken sein, wenn er sich einmal sagte: Außer der Lehre, der wir Christen anhängen, haben wir diesen Menschen, die wir als ein glückliches harmloses Volk fanden, mit der Versicherung jetzt, dass ihre Väter und Vorväter als blutige Heiden im ewigen Feuer brodeln, auch Zivilisation und Kultur gebracht und dadurch die Länder selber dem Verkehr der Weißen mit öffnen helfen – haben wir den Stämmen selber aber h a l t e n können, was wir ihnen damals versprochen?

N e i n – n e i n und tausendmal n e i n – ein Segen mag die Zivilisation für den A c k e r sein, den indianischen V ö l k e r stämmen war sie noch immer ein F l u c h, und nur neue Bedürfnisse wecktet ihr in ihnen, d i e, selber befriedigen zu können. – Wenn ich aber einen Menschen verwunde und heile ihn nachher wieder, so habe ich ihm doch wahrlich keine Wohltat erwiesen. Eine ungeheure Verantwortung habt ihr dabei und wie viele unter euch mit grenzenlosem Leichtsinn auf euere Schultern genommen, und wohl euch, wenn euere Absicht wirklich rein und gut war, wenn ihr wirklich geglaubt habt, was ihr die Armen lehrtet, so dass ihr ihnen den Geist und nicht bloß die Formen der christlichen Religion brachtet und mit dem Geist in etwas dem Elend und Blutvergießen entgegenwirktet, das durch die Zivilisation noch über alle wilden Stämme gekommen.

Kapitän Cook, als er diese schönen Inseln zuerst besuchte, erzählt auch von den Spaniern, die vor ihm gelandet waren und den Eingeborenen versprochen hatten, wiederzukommen und Häuser mitzubringen und bei ihnen zu bleiben, und der damalige vertrauungsvolle Monarch Otu freute sich darüber, dass er so viele neue Untertanen bekommen sollte, wenig denkend, dass ein solcher Fall ihn zugleich seines Reiches und das Volk seiner Freiheiten berauben würde. – »Das aber beweist« – setzt der Entdecker hinzu, »mit welcher Leichtigkeit eine Ansiedlung auf Tahiti gegründet werden könnte, was –

wie ich dankbar für die vielen dort erhaltenen Wohltaten – ich hoffen will, dass es n i e geschieht. Unser kurzer und gelegentlicher Besuch mag ihnen in mancher Hinsicht nützlich gewesen sein, eine bleibende Ansiedlung aber zwischen ihnen in der Art, wie die meisten europäischen Niederlassungen zwischen Indianern unglücklicherweise errichtet sind, müsste sie, ich fürchte, gar sehr beklagen lassen, dass unser Schiff sie je gefunden hätte. Es ist aber auch nicht wahrscheinlich, dass etwas derartiges je ernstlich unternommen werden sollte, denn der Erfolg könnte weder öffentlichem Ehrgeiz noch eigener Selbstsucht der Einzelnen genügen, und ohne solche Lockungen würde es schwerlich unternommen werden.«

Und der Rev. Doktor, der diese Stelle zitiert, ergeht sich dann in eine wohlgefällige Betrachtung, wie sich der große Entdecker geirrt habe, dass n u r solche Motive die Menschen in ferne Welten und zu heidnischen Völkern bringen könnten und erzählt mit frommem Stolz, wie fromme Männer n u r des Christentums wegen das Kreuz auf sich genommen hätten und ausgezogen wären »alle Heiden zu lehren« – Und wie genau kannte Cook seine Welt.

Nein, mir steigt jedes Mal der Zorn in die Adern, wenn ich die schwarzröckigen scheinheiligen Gesellen in der demütig frommen Maske umherkriechen sehe – die Worte »ich bin ein elender erbärmlicher Sünder« immer auf den Lippen – und in alle Welt hinausposaunend, welche Opfer sie gebracht, was sie alles nur um des Heilands und des Heils wegen getan und geleistet. – Vor Augen haben sie dabei, w a s sie leisten – sie sind nicht blind, denn sie wissen ihren eigenen Vorteil genau genug dabei zu unterscheiden. – Jahrzehnte haben sie auch die Folgen gelehrt, die ihre Zivilisation und Christentum überall auf die Stämme hatten. Die Indianer verschwinden nach und nach von der Erde – große steinerne Kirchen werden gebaut und ihre Höfe zu gleicher Zeit mit den Leichen der neuen Christen gefüllt – einer Seuche gleich haben die neuen Sitten und Gewohnheiten unter ihnen gewütet; aber das Land verwertete sich, Städte und Dörfer erstanden, Europäer legten Niederlagen bei ihnen an und wurden reich, die Indianer selber mussten Frondienste leisten und wurden entweder zu Sklaven der Weißen erniedrigt oder mehr und mehr in den Hintergrund gedrängt, bis sie sich selber ein ruhiges Plätzchen aussuchen konnten, zu sterben. Und die Missionsgesellschaften zu Hause rühren indessen den Brei; für die H e i d e n k i n - d e r in fremden Weltteilen werden Strümpfe gestrickt und Unterröcke genäht – für die H e i d e n k i n d e r werden Gelder gesammelt, Kirchen für sie zu bauen und »ein Dach für die frommen Männer nur, die dort in Lebensgefahr in der Wüste predigen.« Für die Heidenkinder, die armen verlornen Heidenkinder muss der Arme sich den Bissen vom Munde sparen, seinen Dreier wenigstens der allgemeinen Steuer mit beizulegen, und Tausende werden dabei außer Landes geschleppt ein paar müßige Gauche zu füttern und ein armes Volk draußen, das glücklich und in Frieden lebt, mehr und mehr in Banden schlagen zu helfen, während man ihm vorschreit, dass es erst glücklich gemacht wird. Und daheim hungert und darbt das Volk und zittert vor Frost in der dürftigen nicht genügenden Bekleidung – die armen Kinder im n o r d i s c h e n V a t e r - l a n d laufen barfuß und den »Heidenkindern« einer t r o p i - s c h e n S o n n e schickt ihr die Strümpfe. –

Aber der Leser soll mir nicht allein glauben – er mag denken, ich habe ein Vorurteil gegen die Schwarzröcke. – Kotzebue, der Weltumsegler sah schon damals dieselben Sachen, und nach Beschreibung einer religiösen Zeremonie auf Tahiti oder Otaheiti und während er ihre damalige Lage mit dem früheren Zustand vergleicht, als sie noch nicht zum Christentum übergetreten waren, beschreibt er die Zeit, wo die Wirkung der ersten Missionäre sichtbar wurde.

»Nachdem diese«, erzählt er, »den damaligen König irgend eines Distrikts zu ihrer Lehre übergewonnen hatten, wirkte solche Bekehrung auf die friedliche Bevölkerung wie der Funke, der in ein Pulverfass geschleudert wurde und eine furchtbare Explosion folgte. Die alten Tempel wurden zerstört – jedes Andenken früherer Anbetung vernichtet, und wer sich weigerte, den neuen Glauben anzunehmen, wurde grausam ermordet. Mit dem Eifer Proselyten zu machen, wuchs ein sonst stilles friedliches Volk zu Tigern an. Ströme Blutes flossen, ganze Stämme wurden ausgerottet, und manche erduldeten entschlossen den Tod, ehe sie dem Glauben ihrer Väter entsagten. Einzelne entkamen in die steilen unzugänglichen Berge und lebten dort einsam und abgeschlossen, aber ihrer alten Religion treu.«

Derselbe Autor gibt zu, dass die Lehre der Missionäre neben vielem Übel auch manches Gute gehabt, heidnischen Aberglauben gestürzt und manche Irrtümer abgeschafft, andere aber nur dafür eingeführt habe. Einzelne Laster habe sie bekämpft, anderen dagegen wieder Tür und Pforten geöffnet wie besonders dem bigotten und hypokritischen Wesen und der Unduldsamkeit jedes anderen Glaubens. Sie verhinderte die anerkannten und gewöhnlichen Menschenopfer, aber mehr Menschen wurden gerade durch die neue Lehre förmlich hingeschlachtet, als je den heidnischen Göttern zum Opfer fielen und die blutige Verfolgung, die durch die Missionäre ins Leben gerufen wurde, wirkte mit demselben furchtbaren Erfolg, als eine Pest es getan haben würde. »Ich glaube dabei«, fügt er hinzu, dass jene »frommen Männer« selbst über die Folgen ihres Eifers erschraken, sie trösteten sich aber bald darüber und haben seitdem nicht aufgehört, die genaue Befolgung auch der geringsten Gebräuche ihres Glaubens zu überwachen. Der frühere Fleiß, die frühere Elastizität des Geistes jenes Stammes ist denn auch deshalb in ein ewiges Beten und Brüten über Dinge verwandelt, von denen die Lehrer so wenig verstehen als die Lernenden.«

»Ihr behauptet, w i r geben hier die Gesetze«, sagten die Missionäre auf den Sandwichsinseln, als ihnen vorgeworfen wurde, dass sie sich mehr um die Politik des Landes als das Seelenheil der Bewohner bekümmert hätten, wie sie denn auch in der Tat eben durch die Häuptlinge das ganze Land regierten – »wie können w i r die Gesetze geben? – sitzen wir mit in den Versammlungen der Häuptlinge und Edeln? – hat der König nicht seinen freien, unbeschränkten Willen? – können w i r, arme unbedeutende Fremde ein ganzes Volk regieren? – ist es wahrscheinlich, dass es sich von uns würden regieren lassen?« –

Sie gaben auch dabei keine Gesetze, aber sie legten dem jungen König die Bibelstellen aus, wie sie es für nötig fanden, oder kündeten ihm in besondern Fällen nicht allein die Stimme, nein den W i l l e n Gottes, und war es dann i h r e Schuld, wenn die Häuptlinge danach handelten?

»Ihr behauptet, w i r haben die christliche Religion mit Gewalt und Blutvergießen eingeführt«, entgegnen sie wieder mit nie zu störender Milde und Sanftmut – »ist es wahrscheinlich, dass wenige unbewaffnete Männer, noch mit ihren Frauen und Kindern belastet, abhängig von den Eingeborenen dabei zu jeder Zeit, der Nahrungsmittel wegen, ein wildes Volk z w i n g e n könnten, ihren Glauben abzuschwören, ihre alten Götter zu zertrümmern und ihre bisherigen Freunde und Brüder zu morden?«

Oh Tartüffe – und die tausenden von Leichen des G l a u b e n s wegen auf jenen friedlichen Inseln Erschlagenen sind die stummen aber beredten Zeugen der Wahrheit jenes Vorwurfs, und ihr Blut wird nicht umsonst zu Gott aufschreien.

Der Streit, wie jenes höchste unerforschte Wesen mit Namen heiße, hat schon mehr Blut vergossen, schon mehr Leben gekostet als alle Pesten und Fluten des Erdballs und zwischen Christen und Juden, zwischen Heiden und Mohammedanern, ja mehr noch zwischen Christen und Christen künden rauchende Altäre die blutige Bahn, die der Fanatismus mit seinen Schrecken gezogen.

Über die H e u c h l e r unter den Missionären kein Wort, ihre Zahl ist überdies Legion und die einzige Strafe, die ich ihnen nach dem Tode wünsche, wäre allein einst auf einen abgelegenen Stern versetzt zu werden, wo sie keine »S c h a f e« mehr zum Bekehren fänden, und auf ihre eigene liebenswürdige Gesellschaft beschränkt blieben. Aber notwendig ist es, dass das Publikum, gerade in unserer jetzigen Zeit, wo der religiöse Fanatismus wieder einmal mit fabelhafter Frechheit sein Haupt erhebt, ein freies Wort über das U n w e s e n der Missionäre hört, während die »fromme« Brüderschar einander selber Weihrauch streut, einzelne Fälle wirklichen Erfolgs in die Wolken hebt, andere vertuscht und glättet. Welche Macht sie dabei haben, da ausführliche Berichte über all ihre Verhältnisse fast nur in ihren Händen sind, lässt sich denken. Und dennoch rückt uns gerade die n e u s t e Geschichte die Beispiele ihres Unwesens wieder vor Augen. Wie die Zeitungen melden, schicken die Franzosen eben wieder Kriegsschiffe von Papeete aus, nach den Navigatorinseln zu gehen und Rechenschaft dort zu fordern für an katholischen Priestern verübte Unbill. Protestantische Prediger hatten sich dort früher niedergelassen und wahrscheinlich da nun dasselbe Spiel getrieben wie auf den Sandwichs- und Gesellschaftsinseln, nördlich und südlich vom Äquator – die Indianer gegen die Katholiken aufgereizt und auf jener Armen Haupt die Rache und Strafe eines fremden Volkes herabgezogen, vor der sie sich dann, jede Schuld von sich abwälzend, in die geheimsten Maschen ihres Netzes zurückziehen. – Und wie viel Blut wird wieder deshalb vergossen werden.

Ein anderer Fall ist mit der chinesischen Missionär Gützlaffs Witwe, und wie leicht schlüpften die Zeitungen darüber hin – Tausende und Tausende wurden gesammelt und zusammengescharrt, die c h i n e s i s c h e n Heiden zu bekehren, in Hessen war ja wohl zu dem Zweck eine besondere Mission, und der Missionär Gützlaff stirbt als reicher Mann, während seine Witwe unklugerweise – sie hätte nicht in das Wespennest stören sollen – gegen den Berliner Missionär Neumann in Hong-Kong im Dezember v. J. als Klägerin auftrat. »Sie nahm«, dem Bericht nach, »eine Anzahl chinesischer Typen als Eigentum ihres Mannes in Anspruch, während Herr Neumann behauptete, sie gehörten dem chinesisch-christlichen Vereine, über dessen b e d e u t e n d e Geldmittel Gützlaff niemals Rechenschaft abgelegt hätte. Habe Gützlaff doch einst, so erzählt der höchst ehrenwerte Herr Rienäcker vor Gericht, bloß innerhalb dreier Monate die Summe von 2.010 Dollars erhalten. Auch der Missionär Hemberg ist gegen die, unter den bestehenden Verhältnissen anmaßliche und unkluge Forderung der reichen lachenden Erbin aufgetreten. Die Typen sind Herrn Neumann als Agenten des chinesisch-christlichen Vereins zugesprochen und die Witwe ist überdies in die Kosten verurteilt. Dieser Prozess hat zu Äußerungen Veranlassung gegeben, die dem verstorbenen Landsmann aus Pommern nicht zur Ehre gereichen.«

Der Leser sieht, starre Unduldsamkeit ist nicht immer die einzige Untugend, die sie haben, mit Gottes Wort auf den Lippen, und wäre der liebe Gott nicht eben ein viel gnädiger und barmherziger Herr, als sie ihn schildern, er hätte schon oft seinen Donner zwischen sie geschleudert und ihnen zugerufen: »Bis hierher und nicht weiter.«

Doch um wieder zurück nach Papeete in die Kirche zu kommen, so machte das Aussehen dieses Predigers – und wie ich später fand, hatte ich mich nicht geirrt – keineswegs einen unangenehmen, sondern einen selbst wohltätigen Eindruck auf mich. Die Art schon wie er sprach, ohne Prunk, ohne S a l b u n g (ein wirklich b e z e i c h n e n d e r Ausdruck) in schlichter einfacher Weise, hatte etwas ungemein zum Herzen Sprechendes. Seine Bewegungen waren dabei natürlich und anspruchlos, er erzählte ihnen augenscheinlich etwas, das ganz in ihrer Art zu denken lag. Er steht auch, wie ich später hörte, bei den Eingebornen in hoher Achtung. Leider verstand ich aber nicht die Worte seiner Rede, doch meine Augen hatten dafür umso reicheren Schmaus unter der Auswahl von indianischen Charakteren, die der Gottesdienst hier versammelt.

Neben mir saßen ein paar tahitische Stutzer, die offenbar einen ungemeinen Fleiß auf ihre heutige Toilette verwandt hatten. Komisch war bei ihnen die Vereinigung der europäischen und tahitischen Tracht. Oben waren es würdige, allerdings etwas braun aussehende Mitglieder der menschlichen Gesellschaft, in einem so unbequemen schwarzen Frack, wie nur je einer in der ganzen zivilisierten Welt getragen wird, mit weißem Hemd, weißer Halsbinde, weißer Weste, weißen Handschuhen und auf das sorgfältigste frisierten Haaren; aber der untere Mensch gab der ganzen Geschichte den Todesstoß. Der stak, dem schwarzen feierlichen Frack zum unmittelbaren Trotz, in einem rotkattunenen Lendentuch und aus diesem schauten die roten, nach obenhin tätowierten Beine so unschuldig und nackt in die Welt hinein, als ob nicht etwa hinten zwei schwarze Zipfel misstrauisch nach ihnen hinunter schielten, und, wenn auch noch in weiter Ferne, ein paar ebensolche unerträglich warme Hosen ihrer bis dahin unbehinderten Freiheit drohten.

Am interessantesten war mir eine Frau, die mir schräg gegenüber auf einer der hölzernen Bänke saß, und im Anfang, als ich eintrat, aufmerksam der Predigt gefolgt war, jetzt aber – als ob diese eine andere Ideenfolge in ihr geweckt hätte – des Redners weiter nicht mehr achtend, ihren Gedanken nachzuhängen schien. Es war eine etwas korpulente Person, hoch in den Dreißigen, sie trug die schwarzen Haare schlicht heruntergekämmt und als Schmuck nur ein paar breite Ringe in den Ohren. Ein schwarzes weites Seidenkleid fiel ihr erst bis auf die Knöchel herunter; jetzt aber hatte sie die Füße auf die Bank heraufgezogen, die sie mit der linken Hand hielt, und die bis zum untern Teil der Waden unter dem Kleid hervorsahen.

Die Beine waren vom Knöchel etwa eine Spanne aufwärts tätowiert, und ihre Blicke hingen mit einem eignen Ausdruck an diesem alten, jetzt durch die neue Religion verbannten Schmuck. Was mussten ihre Gedanken sein, als sie diese blauen wunderlich durchschlungenen Linien, die ihrer Haut für das ganze Leben eingegraben waren, betrachtete! Das Tätowieren dieses Körperteils bei den Frauen galt früher als ein Zeichen ihrer Mannbarkeit, und war sie nicht in diesem Augenblick bei den früheren Spielen und Tänzen ihrer Jugend, bei der Feierlichkeit selbst vielleicht, mit der sie ihr Kindesalter hinter sich ließ? Sie zupfte an ihrem langen seidenen Kleid und griff sich wie unbewusst nach den Ohren, die keine Sternblumen mehr, sondern nur die breiten goldenen Ringe trugen, dann warf sie das Kleid wieder über ihre Füße, als ob sie die Tätowierung derselben nicht länger sehen wollte, ließ sie herunter, bog die Stirn über ihre auf der Lehne der Vorderbank gefalteten Hände nieder und schien tief und brünstig zu beten.

Die Zeremonie wurde jetzt unterbrochen; die Predigt war geendet, und der Prediger stimmte einen Gesang an. Er las erst den Vers einer tahitischen Hymne vor und fing dann selber an ihn zu singen. Die erste Linie sang er ganz allein, in der zweiten fielen hie und da ein paar schwache schüchterne Stimmen ein; mit jeder Strophe schienen die Sänger mehr Mut zu bekommen, und das im Anfang so leise Lied schwoll bald zu einem vollen, gar nicht unmelodischen Gesange an, in dem sich zweite Stimmen, Bass, Tenor und Sopran deutlich und angenehm schieden.

Diese Insulaner haben überhaupt Sinn und Ohr für Musik, und mehrmals während meines dortigen Aufenthalts sah ich abends vier oder fünf junge Bursche an irgendeiner Straßenecke, bald von einer Anzahl Eingeborner umgeben, niederkauern und einen mehrstimmigen, wirklich melodischen Gesang beginnen.

Nach einem kurzen Gebet, während dessen sämtliche Kirchengänger sich erhoben und dem Prediger den Rücken drehten, war der Gottesdienst geschlossen.

Ich wanderte jetzt langsam wieder meiner Wohnung zu. Der Himmel hatte sich indes umzogen, und es sah wie ein neuer Regenguss aus. Vor mir hin wackelte eine dicke behäbige Gestalt; es war der Küster der Gemeinde in einem langen braunen Überwurf, dem die halbe Tonsur, da er, wahrscheinlich der

Wärme wegen, seinen Hut in der Hand trug, fast ganz das Aussehen eines feisten Barfüßers gab. Ein herablassendes protegierendes Lächeln arbeitete sich durch die dicken fettigen Falten seines Gesichts, als er rechts und links die raschen an ihm vorbeischreitenden Gemeindemitglieder grüßte. O was hätte ein armer deutscher Dorfküster und Schulmeister um einen solchen Bauch gegeben – und doch auch nicht – wie wollten sie den je in ihr spärliches abgetragenes Sonntags- und Alltagsfräcklein hineinknöpfen können; er hätte müssen draußen bleiben, und was wäre da bei der magern deutschen Küsterkost aus ihm geworden? Einer exotischen Pflanze gleich – mit dem unter diesem Klima dieser Bauch auch verglichen werden durfte – wär' er in wenig langen Zwangs- und Hungerwochen eingeschrumpft und verwelkt – der Bauch passte hier viel besser her.

Was die frühere Religion der Bewohner dieser Inseln betrifft, so hatten diese fast eine so schöne und poetische Mythologie als die alten Griechen, und viele von jenen Persönlichkeiten finden wir auch in der Tat hier wieder, wenn auch natürlich unter einem anderen Namen.

Taaroa, ihr Jupiter oder Gott, der vom Beginne da war, tritt zu einer bestimmten Zeit aus dem Chaos, und die bekannte Welt beginnt.

Und was sagen die Missionäre selber über den Glauben dieser »wilden gottvergessenen« Heiden, deren Seelen rettungslos von dem Allerbarmer in ewige Verdammnis geschleudert wären, wenn nicht mit dem »Duff« und einigen anderen englischen Schiffen sie, die Missionäre, sich aufgemacht hätten sie zu retten? –

»Was auch die Mythologie der alten Polynesier gewesen sein mag, sie waren gewohnt, ihre Götter in den Wolken zu sehen und in dem Winde zu hören – ein Zauber war über jeden Platz, über See, über Land gezogen, und sie wussten sich, wo sie auch waren und die tätigen Kräfte der Natur bewunderten, von heimlich wirkenden Kräften umgeben. In der aufgehenden Sonne, im milden Licht des Mondes, in dem fallenden Stern, in der Flamme des Meteors, im Rauschen des Meeres und dem Brausen des Sturmes sahen sie die Gegenwart mächtiger Geister. Selbst ihre Vergnügungen waren nicht ganz von frommen Gebräuchen des Dankes oder der Verehrung ausgeschlossen; auch in den Spielen erkannte der Tahitier einen schützenden Geist – jedes Handwerk, jede Kunst hatte ihre beschützende Gottheit und der Arzt, der Krankheiten oder Wunden heilte, erbat sich die Hilfe Tamas und Oitilis, die in sich den Charakter Äskulaps vereinigten, oder Ariitapiripiri's, wie er noch genannt wurde.«

»Oro war der Gott des Krieges, Hiro der der Diebe und beiden wurden mit vielen Zeremonien Knaben geweiht, dass sie der Gott durch ihr Leben beschützen möge.« – Das alles lebt jetzt nur noch in der Erinnerung der Stämme, wenn sie nicht doch noch heimlich manchmal den alten Gebräuchen obliegen. – Äußerlich sind sie aber Christen und folgen den Gebräuchen, Zeremonien und Lehren der christlichen Religion.

Interessant und bedeutungsvoll sind dabei die Fragen, die von den Eingebornen im Beginne des Christentums und selbst jetzt noch an die Missionäre der neuen Religion wegen von den »unwissenden Heiden« getan wurden, und die Missionäre haben dieselben besonders aufgeführt, zu beweisen, wie kindlich unerfahren die armen Eingebornen selbst in den einfachsten Sachen des G l a u b e n s gewesen wären.

In Mr. Ellis »Polynesian Researches« sind darüber ganz interessante Daten gegeben. Unter anderen die folgenden:

»Häufig kamen sie auf die Geschichte von Adam und Eva zurück und wollten wissen, ob diese, nach ihrem Fall und der Verstoßung aus dem Paradies, durch wahre Reue endlich Vergebung ihrer Sünde erlangt hätten und jetzt im Himmel wären. Als ihnen nun gesagt wurde, es sei wahrscheinlich, dass ihnen verziehen sei und sie jetzt ebenfalls die himmlischen Freuden genössen, frug einer von ihnen wieder, wie dann noch Adams N a c h k o m m e n s c h a f t durch seine

Schuld leiden könnte, wenn diese selbst denen vergeben wäre, die sie vollbracht hatten.«

»Mit der Neugierde von Kindern erkundigten sie sich, ob der Teufel Eva versucht hätte und dadurch die Sünde in die Welt gebracht haben würde, wenn die Frucht der Erkenntnis – eben nicht verboten gewesen wäre.

Bei einer anderen Gelegenheit wollte einer von ihnen wissen, weshalb die Engel im Himmel gesündigt hätten, und aus welchem Grunde Satan ein böser Geist geworden wäre. Es wurde ihm gesagt, dass Stolz die Ursache seines Falles gewesen, dass aber die Offenbarung über den ersten Grund, der in dem Herzen des Dämons Ungehorsam gesäet, schweige.«

»Häufig frugen die Indianer, wie eben nur Kinder fragen, warum denn Gott, wenn er ein so allmächtiges Wesen und der Teufel von ihm abhängig, nichtsdestoweniger aber die Ursache alles Bösen auf der Erde sei, den Teufel nicht gleich mit einem Mal vernichte und damit allen üblen Folgen desselben gleich von Grund auf entgegenkomme.«

»Die Missionäre kamen auch dann und wann auf die Qualen der Dahingeschiedenen in einem nächsten Leben zu sprechen, und die armen Eingebornen frugen mit großem Eifer, ob keine ihrer Vorfahren oder der früheren Einwohner ihrer Insel in den Himmel der Seligen gekommen wäre, d i e s e   F r a g e   k o n n t e n   a b e r   d i e   M i s s i o n ä r e   w o h l   f r e i - l i c h   n i c h t   g e n ü g e n d   b e a n t w o r t e n.«

Nicht genügend beantworten – heiliger Gott im Himmel! Und Jammer und Elend streuten diese Menschen, die sich Diener des Herrn nannten und Gottes Kinder in den freien herrlichen Inseln glücklich machen, ihre Seelen retten wollten, in die Herzen der armen Unglücklichen aus – »nicht genügend beantworten« – und die Herzen brachen den Armen während ihnen solche Erzählungen das Blut in den Adern gefrieren machten. Ich sehe sie vor mir, die armen vertrauungsvollen Kinder jenes Paradieses, wie sie sich um den finstern starren Mann scharen, der ihnen die Sagen

eines fremden Landes vor dem entsetzten Blick heraufbe-
schwört und mit fanatischem Eifer geschwundene Genera-
tionen in den Pfuhl der Hölle schleudert. – Und sind sie
alle verdammt? – fragt die zitternde Lippe – alle? – der
Vater, der mich zuerst lehrte, mit dem Ruder das schlanke
Canoe durch die Brandung zu treiben? – die Mutter, die
mich an ihrem Herzen getragen – genährt? – Und der fins-
tere Mann zuckt die Achseln – sein Schweigen lässt sie mehr
fürchten als das beredeste Wort vielleicht getan hätte – und
traurig schleichen sie in die Haine ihrer Heimat zurück.
Wo ist das fröhliche Rauschen des Blatts aus dem sonst sein
schützender Geist zu ihm sprach und ihm die Märchen des
Waldes erzählte – in dem Rascheln des Laubes hört er jetzt
nur die flüsternde Stimme des zürnenden Gottes; und
das Brausen des Windes über die Berge – heiliger Vater, was
er bis dahin für die grüßenden Laute der Eltern gehalten,
es sind die Wehklagen der Verdammten – die Notrufe der
zu ewigen Strafen rettungslos geschleuderten unglücklichen
Indianer. – Arme – arme Menschen! –

Den Berichten der Missionäre nach scheinen sie übrigens so
ziemlich alles zu glauben, nur die Auferstehung der L e i b e r
am jüngsten Tag will ihnen noch nicht so recht einleuchten,
und sie machen sich darüber allerlei Gedanken und Berech-
nungen. Viele von ihren Verwandten oder Landsleuten sind
von Haifischen verschlungen – die später wieder von Menschen gefangen und gegessen wurden, während diese wieder
anderen gefräßigen Raubfischen zum Opfer fielen. Auch
Kannibalen gab es früher und gibt es noch heute auf manchen der Inseln, und wie soll da nachher jeder seine Knochen
wieder herausfinden. Ihr Geist hat sich noch nicht zu dieser
Höhe des Begriffes aufgeschwungen – für später ist ihnen
aber alles zuzutrauen.

Tahiti hat auch seine Sündflut, und eine ungeheure Flut
muss in der Tat über den größten Teil der Erde geherrscht
haben, denn bei fast allen wilden Stämmen finden sich ähn-

liche Traditionen; die tahitische hat Mr. Orsmond selber aus der Ursprache übersetzt.

»O Tahiti«, sagt er, »wurde durch die See zerstört (überschwemmt), kein Mensch, kein Hund, kein Vogel blieb übrig, Bäume und Steine wurden durch den Wind hinweg geführt – sie wurden vernichtet, und die Tiefe lag über dem Land; nur diese beiden Personen (als es ankam), der Mann und die Frau. – E r nahm das junge Ferkel und s i e nahm die jungen Hühner; e r nahm den jungen Hund und s i e die junge Katze. Sie gingen aus und schauten nach Orosena (die höchste Kuppe auf der Insel), der Mann sagte: Hinauf wir beide nach jenem Berge hoch. – Die Frau erwiderte: Nein, lass uns d o r t hinaufgehn. Der Mann sagte: Es ist ein hoher Felsen und wird nicht von der See erreicht werden, aber die Frau erwiderte: Erreicht wird er werden von der See, lass uns Opitohito (rund wie eine Brust) hinaufsteigen – es wird nicht von der See erreicht werden.

Sie beide kamen dort an, Orosena wurde von den Wogen bewältigt, Opitohito allein blieb trocken und ihr Schutzort.

Dort harrten sie zehn Nächte; die See ebbte und sie sahen die zwei kleinen Kuppen des Gebirges in ihrer Erhöhung. Als aber die Wasser weggefallen waren, blieb das Land ohne Früchte, ohne Menschen und die Fische verdarben in den Löchern der Felsen. Die Erde war geblieben, aber das Buschwerk zerstört worden.

Sie stiegen nieder und blickten erstaunt um sich her – keine Häuser sahen sie, keine Kokospalmen, keine Brotfruchtbäume, kein Gras; alles war durch die See zerstört worden.

Die beiden wohnten zusammen, und die Frau gebar zwei Kinder, einen Sohn und eine Tochter. In jenen Tagen war das Land mit Früchten bedeckt, und von zwei Menschen wurde die Erde wieder bevölkert.«

Auch die Geschichte der Erschaffung des ersten Paares wollen die Missionäre hier gefunden haben, jedenfalls war die ihnen aber schon vorher von den Spaniern oder noch wahrscheinlicher von einem englischen Schiff gebracht worden, denn die darin figurierende Eva wird Ivi genannt, und die Engländer sind, so viel ich weiß, die einzige Nation, die das E wie I aussprechen: Ivi, was auch zugleich ein Knochen heißt im Tahitischen, war aus des Mannes Seite genommen und ihm zum Weib gegeben – und soweit stimmt alles.

Einen naiven Gebrauch hatten sie übrigens, der Seele des Gestorbenen Zutritt zu den ewigen Freuden und sich selber Ruhe zu verschaffen. Der Leichnam wurde so gut angezogen, als es die Umstände der Verwandten erlaubten, das Haupt mit Blumen bekränzt, dann ein Ferkel gebacken und mit den verhältnismäßigen Vegetabilien auf den Körper gelegt.

»Geh mein Freund!« sprach dann der Haupttrauernde – »solange du lebtest, bin ich dir ein Freund gewesen, solange du krank warst, tat ich mein Bestes, dich wieder gesund zu machen, da du aber jetzt gestorben bist, ist hier dein letztes Geschenk. So gehe denn und gewinne dir damit den Eingang in Tikis-Palast – aber sei so gut und komme uns nun hier nicht wieder auf die Welt herunter, uns zu stören und zu ängstigen.«

Noch eine Masse solcher kindlich reinen Gebräuche gab es unter den Stämmen, aber der Raum ist zu beschränkt, hier weitläufiger darauf einzugehen, und ich muss mir die Skizzierung derselben auf eine spätere Zeit aufbewahren.

Am nächsten Morgen besuchte ich Herrn Orsmond; ich suchte, so viel als möglich, die in den verschiedenen Indianersprachen erschienenen Bücher wie Dictionnäre und Grammatiken zu sammeln, und Herr Orsmond war da gerade der Mann, der mir die beste Auskunft darüber geben konnte. Er empfing mich auf das freundlichste und versprach mir alles, was in seinen Kräften stände, zu tun, mir das, was ich wünschte, zu verschaffen, meinte aber gleich, dass es schwierig sein würde, da ein Lexikon der tahitischen Sprache, obgleich längst als Bedürfnis anerkannt, doch jetzt erst im Druck begonnen und noch nicht ganz vollendet sei.

Am nächsten Tag hatte er mir nicht allein die bis jetzt erschienenen Aushängebogen des Lexikons, sondern auch eine alte Grammatik verschafft und gab mir noch außerdem mehrere Traktätchen und religiöse Hefte in der tahitischen Sprache. Ein neues Testament in derselben hatte ich schon. Ebenfalls erhielt ich von ihm mehrere sehr interessante Berichte über das frühere Leben der Eingebornen, sogar mit den Modellen einiger ihrer Werkzeuge.

Herr Orsmond, früher Missionär, ist jetzt von der französischen Regierung als »Direktor der indianischen Angelegenheiten« angestellt und hat deshalb auch seinen Wohnsitz, der früher an der entgegengesetzten Seite der Insel war, verlassen. Wie ich übrigens von andern gehört, so scheinen ihn die übrigen protestantischen Missionäre, Herr Howe und Konsorten, deshalb anzufeinden; jedenfalls ist diesen die französische Regierung, mit der auch die katholische Religion auf die Insel gekommen, ein Dorn im Auge. Es ist nichts mehr und nichts weniger als eine Konkurrenz, eine Sache, die ihrem Geschäft Abbruch tut, und sie eifern deshalb in Wort und Schrift aus Leibeskräften dagegen an. So wird denn jetzt hier dasselbe Spiel getrieben, das auch auf den Sandwichsinseln den Indianern den Kopf verwirrt. – Kaum haben sie ihren alten Glauben abgeschworen und sind zum Christentum übergetreten, so kommt eine andere Sekte und sagt »das ist alles nicht wahr, was die euch erzählen – Ihr müsst so und so handeln«, und den Eingebornen darf man's dann wahrlich nicht verdenken, wenn sie sich einmal eine Weile »als gar Nichts« betrachten, die Entwickelung solcher Streitigkeiten unter den Weißen selber abzuwarten.

Was die Sprache dieser Inseln sowohl wie der ganzen polynesischen Gruppe betrifft, um doch auch darüber einige Worte zu sagen, so war ich selber freilich nicht lange genug dort, eigene Studien machen zu können, und wenn ich auch meine Seereisen fleißig genug benutzte, so viel davon zu lernen als möglich, würde ich doch nicht aus eigener Erfahrung im Stande sein, dem Leser einen auch nur ungefähren Begriff davon beizubringen. Interessiert er sich aber dafür, so mag ihm dieser kurze Überblick aus einer alten tahitischen Grammatik, der eine gedrängte Übersicht über sämtliche polynesische Sprachen gibt, genügen.

»Die Bewohner der meisten so zahlreichen Inseln der Südsee – durch neuere Geographen P o l y n e s i e n genannt, haben eine gemeinschaftliche Sprache, die deshalb ebenfalls den Namen der polynesischen verdient. Es erstreckt sich diese auch über einen großen Teil Australiens, hat jedoch weiter keine Annäherung an die Sprachen oder Dialekte des größten Teils der Australier.

Die polynesische Sprache, ob man sie nun als eine Mutter- oder nur Schwestersprache der malaiischen betrachtet, die dann von einer gemeinschaftlichen Wurzel abstammen, ist jedenfalls sehr alt, da das Volk, das sie spricht, seit Jahrhundert von jedem Verkehr mit der übrigen Welt abgeschnitten war und bis ganz kürzlich auch wirklich geglaubt hat, dass es das einzige auf der Welt existierende wäre.

Während sie dabei als die Sprache eines rohen unzivilisierten Volkes natürlich, wenn mit den übrigen Sprachen der zivilisierten Welt verglichen, manches Mangelhafte haben mag, so lässt sich zugleich nicht leugnen, dass sie in andern Fällen wie z.B. bei den persönlichen Fürwörtern eine Kraft, Einfachheit und Genauigkeit entwickelt, die vielleicht allen Übrigen überlegen ist.

Eine Ähnlichkeit der hebräischen ließe sich beiläufig gesagt in der Konjugation der Verben und in manchen ihrer primitiven Wörter nachweisen; manche von diesen haben wirklich hebräische Wurzeln wie z.B. *mate* Tod, *mara* oder *maramara* bitter, *rapaau* heilen, *pae* Seite etc.

Da sich die polynesische Sprache übrigens über einen so großen Teil der Südsee erstreckt, und von Völkern gesprochen wird, die oft nur auf kleine, einzeln in wenig oder gar keiner Verbindung miteinander stehenden Inseln wohnen, so lässt es sich leicht erklären, dass sie eine große Verschiedenheit von Dialekten haben muss; sie alle lassen sich aber leicht auf eine Muttersprache zurückführen.

Die hauptsächlichsten Dialekte sind: der hawaiische oder der der Sandwich-Inseln, der der Marquesas, der von Neuseeland, der tongatabuische oder der der ›freundlichen Inseln‹ und der tahitische. Die übrigen, soweit sie bekannt sind, schließen sich mehr dem einen oder andern von diesen an.

Es gibt in der polynesischen Sprache eine große Anzahl primitiver Wörter, die sich durch alle Dialekte zu verzweigen scheinen, indem sie fast dieselbe Aussprache und Bedeutung haben. Wie z.B. *mate* Tod, *vai* Wasser, *ua* Regen, *fenua* Land, *tai* die See, *uta* das Ufer, *medua* die Eltern, *atua* Gott etc.

Andere Wörter wie die Zahlwörter, die besitzenden oder persönlichen Fürwörter sind sich ebenfalls beinah überall gleich, und dasselbe könnte auch von dem Gebrauch der Adjektiven und Verben gesagt werden.

Manche Worte scheinen dabei eine große Verschiedenheit zu haben, wenn dies in Wirklichkeit gleich keineswegs der Fall ist, denn in manchen Dialekten wird die erste Silbe eines Wortes nur fallen gelassen oder verwechselt wie z.B. *t* für *k*, *h* für *l*, *n* für *ng*, *l* für *r* oder umgekehrt. Das Wort Mann oder Mensch ist z.B. in der hawaiischen Sprache *kanaka*, ebenso in Parata, einer der Pomatu-Dialekte, im Marquesas-Dialekt heißt es dagegen *anata*, im tongatabuischen *tangata*, ebenso im neuseeländischen; im Fedjee-Dialekt ist es *tamata* und in Tahiti *taata*. *Ika* ist das gewöhnliche Wort für Fisch in den verschiedenen Dialekten, *ia* im tahitischen, ebenso *buaka* Schwein, was im tahitischen *buaa* heißt. *Ra* heißt die Sonne, auf den Marquesasinseln aber *A*, auf den freundlichen Inseln *La*. *Ariki* und *aiki* sind die gebräuchlichsten Worte für König oder Häuptling, im tahitischen heißt er *arii*.

Von den oben erwähnten Dialekten haben der hawaiische, der Marquesas- und der neuseeländische die meiste Ähnlichkeit miteinander; dann kommt der tahitische und dieser unterscheidet sich meistens in der Abkürzung der Worte von ihnen, indem er eine große Anzahl von Konsonanten fallen lässt und die Gaumenlaute *n*, *g* und *k* total vermeidet.

Der tongatabuische Dialekt unterscheidet sich von den Übrigen dagegen in mehrfacher Hinsicht; er setzt das *l* für das *r* und gebraucht das *j* als Konsonant, was bei den Übrigen nie der Fall ist. Hat auch ferner starke Hauchlaute, die den griechischen χ gleichen, und eine große Anzahl von in den übrigen polynesischen Dialekten nicht vorkommenden Wörtern; doch lassen sich diese vielleicht aus denen der Fedjees, Neu-Kaledoniens und der Ladronen-Inseln ableiten. Im Dialekt der freundlichen Inseln kommt übrigens nichts vor, was uns vermuten ließe, dass der Neuseeländer von i h n e n abstamme.

Die Fidje- oder Fedjee-Insulaner sind übrigens jedenfalls eine von den freundlichen Insulanern ja von allen andern Polynesiern ganz verschiedene Raçe, obgleich ihre Sprache großen Teils polynesisch ist; dennoch hat sie eine Mischung von Worten, die einen verschiedenen Ursprung anzeigt. Die Wörter *Ralao* Gott, *leva* Frau, *singa* Sonne, *to la to la* Schulter, *sala* Bein etc. scheint keine Verwandtschaft mit den polynesischen Dialekten zu haben, eher mit den malaiischen, wie auch ihr Wort *bulam* oder *bulan* malaiisch ist.«

Von drei der polynesischen Dialekte sind Grammatiken zusammengestellt; zuerst von dem der Marquesas-Inseln durch den Missionär S. Greatheed, dann Mortings Grammatik der Tonga-Insulaner, wie er die Bewohner der freundlichen Inseln nennt, und die dritte eine Grammatik der neuseeländischen Sprache von Prof. Lee in Cambridge. Vor 16 Jahren etwa (dies 1823 geschrieben) wurde ein Versuch gemacht, ein tahitisches Wörterbuch zusammenzustellen, dem man die rohen Umrisse einer Grammatik beifügte. Eine Kopie derselben kam nach London, wo man aber zu der Zeit wenig Notiz davon nahm.

In der hawaiischen Sprache ist noch keine ordentliche Grammatik ausgearbeitet; nur in einem Heft des früher herausgegebenen »Hawaiian Spectators« Vol. 1, Nr. 44. Oktober 1838 erschien eine kurze Skizze von Lorrin Andrews, einem Missionär unter dem Titel »Eigentümlichkeiten der hawaiischen Sprache«.

Der Missionär Bingham gibt ebenfalls in seinem allerdings die Missionsverhältnisse sehr umfassenden sonst aber viel zu bigott und egoistisch geschriebenen Werk über die hawaiischen Inseln eine kurze Skizze über die Sprache, bei der sich übrigens wie bei einem großen Teil des ganzen Werks das meiste darum dreht, mit welchen Schwierigkeiten die Missionäre bei der »Einrichtung« der hawaiischen Sprache zu kämpfen hatten und mit welcher Ausdauer sie dieselben beseitigten. W ö r t - l i c h sagte er unter anderem darüber, da für rein hawaiische Wörter nur allerdings z w ö l f Buchstaben nötig sind: »Wir konnten doch nicht mit gutem Gewissen alle Konsonanten in den Namen von Obed, Boaz, Ruth, David, Ezra, Russia und Gaza und fast alle aus solchen wie Sabbat, Christ, Moses, Joseph, Boston und Genezareth weglassen, weil dieselben nicht in den von den Insulanern gekannten Wörtern vorkommen.«

Neun vollkommen fremde Buchstaben mussten also hinzugefügt werden, ehe z.B. die Bibel übersetzt werden konnte, und man kann sich denken, wie den Insulanern zu Mute gewesen sein muss, als ihnen in einer fast neuen Sprache, denn mit den fremden Buchstaben kannten sie ja die eigene gar nicht wieder, eine vollkommen neue und fremde Welt geöffnet wurde.

Doch auf die Einzelnheiten der Sprachen einzugehen, dazu ist hier kein Raum – von der Hawaiischen will ich nur erwähnen, dass sie mit dem Zählen besonders viel Ähnlichkeit mit dem Malaiischen hat, auch die eilf als zehn und eins bildet, nur in dem allgemeinen System ihres Zählens die Grundzahl nie festhält. Die regelmäßige Steigerung findet dabei von vier bis 400.000 statt, immer mit zehn steigend.

Was die Annäherung und Ähnlichkeit polynesischer Sprachen mit denen der benachbarten oder angrenzenden Kontinente betrifft, ob diese Inseln von Osten oder Westen sind bevölkert worden, wenn wir denn einmal n u r unseren eigenen Traditionen glauben und die Ivi der Polynesier gar nicht wollen gelten lassen, ob das tangata, der erste Mann dieser Inseln, eine Abstammung habe mit dem tangatanga der Hauptgottheit der Südamerikaner oder eine Verbindung existiere zwischen dem tua der Südsee und dem teo Mexikos, dem deviyo der Singalesen, dem Deva des Sanskrit und dann mit eben dem Recht dem englischen *devil*; oder dem *marai,* Tempel, Polynesiens und *maraian* Balis, mögen andere untersuchen. Nur so viel noch von der tahitischen Sprache was den Namen der Hauptinsel betrifft, der aus einem Missverständnis derselben gewöhnlich falsch *Otahaiti* gesprochen wird.

»Das O der Tahitier scheint die Eigenschaft eines Artikels zu haben, denn es wird dem Pronomen, wenn ein Nominativ, beigegeben, als: o vau – o oia etc. Ebenso wird es vor Eigen- und Ortsnamen gestellt, als: o Pomare, o Tu etc.; – o Moorea, o Uabeine, o Raiatea, o Tahiti oder Taheiti. Fremde haben deshalb irrtümlich den Namen der Hauptinsel selber Otaheiti geglaubt, obgleich man mit eben dem Recht Oengland, Ofrankreich schreiben könnte.«

Herr Orsmond hat, wie ich von ihm hörte, in den langen Jahren seines dortigen Aufenthalts eine Mythologie und Geschichte der Inseln zusammengestellt und freundlicher Weise der französischen Regierung zur Veröffentlichung überlassen; das Manuskript war derzeit schon in Frankreich, und wir dürfen da wenigstens hoffen, ein treues Bild der früheren Verhältnisse dieser schönen Inseln, die jetzt leider mit jedem Jahre unkenntlicher werden, zu bekommen.

Am 5. abends saß ich im American Hotel und spielte mit ein paar amerikanischen Kapitänen eine Partie Whist. Draußen vor der Tür, gerade dem belebtesten Teil der Stadt, spazierte die farbige schöne Welt auf und ab, und es war etwa dicht vor der Zeit des Appells, als plötzlich eine kreischende Weiberstimme zu uns hereintönte, worauf wir natürlich augenblicklich aufsprangen, zu sehen, was da draußen vorging. Draußen ging aber auch in der Tat etwas vor, denn wir fanden uns gerade vor einer Gruppe, in deren Mittelpunkt eine junge

Dame eben auf das eifrigste beschäftigt war, ihre sämtlichen, nicht überreichen Kleidungsstücke abzuwerfen. Als das nach wenigen Augenblicken glücklich bewerkstelligt war, flüchtete sie sich in einen Schwarm junger Mädchen hinein, die sie augenblicklich in ihre Mitte nahmen und mit rasch abgeworfenen pareu's oder Lendentüchern umhüllten. Die Kleider aber blieben in der Mitte der Straße liegen.

»What, in the name of common sense, *is* the matter?« schrie der eine Kapitän, als niemand die Kleider anfassen wollte.

Die Antwort lautete befriedigend: »Ein Centiped oder Tausendfuß!« Das Mädchen hatte dies giftige Insekt an sich gefühlt und mit wahrer Todesverachtung sämtliche Kleidungsstücke abgeworfen, dadurch das gefürchtete Tier ebenfalls loszuwerden.

Ich hatte ein ganzes Glas voll kalifornischer Ungetüme; unter diesen fehlte mir aber entschieden ein tahitischer Tausendfuß und sämtliche Kleidungsstücke wurden deshalb, ohne die mindeste Störung von Seiten der Eingeborenen, als gute Prise erklärt und in das American Hotel hineingetragen.

Solche Untersuchung einer kompletten Damengarderobe war allerdings vielleicht etwas undelikat; der Zweck heiligte aber hier die Mittel, und was ist einem Naturforscher nicht alles gestattet! Nach kurzer Jagd umstellten wir auch richtig den Feind, trieben ihn in eine Falte und hatten ihn gleich darauf fest und sicher in einem Bierglas halb mit Brandy gefüllt, von wo aus ich ihn später in meine Flasche verpflanzte.

Die Kleider brachten wir dann wieder ihrer Eigentümerin zurück, bei der es aber erst mehrerer Versicherungen bedurfte, dass der Centiped nicht mehr darin, sondern in vollkommener Sicherheit sei.

Der Centiped ist das einzige giftige Tier, das auf diesen Inseln lebt und auch dieser hat ein keineswegs gefährliches Gift in sich, sondern nur einen scharfen Saft, der den gebissenen Teil aufschwellen macht, aber nie den Tod herbeiführt. Diese Tiere sind auch dabei noch ziemlich harmlos und beißen nur wenn gereizt. In Maiao fiel mir z.B. einer der größten, die ich gesehen habe auf den nackten Hals und lief mir darüber hin; ich fühlte dort etwas, wusste aber damals noch gar nicht, was es war und schlug es mit der Hand herunter; er fiel mir dann auf den Arm, glitt über meine bloße Hand ohne später die mindesten bösen Folgen zu hinterlassen und ließ sich auf die Erde hinunterfallen, wo er gleich darauf unter den Binsen und Matten verschwand, ehe ich seiner habhaft werden konnte. Die ausgewachsenen Centipeden sind von einer grünlichen Farbe.

Schlangen gibt es gar nicht auf diesen Inseln, nur eine kleine ganz harmlose Eidechsenart. Herr Orsmond erzählte mir übrigens, dass man früher in einem etwa 7 Meilen von dort entfernten Tal eine Art Eidechsen mit vier Schwänzen gehabt, die sich der frühere König Pomare habe manchmal fangen lassen, seit langer Zeit seien aber keine mehr zum Vorschein gekommen.

Schmetterlinge habe ich nur sehr wenige, Käfer gar keine schönen gesehen, doch möchte wohl auch in dieser Art, bei einem längern Aufenthalt hier, manches zu sammeln sein.

Der nächste Tag war ein Donnerstag, und es wunderte mich erst, nachmittags die Kanaka-Frauen sämtlich in großer Galla zu sehen; ich erfuhr aber bald, dass alle Donnerstag und Sonntag bei dem Gouverneur Militärmusik ist und in Folge hiervon diese beiden Tage zu ordentlichen Festtagen geworden sind, an denen die Eingeborenen ihre buntesten Kleider, ihren schönsten Putz zur Schau tragen. Dieser besteht meistens in Blumen und Guirlanden, und die Männer schmücken sich auch manchmal mit Franzen der gelbgewordenen langen Bananenblätter oder mit den gelben Nüssen der Pandanusart.

Die Blumen sind freilich jetzt erst wieder eine neue »Errungenschaft«, die sie der französischen Hilfe verdanken, denn früher hatten sie ihnen die Missionäre als ein Gräuel den Herren untersagt. Schon Commodore Wilkes berührt diesen Punkt und erwähnt, dass sogar das Vermeiden von angepflanzten Blumen um die Wohnungen der Missionäre her auffallend sei. So rissen die frommen Männer den schönen Mädchen dieser Inseln die Blumen aus den Locken und stülpten ihnen ihre schauerlichen Kohlenschaufelhüte auf – Gottes Ebenbilder dadurch verunstaltend; und das sollte ihrem Schöpfer wohlgefällig sein.

Sich selbst überlassen wissen die wilden Mädchen viel besser, was sie am freundlichsten kleidet und ob sie nun die wehenden flatternden Diademe und Kränze oder weiche grüngelb zackende Schlingpflanzen, ja selbst die Auswüchse des Ananas, auf Bast gereiht in die Haare geflochten haben, es sind andere Wesen als unter den entsetzlichen Hüten ihrer frommen Lehrer.

Ungemein reinlich tragen sich Männer wie Frauen; ihre bunten Kattunkleider und seidenen Tücher – denn auf die letztern halten sie sehr viel – sind immer frisch aus der Wäsche, die Haare glatt gekämmt und geölt und ihre Körper rein und sauber. Sie sind wie eine Art Amphibie, und man kann tagtäglich junge Leute beider Geschlechter am Strand drei bis vier Stunden lang in einem Strich bis an den Gürtel im Wasser stehen und nach kleinen Fischen angeln sehen.

Tahiti war früher berühmt wegen seiner Tätowierer – die Leser der »Abenteuer in der Südsee« von Melville erinnern sich vielleicht jener reizenden Schilderung der Art, wie das Tätowieren sonst auf den Südseeinseln betrieben wurde. Jetzt haben es aber die Missionäre »aus der Mode gebracht« und man sieht nur noch ältere Leute tätowiert; Mädchen und Knaben gar nicht mehr. Natürlich lag mir besonders daran, diesen alten, nach und nach mit der Zivilisation bei den Eingeborenen aussterbenden Gebrauch kennenzulernen, und mir wurde zu diesem Zweck ein alter Tätowierer, Taitaou, der beste auf der Insel, empfohlen.

Mit einem der französischen Soldaten, einem Straßburger, den ich dort kennengelernt und der, seit langen Jahren auf der Insel, der tahitischen Sprache vollkommen mächtig war, machte ich mich eines morgens auf den Weg, die Broomroad entlang und fünf englische Meilen etwa um die Insel herum, ihn aufzusuchen.

Der Weg selber war reizend, dicht am Ufer der See führte er hin, nur hie und da, wo ein kleiner frischer Wasserbach aus den Bergen kam, lief das flache Land weiter hinaus auf die Korallen und freundliche Gärten und dichte Anpflanzungen aller möglichen Früchte, mit den lauschigen Hütten tief versteckt unter den breiten rauschenden Blättern, schattige Kokospalmenhaine lagen hier überall zerstreut. Zwischen den niedern Büschen oder den hohen schlanken Stämmen hindurch gewann der Blick die Fernsicht auf das weite offene Meer, und zwischen das Rauschen der Wipfel tönte das dumpfe Donnern der ewigen stürmenden Brandung.

Die Anlage dieser Straße ist übrigens mit vielen Schwierigkeiten verknüpft gewesen, und die Indianer mussten dazu gezwungen werden. Alle Strafen wurden zu gleicher Zeit dahin gerichtet, so und so viele Faden (sechs Fuß) Straße zu arbeiten, und die Franzosen gewannen dadurch einen Kommunikationsweg um die ganze Insel herum und durchbrachen teils, teils überbrückten sie Stellen, wo sonst zu manchen Jahreszeiten besonders eine Passage ganz unmöglich war und die Indianer, wenn sie von einem Punkt der Küste zum andern wollten, in ihren Canoes den Weg zurücklegen mussten. Militärische Operationen besonders wurden dadurch natürlich unmöglich, während jetzt das schwerste Geschütz mit Leichtigkeit zu jedem Punkt des Ufers gebracht werden kann.

Die Aussicht auf das Binnenwasser der Riffe ist ebenfalls reizend, die wunderliche Färbung des Wassers, denen die seichten und hellen Korallenbänke ein ganz eigentümliches Licht verleihen – die schlanken dunkeln Canoes, die langsam und geräuschlos über die spiegelglatte Fläche gleiten – die einzelnen Seevögel, die anscheinend nur ihrem Vergnügen nachgehend durch die von keiner Wolke getrübte Luft kreisen, plötzlich aber einen Moment mit flatternden Schwingen förmlich stillstehn und dann mit Blitzesschnelle auf die erspähte zu sorglose Beute hinabschießen; – weit draußen in See ein einzelnes Segel, das dem wohl lang ersehnten Port mit günstiger Brise entgegenstrebt und darüber der blaue klare Himmel – und um uns her der weite herrliche Rahmen wehender Palmen, das alles bot ein wundervolles schwer zu beschreibendes Bild, und mein Führer, dem die Landschaft hier schon etwas ganz alltägliches geworden, wurde zuletzt ordentlich ungeduldig, dass ich gar nicht aus der Stelle wollte und halbe Stunden lang stehen konnte, »bloß durch die Büsche zu sehn«, wie er meinte.

Unterwegs überholten wir ein junges Mädchen, das in der gewöhnlichen Tracht, mit einem weiten Kattunoberhemd und barfuß, auf den schwarzen flatternden Locken aber einen breitrandigen Panama-Strohhut, die Straße entlangging, ihrer eigenen Hütte zu. Mein Begleiter kannte sie und an ihr vorbeigehend, rief er ihr ein freundliches »Joranna« hinüber und reichte ihr die Hand.

»Joranna, A-u-ma-ma, woher des Wegs und wohin?«

»Wohin? – zu den Kindern – bring' ihnen Milch, weil sie's wollen. –« »Und wie geht's Lefevre? – Ist er noch in Papeete? –«

»Bah!« rief das Mädchen und warf den Kopf herum, dass ihr die Locken um die Schläfe flogen, »bah – so viel für ihn«, und sie schlug mit ihrer flachen Hand, ein Zeichen gründlicher Verachtung, auf ihre Lende – dann sich abwendend, wollte sie rasch vorauseilen, der junge Bursch aber, der vielleicht glaubte, er könne sich einen Spaß mit ihr erlauben, ergriff sie am Kleid, und blitzesschnell drehte sie sich nach ihm um. Sie sprach kein Wort, aber der Blick, den sie ihm zuwarf, glühte in einem unheimlichen Feuer und ein paar große helle Tränen standen in ihren Augen. Der Straßburger ließ sie erschreckt los, aber durch die Tränen hindurch lachte das Mädchen auch schon wieder hell auf und ihm ein paar Blumen ins Gesicht werfend, die sie in der Hand hielt, sprang sie in flüchtigen Sätzen die Straße etwa hundert Schritt weiter hinab und verschwand dann rechts vom Weg in einer niederen Bambushütte.

»A-u-ma-ma hat ihren Namen mit Recht«, lachte der Soldat, »sie ist flüchtig wie eine kleine Eidechse, aber – ein wildes Mädchen bleibt's doch – einem Kameraden von mir hat sie neulich ein Messer gerade in die Schulter gerannt. Freilich, sie haben sie auch geärgert«, setzte er dann in seiner gemütlichen Weise hinzu, »Lefevre h e i r a t e t e sie erst, wie man hier überhaupt heiratet, und sie hat zwei Kinder mit ihm – seit ein paar Monaten hat er aber die jüngere Schwester genommen, und da wollte dies wilde Ding da nicht mit im Haus bleiben und ist mit ihren Kindern in die alte verfallene Hütte da gezogen. Manchmal kommt's mir ordentlich so vor, als ob sie nicht so recht bei Verstand wäre – sie spricht aber so weit ganz vernünftig.«

Wir hatten jetzt die Hütte erreicht, wo der alte Tätowierer wohnte, und wurden von diesem freundlich empfangen, obgleich die Nähe einer Stadt, wo Produkte für G e l d abzusetzen sind, allerdings einen sehr merklichen Einfluss auf die Gastfreundschaft dieser Leute ausübt. Da ich nach einer Weile Durst bekam, bat ich um eine Kokosnuss, und ein Knabe erbot sich augenblicklich – mir »einen Stock voll«, wie sie zum Gebrauch nach Papeete geführt werden, von dem Nachbar zu holen – wenn ich ihm das Geld dazu gäbe. – So ist es aber auf der ganzen Welt – die Zivilisation muss die Gastfreundschaft verdrängen, und wo die Leute erst einmal rechnen lernen, da zählen sie dann auch schon die Früchte auf ihren Bäumen, und selbst die Kokosnüsse fangen an Geld zu kosten.

Um nun übrigens ein Andenken von Tahiti mitzunehmen, beschloss ich, mich tätowieren zu lassen, und Taitaou war auch augenblicklich bereit, die Operation mit mir vorzunehmen. Die ganze Behandlungsart war übrigens schon an und für sich interessant genug, und der Ernst, mit dem der Künstler an sein Geschäft ging, entsprach ganz der Wichtigkeit des Unternehmens; jemandem nämlich ein Kleid anzulegen, das er nicht etwa auf Monate oder Jahre, sondern sein ganzes Leben lang tragen und einst mit in sein Grab nehmen soll.

Er selber trug die Spuren der alten Heidenzeit in reichem Maße auf sich und ganz besonders die mondartigen Zeichnungen über sein Rückteil schien auch aus dieser Sache – wie mir übrigens schon vorher war gesagt worden – eine Art von Geschäft zu machen, denn er hielt sich ein besonderes Musterbuch, und als ich ihm meinen Wunsch kund gegeben und ihm zugleich ein paar Zeilen zu dem Zweck von Mr. Orsmond gebracht hatte, holte er dieses aus einer alten »Seekiste« heraus, legte es mir vor und schien, die wilden Zeichnungen darin mit Wohlgefallen betrachtend, meine Wahl zu erwarten.

Das Buch war ein wunderliches Album roher Zeichnungen von Schiffen vor allen Dingen, vollen Schiffen und Barquen, Briggs und Schonern – dann kamen Flaggen verschiedener Nationen, besonders französische, englische und amerikanische – die Schwarz-rot-goldene war ihm wahrscheinlich noch nicht gemeldet worden. Eine vortreffliche Auswahl von Meerweibchen hatte er ebenfalls und einige von ihnen mit einem Kamm in der Hand wie ein Gartenrechen. Dann kamen Anker und Walfische und nachher eine wundervolle Sammlung von europäischen Damen, alle mit einer entsetzlichen Frisur und einem blau und roten Kleidmuster, sehr bauschigen Ärmeln und ungemein kurzer Taille. – Es war dies die Sammlung von Mustern, unter denen Matrosen gewöhnlich ihre Wahl treffen, wenn sie sich die Arme oder die Brust mit Anker, Meerweibchen, Schiffen und Schönen zeichnen lassen, und sie sehen dann besonders darauf, die Bilder abwechselnd hübsch rot und blau zu haben, die Indianer selber bedienten sich früher aber nur der blauen Farbe für sich selber, und ich habe nie einen mit einer roten Zeichnung oder Malerei gesehen.

Ich selber war ebenfalls nicht gesonnen, mich mit derartigen Emblemen zu verunstalten und bat ihn, durch meinen Dolmetscher, mir mit seiner eigenen Farbe die alten heidnischen Zeichen der Tahitier in die Haut zu graben, und der alte Bursche schien damit ebenfalls von Herzen gern einverstanden. Er warf sein Musterbuch, das er im Anfang so achtungsvoll und sorgfältig vorgesucht, mit einem Ruck seines Armes in die fernste Ecke der Hütte und sein Kästchen vorholend, begann er ohne weiteres seine Arbeit aus freier Hand, als ob es seine alltägliche Beschäftigung sei und gar nicht zu den jetzt so streng verpönten, heidnischen Künsten gehöre.

Das Tätowieren hatte auch früher eine weit höhere Bedeutung, wie nur die Haut zu färben; gewisse Zeichen an bestimmten Teilen des Körpers wie z.B. bei den Frauen das Tätowieren der Knöchel, galten als Zeichen der Mannbarkeit – die Priester tätowierten sich anders als die Krieger, und Auszeichnungen in der Schlacht sollen hie und da gewissermaßen durch Hieroglyphen dargestellt sein. Auch nahmen sie Tiere zu diesen Symbolen, und Fische spielen dabei eine sehr bedeutende Rolle.

Als Farbe benutzen sie den unter einem flachen Stein aufgefangenen Qualm der tui tui oder Lichtnuss, was der Zeichnung eine schöne blaue Farbe gibt, und zu Instrumenten haben sie kleine, mit aus Knochen und Haifischzähnen bewaffnete Werkzeuge, die in ihrer Gestalt unsern Gartenrechen ähneln und etwa 3 ½ bis 4 Zoll lang sind. Diese Instrumente haben je einen bis zwölf Zähne, je nachdem sie die Striche lang brauchen, und jeder Zahn lässt in der Haut einen Punkt zurück. Beim Tätowieren setzen sie die Zähne auf die Haut, halten den Stiel mit der linken Hand, während Zeigefinger und Daumen dieser Hand das Instrument lenken, und schlagen dabei fortwährend mit einem kleinen Stöckchen leichten Holzes auf den Stiel, wodurch sie eben die Zähne in die Haut eintreiben. Dieses Aufschlagen, dem Takt nach gewöhnlich in Triolen, hat nach seinem Geräusch tat tat tat – tat tat tat, der ganzen Behandlung den Namen Tattowieren gegeben.

Das Tätowieren selbst ist nicht besonders schmerzhaft, und die Zeichnung schwillt nur am nächsten Tag etwas auf.

So lange war ich nun übrigens schon auf Tahiti und hatte noch nicht einmal die Königin des Landes, Pomare IV., die berühmte Königin der Gesellschaftsinseln gesehn, war aber fest entschlossen, Tahiti nicht eher wieder zu verlassen, bis ich eine Audienz bei ihr gehabt hätte. Dem stellte sich jedoch manche Schwierigkeit entgegen.

Hr. Orsmond hatte mir versprochen, mir dazu behilflich zu sein, schien aber Schwierigkeiten gefunden zu haben, auch sagte mir sein Sohn, dass etwas wegen eines Landbesitzes zwischen ihnen vorgekommen wäre, wonach sie nicht auf dem besten Fuß stünden. Sonst kannte ich niemanden, an den ich mich wenden konnte, und ich wusste nicht recht wie es anzufangen. Außerdem hörte ich von meinem Straßburger Soldaten, der mich versicherte, mit dem Kronprinzen sowohl als den beiden jüngeren Prinzen auf sehr freundschaftlichem Fuße zu stehen, dass die Königin jetzt gerade erst vor ganz kurzer Zeit ihr schönes und vollkommen europäisch eingerichtetes Haus einer kranken Verwandten überlassen habe und in eine ganz gewöhnliche Bambushütte am Strand gezogen sei, wo sie sich jetzt aufhalte und dort wohl sehr schwer veranlasst werden dürfte, überhaupt irgendeine Audienz zu erteilen, was unter solchen Verhältnissen gar nicht mit der gehörigen Würde geschehen könne.

An einer ordentlichen Audienz war mir überdies gar nichts gelegen – ließ ich mich ihr als ein Reisender aus Deutschland vorstellen, so wurde jedenfalls große Toilette verlangt, mit der ich nicht einmal eingerichtet war, und das Ganze lief auf nichts als eine steife Zeremonie hinaus; dagegen gab es ein anderes Mittel. – Ich bat den Straßburger, mich Ihrer Majestät als einen fremden Musikanten anzukündigen, der ein ganz neues Instrument mit nach Tahiti gebracht habe, denn ich war ziemlich sicher, dass sie hier noch keine Zither gesehen hatten und mein neuer Dolmetscher, dem ich die auch ihm fremde »Musik« zeigte, war so entzückt davon, dass er mir die Versicherung gab, die Königin würde die Zeit gar nicht erwarten können.

»Ich bin doch selber musikalisch«, sagte er – er war Trommelschläger – »aber so ein Instrument hab' ich in meinem ganzen Leben noch nicht gesehen.«

Seines Beifalls gewiss, konnte ich darauf rechnen, dass er durch den Thronfolger auch Ihro Majestät für mich interessieren würde, und am Montagmorgen kam er dann auch richtig schon zu mir und kündigte mir an, wir könnten noch an demselben Abend zur Königin gehn.

Die Sonne mochte noch etwa anderthalb Stunden hoch sein, als wir uns anschickten, Ihro Majestät, die jetzt ganz am westlichen Ende der Stadt wohnte, unsere Aufwartung zu machen, und wir mussten zu diesem Zweck fast ganz Papeete durchwandern.

Gegen Abend beginnt aber in den Straßen der Stadt das Leben, und die Hotels und Weinhäuser füllen sich. Die letzteren haben dabei ausschließlich die meisten Gäste, denn der größte Teil der Europäer auf Tahiti sind Franzosen, und diese können nun einmal nicht ohne ihren »Claret« existieren – den ich denn auch wirklich noch nirgends so schlecht getrunken habe als gerade auf Tahiti.

Der Franzose ist überhaupt lebenslustig, und überall sitzen dann lachende, singende, trinkende Gruppen an den Tischen herum, Billard wird sogar schon gespielt, und in dieser Hinsicht sind die Gesellschaftsinseln den Hawaiischen glücklich nachgeeilt; die Zeit fliegt, und weshalb nicht die fliegende benutzen, noch dazu unter solchem Himmel. Darin sind aber auch die Indianer mit ihren neuen Herren vollkommen einverstanden, und die frommen Väter der protestantischen Missionäre mögen eifern und predigen so viel sie wollen gegen das Sabbatbrechen der Militärmusik z.B. – geistliche Lieder ausgenommen – die Franzosen und Indianer nehmen eben geistliche Lieder aus und sind lästerlicher Weise auch in ihrem Gott vergnügt, während Walzer, Polkas und Märsche von einem tüchtigen Musikchor gespielt werden.

Wir konnten uns jetzt aber nicht so lange hier aufhalten – an der Kirche der Eingeborenen vorüber, deren Glocke in einem stattlichen Orangenbusch dicht am Strande hing, passierten wir Mr. Pritchards, und ich glaube auch Mr. Howes, der Missionäre schon ältere stattliche Wohngebäude, an denen man recht sehen konnte, wie sauer es den armen Männern geworden sein muss, unter Strapazen und Entbehrungen auf dieser wunderschönen Insel auszuharren und ließen so die Stadt mit ihren Bananen und Brotfruchtgärten hinter uns, die einzelnen kleinen indianischen Wohnstellen jetzt betretend.

Dicht am Strand, von hohen Bäumen überragt, aber auf dürrem, steinigem Boden, doch mit der Aussicht zwischen den Stämmen und unter dem Laubdach hin nach der reizenden kleinen Insel Motuuta, dem eigentlichen königlichen Stammsitz der Pomares, stand eine der langen gewöhnlichen Bambushütten, in denen größere indianische Familien, oft zwei und drei zusammen gewöhnlich, ihren Aufenthalt haben – und hier residierte jetzt die Königin der Gesellschaftsinseln – hier wohnte Aimata – von den Pomaren die vierte* – (Enkelin des ersten Pomare und Schwester des verstorbenen höchstseligen Königs) und als ich mich dem Hause näherte, fühlte ich ordentlich, dass ich klassischen Boden betrat.

Es war gegen Abend, und einer der jungen Prinzen saß vor der Tür auf einem Stein und verzehrte seine Brotfrucht und rohen Fisch. Pomares Tochter, ein junges Mädchen von etwa 12 Jahren, und die Zwillingsschwester des ältesten Sohnes, kam uns entgegen und betrachtete sehr neugierig das Instrument.

Die königliche Familie war gerade beim Souper, und wir lagerten uns indessen draußen unter dem Hofstaat zwischen

---

* Der Königsname Pomare scheint noch gar nicht solange aus einem etwas eigentümlichen Grund entstanden zu sein – der junge König Otu hatte einst sein Zelt, wie Mr. Ellis in seiner *Polynesian Researches* erzählt, an einer dem Wetter etwas zugänglichen Stele aufgeschlagen, und ein schwerer Tau fiel die Nacht von den Gebirgen. Er erkältete sich und hatte am nächsten Morgen einen starken Husten; einige seiner Höflinge aber gaben der vergangenen Nacht den Namen »Hustennacht«, von *po* Nacht und *mare* Husten, und Sr. Majestät gefiel der Klang der also zusammengesetzten Wörter dermaßen, dass sie den Namen anzunehmen geruhten und von der Zeit ab, wie ihre Nachfolger, immer po-mare genannt wurden.

den Steinen, und einige der Kammerherrn und Hoffräuleins die »Eina-as« des Mahora von Tahiti, mit Ihro Königl. Hoheit der jungen Prinzess setzten sich dicht um uns her auf die Steine nieder und verlangten ziemlich bestimmt und alle Etikette hintansetzend, nach der II. MM. – (ich finde die europäische Verdoppelung der Silben oder Buchstaben hat auch noch außerdem viel Ähnlichkeit mit dem Tahitischen) doch jedenfalls zuerst mussten etwas vorgespielt bekommen, die Musik zu hören.

Die älteste Prinzess waren ein wildes kleines Ding, sprangen nach Herzenslust um uns herum, schon im Voraus nach den in Gedanken heraufbeschworenen Tönen tanzend, und kauten indessen mit höchst eigenen Zähnen ein Stück geröstete Brotfrucht (es ist doch etwas Schönes um die Biegsamkeit unserer deutschen Sprache) und die Einaas prüften die Saiten, ließen ihren kleinen niedlichen Finger darüber hinstreichen und freuten sich kindisch, wenn sie das Widerklingen hörten.

Endlich schien das Souper beendigt, der jüngste Prinz kam wenigstens in die Tür gesprungen, und gab uns ein Zeichen näherzutreten.

Der innere Raum des Hauses war in drei Abteilungen geschieden, entsprach aber sonst in seiner Einfachheit vollkommen den einfachsten Hütten der übrigen Eingeborenen. – Das erste dieser Z i m m e r , wenn ich Wände von Bambusstäben und den nackten Fußboden ebenso nennen darf, schien zur Vorhalle wie zugleich zum Schlafkabinett der Einaas oder Hoffräulein zu dienen, das zweite den Kindern zugeteilt zu sein und das dritte – das inwendig einfach mit Kattunvorhängen versehen war, das königliche Paar den Blicken der Untertanen zu entziehen – diente der Königin und ihrem Gemahl zum Aufenthalt.

Im zweiten blieben wir einen Augenblick, und der jüngste kleine Bursch, ein Lockenkopf von neun oder zehn Jahren, sprang voran uns zu melden; wenige Sekunden später standen wir in Gegenwart der Königin.

Pomare saß hier allein auf einer Matte und nähte an einem Kleid – unser Gruß lautete Joranna Pomaré und sie winkte uns freundlich, vor ihr niederzusitzen.

Mein Begleiter nahm dann das Wort und erzählte ihr, ich sei hier zu ihr gekommen, nicht gerade ganz direkt von Deutschland, aber doch von Califoli, dem Lande wo das viele Perú gefunden würde – (und sie sah dabei eigentlich zum ersten Mal ordentlich von ihrer Arbeit auf, da ich ihr aber nicht wie einer vorkommen mochte, der das viele Peru gefunden hätte, fuhr sie wieder zu nähen fort, bis die Rede auf das Instrument kam) ihr diese neue deutsche Musik zu zeigen, die sie noch nicht kenne, und er hoffte, dass es ihr gefallen würde. Ich stand dann auf und reichte ihr das Instrument, damit sie es in der Nähe genau besehen könne. Sie betrachtete es auch aufmerksam, aber mit weit weniger Neugierde, als ich erwartet hatte, und das, was ihr am meisten daran aufzufallen schien, war der oben als Knauf geschnitzte Bärenkopf.

Die Hofherren und Damen klemmten indessen draußen ihre Nasen zwischen die Bambusstäbe der Hütte, zu sehen, was inwendig vorging und als ich ein paar Akkorde auf dem Instrument griff, schienen sie die Bambuswand eindrücken zu wollen. Pomare lächelte und sich wieder zu meinem Dolmetscher wendend, sagte sie ihm, ich möchte draußen im Freien spielen, dass ihre Leute es ebenfalls hören könnten, sie wolle zu uns hinauskommen.

Natürlich leisteten wir ihrem Wunsch augenblicklich Folge, und ich suchte mir jetzt vor dem Hause einen passenden Stein zum Niedersitzen, während die Schar draußen, die uns schon mit Ungeduld erwartet hatte, rasch um uns her lagerte und Ihro Königl. Hoheit die Kronprinzess sich mir höchsteigenarmig auf die Schulter lehnten, um ja keinen Ton der »deutschen Musik« zu verlieren. Die Königin selber setzte sich auf die Schwelle ihres Hauses mir gerade gegenüber.

Hier muss ich die Königin Pomare gegen all die vielen übertriebenen und lügenhaften Beschreibungen in Schutz nehmen, nach denen sie, bei einer ungeheuren Dicke, sich nach Tisch, um besser zu verdauen, von ihren Hofdamen walken lasse usw. Erstens leben alle diese Indianer sehr mäßig und essen wenig, also auch die Königin, und dann ist Pomare nicht allein nicht übertrieben, sondern gar nicht, was man dick nennen kann. Sie hat eine nicht gerade schlanke, aber doch wohlproportionierte Gestalt, ist von mittlerer Größe, mit einem weit ernstern und auch wohl etwas stolzerm Wesen, als es die Kanakafrauen sonst haben, was ihr aber ganz gut steht. Sie ist aus dem jugendlichen Alter heraus, hat aber doch noch immer viel Frische bewahrt, und ihr Anstand ist edel und frei – ihre Tracht dabei aber auch so einfach wie die aller übrigen Kanakafrauen, von denen man sie dem Äußern nach nicht unterscheiden könnte. Sie trug an diesem Tag ein rotmusselinenes Kleid, das ihr nach dem Schnitt der Übrigen von den Schultern bis auf die Knöchel herunterfiel, ein kleines Tuch um den Hals und einen Männerstrohhut – eine ziemlich allgemeine Sitte unter den Frauen – auf dem Kopf. Sonst ging sie wie alle andern Indianerinnen barfuß.

Während wir alle mitsammen vor der Tür saßen, kam auch ihr Gemahl, der dieselbe Stelle zu bekleiden scheint wie Prinz Albert in England, zu uns heran. Er war augenscheinlich jünger als Pomare und ein schlanker, hübscher Indianer, mit ausdrucksvollen, aber etwas weichlichen Zügen. Er lehnte sich, neben der Königin, mit dem Ellbogen an den Türsims und blieb so stehen.

Wir müssen, wie wir so da saßen, ein ziemlich eigentümliches Bild gegeben haben. Die Gruppe, die um mich her lagerte, war wirklich malerisch, und mag es sein, dass die Gegenwart der Fürstin die Jungen im Zaum hielt – kein Wort wurde gesprochen, während ich spielte, und nur das Rauschen der Wipfel über uns und das ferne Donnern der Brandung begleitete die weichen Töne des Instruments. Ich spielte ihnen teils deutsche, teils irische und schottische Melodien, die einfachsten schienen ihnen aber immer die liebsten, und wunderbarer Weise machte ein und dasselbe Lied, welchem Stamme, welcher Nation von Naturmenschen ich es auch vorspielte, stets denselben und zwar den günstigsten Eindruck auf sie – unser einfaches Schweizerliedchen: »Steh nur auf, steh nur auf!« was sie auch dazwischen hörten, das musste ich immer wiederholen, und sie hatten augenblicklich Worte dafür, die sie aus den Klängen des Instrumentes heraushorchten und nachsangen. Ja auf Maiao summten sie schon am nächsten Tag die Melodie wohin ich kam; überhaupt ist das Ohr dieser Stämme leicht empfänglich für Musik.

Allerdings haben sie bis jetzt eigentlich nur zwei Arten solcher hier herüber bekommen, Hymnen und Matrosenlieder, die ersten durch die Missionäre, die zweiten durch die Seeleute der verschiedenen Schiffe und beide, wie sich denken lässt, sehr verschiedenen Inhalts an Text, andere Melodien haben sich aber selbst unter den ersteren eingeschlichen, denn die Geistlichen, von der Kommunikation mit dem alten Vaterland abgeschnitten und selber oft vielleicht nichts weniger als musikalisch, fanden sich nicht selten in Verlegenheit neuer Melodien wegen und benutzten dann häufig vaterländische, gerade nicht geistliche Lieder, den tahitischen Hymnen anzupassen. So hab' ich auf Imeo sowohl als Tahiti mehrmals »auld lang syne« – home sweet home und besonders die englische Nationalhymne von den Indianern singen hören, natürlich mit anderem Text.

Dämmerung brach aber jetzt ein, und ich hielt es für Zeit mich zu empfehlen, stand also, zum Ärger der Kinder, die noch mehr zu hören wünschten, auf, gab Pomare und ihrem königlichen Gemahl die Hand und empfahl mich, gnädig entlassen.

Lange schon war es mein Wunsch gewesen, die in der Bai unfern der Einfahrt des Hafens liegende und von weiten Korallenbänken umgebene kleine reizende Insel Motuuta einmal zu besuchen. Um das aber ganz ungestört tun zu können, borgte ich mir eines der gewöhnlichen indianischen Canoes und ruderte langsam hinüber.

Ich war schon früher in dieser Art von Canoes mit einem »outrigger« oder ausstehenden Wuchtholz (sogenannten Luvbaum) gefahren, und wenn das Canoe Segel führt oder auch vielleicht der Wind schwerer weht als gewöhnlich, gebe ich zu, dass sie weit sicherer gehen als ohne dieselben, denn dem Umschlagen sind sie fast gar nicht ausgesetzt, aber dadurch auch weit unbehilflicher zu lenken und schwerer zu steuern, indem die Wirkung des im Wasser liegenden Luvbaums dem schmalen Ruder meist immer entgegenarbeitet. Es lässt sich auch denken, wie viel schwerer eine rasche Wendung damit sein muss, da ich nach innen zu das Gewicht des Holzes erst durch das Wasser zurückzupressen habe, während ich nach außen dasselbe mit herumbringen muss. Nichtsdestoweniger kommt hier das federleichte Holz verschiedener Baumarten diesem indianischen Schiffsbau sehr zu statten, und wenn auch alle die Canoes, die ich hier sah, an Zierlichkeit und Zweckmäßigkeit des Baus lange denen der nordamerikanischen Indianer nicht gleich kommen, lagen sie doch verhältnismäßig sehr leicht auf dem Wasser.

Einzelne der Südseeinseln sind übrigens ihrer Canoes wegen berühmt, so die Neuseeländer des scharfen Baus und der wunderlichen Schnitzereien wegen, besonders aber die der navigators group, die ihre Canoes aus zwei Teilen, lang gespalten, zusammenfügten, den einen Teil verschieden geformt vom andern, wodurch sie einen außerordentlichen Grad von Schnelligkeit erreichen sollen.

Das Canoe, das ich hatte, war einfach aus einem Brotfruchtstamm ausgehauen und nichts weniger als künstlich, trotzdem entsprach es meinem Zweck vollkommen, und die Entfernung betrug auch kaum mehr als eine oder anderthalb englische Meilen.

Diese kleine Insel ist berühmt in der tahitischen Geschichte – früher war es der Lieblingsaufenthalt der tahitischen Fürsten, hieß auch die Königsinsel, und selbst der letzte König hatte dort noch seinen Schießstand und seine

Bogen und Pfeile – mehr eine Vergnügungs- als Kriegswaffe – in einem besondern Haus, von welcher Sammlung er so viel hielt, dass Fremden besonders der Zutritt nur sehr selten gestattet wurde. Die Königin selber hat hier mehrere ihrer Kinder geboren, und die freundliche Insel muss für die Leute damals ein kleines Paradies gewesen sein. Und jetzt? – haben die Franzosen Besitz von derselben genommen; nach dem Eingang des Hafens zu steht eine Batterie von vier 32-Pfündern; die Gebäude enthalten Warenräume für alle möglichen Schiffsbedürfnisse: Taue, Blöcke, Ketten etc., ebenso für Munition; zerbrochenes und gebrauchtes Geräte liegt überall umher; das Gras ist niedergetreten; auf den Spielplätzen der Kinder wächst Gebüsch, und die einzelnen Kokospalmen senken trauernd ihre Häupter über das verödete Familienheiligtum.

Ein einziger Indianer wohnt hier als Aufseher über die Schiffsgüter, und die Königin selber ist seit langen Jahren nicht mehr herübergekommen; aber die Palmen schaukeln noch so still und friedlich als damals ihre breiten herrlichen Wipfel, und das durchsichtige kristallreine Wasser spiegelt noch wie früher die lauschigen Schatten der Büsche wieder; – nur die freundlichen Gesichter sind verschwunden, die sich sonst darin neckten und haschten, die schlanken Gestalten gleiten nicht mehr aus dem schützenden Dickicht, und das weite Korallbassin, das die Natur hier für ihr Bad gebildet und mit scharfen zackigen Pflanzen gegen die gefräßigen Ungeheuer der Tiefe gesichert hat. – Ihre fröhlichen Weisen schwellen nicht mehr – horch – was war das? – Trommelschlag – ein Wirbel rasselte, und die Möwe, die eben dicht an dem dunklen Buschwerk vorüberstrich, schießt in gähem Schreck ab, von den feindlichen Tönen, und sucht sich einen stilleren, friedlicheren Platz für ihren Flug.

Ich hatte einige Mühe, einen Weg mit meinem selbst nur wenige Zoll im Wasser gehenden Canoe zu der Insel zu finden, obgleich mehre ziemlich tiefe Kanäle dorthin führen – so hoch ragten die Korallen, gerade wo ich die Anfahrt versuchte, an die Oberfläche empor. Endlich erreichte ich eine etwas vorragende Landspitze und sprang ans Ufer – niemand hinderte mich – während Hermann Melville damals auf so entschieden hartnäckige Weise von der einen Schildwache rund um die Insel herum vom Landen abgehalten war und unverrichteter Sache hatte wieder zurückkehren müssen – ein einziger alter Indianer hütet den Platz, sieht danach, dass niemand die dort aufgespeicherten Vorräte berührt und verträumt seine Zeit als General-Gouverneur und Schildwacht des Platzes. Umso mehr war ich erstaunt, hier die kriegerischen Töne der Trommel zu hören, und als ich mir durch ein wirres Dickicht von wild aufgewachsenen Büschen Bahn brach zu der Stelle, fand ich – niemand andern als meinen Straßburger mit den drei Prinzen des königlichen Hauses, denen er, auf dem Erbsitz, von dem sie die Fremden gestoßen – Trommelstunde gab.

Die drei Knaben, die übrigens in Hosen und Jacken gekleidet waren und jeder einen goldenen Ring am Finger hatte, kamen freundlich auf mich zu – sie kannten mich noch und gewissermaßen als eine Art Revanche, da ich ihnen doch auch früher »Musik gemacht«, trommelten sie mir jetzt nach der Reihe etwas auf ihrem Lieblingsinstrument vor.

Ich blieb nicht lange auf der Insel, der Platz bot nichts freundliches, was mich dort lange hätte halten können. Vorher aber zeigte mir der Straßburger noch eine Partie Hölzer, die wie starke Kanonen geformt, aber höchstens fünf Fuß lang und ohne Mündung waren. Ein englisches Schiff hatte vor mehreren Jahren hier einlaufen wollen, scheiterte aber auf den Riffen, und die Franzosen fischten unter den ans Land treibenden Hölzern auch diese Kanonen auf, von denen der Engländer, glaub' ich, 27 an Bord gehabt, und die wahrscheinlich hatten dazu dienen sollen, die Franzosen einzuschüchtern – ein sehr verfehlter Zweck, denn diese nachgemachten Kanonen liegen jetzt hier wie ein von Kindern entlarvter und verlachter Popanz.

Von der Insel ab trieb ich langsam und ohne zu rudern, von einer leichten Brise fortbewegt, über die Korallenriffe und sah unter mir nieder, gerade wie bei Imeo, die kleinen Fische spielen und die wunderlichen Stämme und Pflanzen zu mir heraufragen. Seesterne und Igel lagen tief versteckt zwischen den zackigen Ästen und Zweigen, und wie ein Wald kristallierter Bäume zog es sich in breiten Gebirgsstreifen und tiefen, mit blauem Nebel gefüllten Tälern unter mir hin. So muss dem Aeronauten zu Mute sein, wenn er in luftiger Höhe hoch, hoch über den Bergen und Seen des festen Landes schifft und unter ihm Wälder und Täler, belebte Städte und Flecken wie flüchtige Nebelbilder dahinschwinden.

Den Nachmittag wanderte ich in die Berge und suchte die Bibidios oder kleinen roten Beeren, die von den Indianern zum Schmuck gebraucht werden. Gern hätt' ich in diesen Tagen einmal eine größere Tour in die höchsten Berge unternommen, denn es sollen da oben wunderschöne Blumen blühen; das Wetter war aber zu bös und unbeständig, und dichte Nebel deckten fast fortwährend die höchsten Spitzen der Gebirge. Mir wurde überall gesagt, dass dies gerade die schlechtesten Monate seien, ins Innere zu gehen.

Der englische Arzt in Papeete, wenn ich nicht irre, ist sein Name Johnson, erzählte mir besonders viel von der Vegetation der höchsten Berge, und wie da oben unter anderen eine Blume blühe, die auf keinem andern Teil der Erde vorkomme und den lieblichsten Duft verbreite, den man sich denken könne. Er selbst hatte den Versuch gemacht, sie unten im flachen Lande fortzubringen, aber sie wollte nicht gedeihen. Er erzählte mir dabei, dass vor einigen Jahren ein deutscher Botaniker, dessen Namen er aber vergessen hatte, nach Tahiti gekommen und hier nicht allein mehre Monate in den Bergen herumgeklettert sei, sondern auch eine äußerst wertvolle Sammlung angelegt habe, leider aber auf der Heimfahrt mit Schiff und allem zu Grunde gegangen sei. Der Doktor hatte in seinem eigenen Garten eine recht hübsche Sammlung tropischer

Pflanzen – die Vanille von Brasilien, die Norfolktanne von Australien, die Lotosblume und den Kapasbaum von Indien und manche andere mehr, die hier alle in dem wundervollen Klima Tahitis trefflich gedeihen.

In diesen Tagen lief auch hier ein deutscher Walfischfänger ein. Die »Otaheite«, und ich sah mit inniger Freude die Bremer Flagge, eine alte liebe Bekannte, von dessen Gaffel wehen. Natürlich fuhr ich gleich an Bord hinüber und wurde von Kapitän Wieding auf das freundlichste empfangen.

Die »Otaheite« war ein reizendes, noch ganz neues Schiff, sehr geschmackvoll, ja elegant eingerichtet und machte Furore in Tahiti.

Als ich zum zweiten oder dritten Mal auf dem Schiff war und über Deck ging, mir das nette Fahrzeug von allen Seiten zu besehen, trat, als ich nach vorn kam, einer der Matrosen mit einem echt deutschen Gesicht auf mich zu und redete mich etwas verlegen an: Er hätte gehört, ich wäre ein Sachse. – Ich versicherte ihm, dass ich wenigstens in Sachsen jetzt zu Hause sei, und sein breites –: Ne da währen Se wohl gar a L a i p ziger? versetzte mich im Nu an die Ufer der Pleiße und Elster zurück.

Unsere Begrüßung war herzlich und als ich ihn frug, wie er, ein richtiges Kind des inneren Landes, nur um Gotteswillen hier beinah zu den Antipoden gekommen wäre, auf Walfische zu jagen – ein Leipziger und Walfische –, erzählte er mir mit freudestrahlendem Gesicht, dass er eigentlich der »Scharfrichters« Knecht aus Leipzig wäre und »wie man nun so manchmal in der Welt herumkäme« auch an Bord eines Walfischfängers geraten sei und jetzt »ganze Stücken mit einem Mal« von der Welt zu sehn bekäme. »Ach heren Se, mei gutes Herrechen«, setzte er dann einschmeichelnd hinzu – »haben Se denn gar kene Nachrichten kerzlich von Laipzig?« –

Ich versicherte ihn, dass ich die letzten sieben oder acht Monate keinen Brief von dorther, keine Zeitung gesehen habe, die mir die geringste Auskunft erteilt hätte und in seiner gemütlichen Weise fuhr er dann fort, mir zu erzählen, was »für ein paar scheene Mordtaten« da erst ganz kürzlich wieder vorgefallen wären; – eine »sehre scheene« wo ein Sohn seine Mutter um ein paar Taler erschlagen hatte, eine andere minder scheußlich, aber doch auch angenehm, und er bedauerte jetzt, dass er nicht doch lieber dort geblieben wäre – aber »wer hätte denn das wissen können.«

Der Mann war wirklich ein Original und jetzt, da er einen Landsmann vor sich zu sehen glaubte, waren all seine Sympathien auf alle nur erdenklichen Mordtaten und Schreckensgeschichten des alten Landes in einer so harmlosen als rührenden Weise gerichtet. – Wie sich der Ackerbauer, wenn lange Zeit in See, nach seinem Pflug, der Jäger nach seinem Wald sehnt, so weckte der Name der Heimat in s e i n e m Herzen ebenso liebgewonnene Klänge, die das Blut eines anderen erstarren gemacht.

E i n   s c h ö n e r   M o r d – was für eine furchtbare Poesie liegt in den wenigen Worten, – ich glaube, der Mann würde einem ihm zur Exekution Übergebenen in voller Seelenfreude um den Hals gefallen sein und sich auf so herzliche wie aufrichtige Weise bei ihm bedankt haben, dass er ihm das Vergnügen mache, sich von ihm hängen zu lassen. Und trotzdem lag wieder eine unendliche Gutmütigkeit in seinen Zügen; der Mann selber, das bin ich überzeugt, hätte nicht so leicht ein Verbrechen begehen können, ausgenommen vielleicht in Aufopferung für die K u n s t , dann aber auch mit Wonne.

Der Bursche soll übrigens später, trotz seiner anscheinenden Harmlosigkeit, wenigstens gezeigt haben, dass er Mutterwitz habe, denn als das Schiff Monate nachher auf den Sandwichsinseln noch mit vielen anderen Walfischfängern zusammenkam, wusste er sich dort einige Medizinen zu verschaffen und trat nun plötzlich in seiner Eigenschaft als Scharfrichter, dem die stets abergläubischen Matrosen nur zu gern geheime Wissenschaften und Kräfte zuschreiben, als eine Art Doktor auf, der »für alles gut war« und bekam bedeutenden Zuspruch. Ich weiß freilich nicht, ob er sich später noch gut aus der Affäre gezogen.

Mit dem Arzt der »Otaheite«, ebenfalls einem Deutschen, machte ich am 12. Februar einen kurzen Ausflug in das gleich oberhalb Papeete liegende Tal, das insofern historische Bedeutung hat, als sich die Eingeborenen hier in dem letzten französischen Krieg von anderen Fremden, besonders von Engländern und Amerikanern, heimlich mit Waffen und Munition versehen, tapfer und unüberwunden, durch das Terrain unterstützt, hielten, bis einer ihres eigenen Stammes verräterischer Weise den Feinden des Vaterlandes einen Engpass zeigte. Und dieser Mann – eine kleinc untersetzte tätowierte Gestalt mit schmalen unsteten Augen, geht jetzt gar fromm und ehrbar in schwarzem Frack und roten Lendentuch einher, gehört zu den innigsten Anhängern der Kirche und ist eines der geachtetsten Glieder der christlichen tahitischen Gemeinde.

Dem kleinen Fluss aufwärts folgend, in dessen untern Tal noch einzelne kleine Wohnhäuser und Gärten von einer Fenz umschlossen waren, konnten wir im Anfang wirklich kaum durch den fast undurchdringlichen Guiavenwald pressen, der hier alles mit einer wildverwachsenen Masse von Sträuchern und Bäumen überzogen hatte.

Die Missionäre haben die Guiaven mit anderen Früchten hier herüber gebracht und wenngleich im Anfang gut gemeint, ist es doch fast zum Fluch der schönen Täler dieser Inseln geworden. So ungern dabei der Indianer selbst früher daranging, wo das Land ihm noch nicht die mindesten Schwierigkeiten bot, seinen Acker zu bebauen und süße Kartoffeln zu pflanzen oder einen Bananengarten anzulegen, so viel schwerer wird es ihm jetzt gemacht, wo er selbst anfangen muss, hartnäckiges Buschwerk und junge zähe Baumwurzeln auszuroden, nur erst einmal zu dem Boden zu kommen, den er bepflanzen will.

Die Guiaven zogen sich bis hoch in das Tal hinauf, und erst wo wirklich steilere Hügel begonnen, blieben sie zurück oder kamen hier wenigstens nur einzeln mehr vor, anderen Fruchtbäumen den Vorrang lassend. – Einzelne Kokospalmen standen hier ebenso zerstreut als Orangen und Zitronen mit der tahitischen Kastanie, sogenannten mape, und dem stattlichen Wibaum wie der indischen manga (spondias) – und bald fanden wir uns in einer engen, aber höchst romantischen Schlucht, an deren beiden Seiten hohe schroffe, aber nichtsdestoweniger dicht bewaldete und bewachsene Felshänge emporstiegen, den zwischen ihnen durchbrausenden Strom oft fast überragend.

Je weiter wir aufwärts kamen, desto seltener wurden die Palmen, und als wir die Guiaven auch hinter uns ließen, traten wir in einen fast europäisch, wenigstens nordisch aussehenden Wald, in dem die mapés mit ihren großen lorbeerähnlichen Blättern und wie gefalteten Stämmen, mit den stattlichen Wibäumen, die in Wuchs und Aussehen viel Ähnlichkeit mit unseren Buchen hatten, entschieden vorherrschend waren. Der Tutui oder Lichtnussbaum (aleurites tribola) mit seinen ahorngleichen Blättern stand hier ebenfalls in großen Massen. Hoch darüber hinaus ragten die grünen jähen Felswände, an denen hinaufzuschauen man schon schwindlich wurde, während hie und da an kleinen Hängen, selbst hoch oben, vielleicht tausend Fuß über der Meeresfläche, kleine Gruppen von Palmen, etwa fünf oder sechs, zusammenstanden und wie schüchtern an dem Hang niederschauten, wo doch dicht bei ihnen hin ein kleiner Quell rasch und sprudelnd vorüberbrauste und mit keckem Satz, gerade an der schroffsten, gefährlichst aussehenden Stelle, in die Tiefe sprang.

Der Weg wurde hier mühsam, denn die Felswände bildeten nur ein ganz schmales mit großen Steinen meist überworfenes Tal, durch das sich der kleine Bergstrom rauschend und stürmisch die oft gehinderte Bahn brach, bald an dieser, bald an jener schroff abgerissenen Wand hinunterbrausend und den schmalen Pfad, der das Tal herunterkam, dadurch bald auf diese, bald auf jene Seite zwingend. Es blieb uns deshalb auch gar nichts weiter übrig, als herüber und hinüber zu waten, so oft er sich uns in den Weg warf, denn eine Eidechse hätte kaum an den schlüpfrigen steilen Felsen hinüberkommen können, ihn zu umgehen. Das Wasser war selten tiefer als bis zu den Knien, aber ungemein reißend und die Steine, die rau und wild übereinander hin den Grund bildeten, schlüpfrig und mit schleimigem Moos überzogen.

Die Hitze wurde dabei ziemlich drückend, aber wir hatten nicht allein frisches Wasser genug, und zwar mehr als uns lieb war, sondern auch hie und da herrliche Orangen, wegen denen Tahiti überhaupt berühmt ist.

Mit dem Doktor war übrigens bös fortzukommen; noch an keine solche Touren gewöhnt, und wenn ich nicht irre zum e r s t e n Mal in seinem Leben auf fremdem Boden, nachdem er das Vaterland verlassen, und d e r Boden gleich Tahiti, wusste er sich eben nicht sogleich in die Unbequemlichkeiten des Weges zu schicken. An dem einen Ufer des Stroms kriegte er seine Stiefel gewöhnlich nicht aus und an dem anderen nicht wieder an und barfuß weitergehen konnte er auch nicht, so versäumten wir denn eine Masse Zeit und rückten nur ungemein langsam vorwärts. So viel als möglich suchten wir dabei die Biegungen des Flusses zu umgehen, wo sich das wenigstens nur halbweg machen ließ, und wir kletterten auch eben wieder an einem der feuchten schattigen Hänge hin, die hier gar kein Unterholz, nur Moos trugen und deren Wald fast allein aus Tutui, Mapes und anderen hochstämmigen Hölzern bestanden, als ich eine Art grauer Nüsse auf der Erde, und zwar in ziemlicher Menge, liegen fand, die dem Aussehen nach ungefähr den amerikanischen Hickory oder Walnüssen glichen. Ich schlug eine auf und kostete sie; sie enthielt einen etwas öligen, aber sehr wohlschmeckenden süßen, gelblich weißen Kern; dem Doktor schmeckte sie auch, und wir machten uns – hungrig waren wir beide etwas geworden – ohne weiteres darüber her. Ich meines Teils, der ich mit dem Aufschlagen wohl schneller fertig wurde, verzehrte eine sehr bedeutende Quantität und mochte etwa drei Dutzend gegessen haben, als es mir plötzlich vorkam, als ob die Nuss einen dem Opium gleichenden Geschmack habe. Ich teilte diese Bemerkung dem Doktor mit und dieser meinte, es sei ihm selber schon so vorgekommen, als ob die Nuss »stark narkotische Teile enthalte.«

Alle Wetter, wenn wir uns hier oben in den Bergen über eine Giftfrucht hergemacht hätten – aber kein Mensch in Papeete hatte mir gesagt, dass es überhaupt giftige Früchte in den Bergen gäbe. Wir beschlossen übrigens, für jetzt mit weiterem Verzehren derselben einzuhalten – ich hatte überdies so viel davon gegessen, dass ich nicht mehr konnte – und erst die etwaigen Folgen des Genusses abzuwarten. Auf dem Heimweg wollten wir uns nur eine Partie davon mitnehmen, denn sie hatten gar so gut geschmeckt.

Wir sollten aber nicht lange über die Wirkung dieser Nüsse in Zweifel bleiben, ich, der ich am meisten gegessen hatte, fühlte sie zuerst: Der Kopf wurde mir schwer, die Augen trübe und im Magen lag es mir wie ein Klumpen Blei. Dem Doktor war auch nicht recht, und wir beschlossen, uns lieber auf den Heimweg zu machen, da man ja gar nicht wissen konnte, ob nicht noch schlimmere Folgen im Hintergrund wären. Es sollte auch noch schlimmer kommen; es wurde uns bald übel und weh zu Mut, und der Saft von einem halben Duzend Orangen etwa, den wir aussogen, konnte unsern Zustand für einen Augenblick lindern, aber nicht bessern. Das Gift lag einmal im Körper und wollte wieder heraus und Dank meiner guten Natur, dass es sich endlich von selber Luft machte. Der Doktor der, wie er mich versicherte, kein Dutzend gegessen hatte, kam besser weg und in Papeete angekommen, ließen wir uns im American Hotel einen recht starken Kaffee brauen, was uns wieder etwas auf die Beine brachte, mir war aber noch zwei Tage lang der Körper wie zerschlagen und der Kopf wüst und voll.

Als wir in die Stadt kamen und dort erzählten, wie es uns gegangen war, wussten es plötzlich alle Leute –: ja das hätten sie uns vorher sagen können – die Nuss sei wirklich ungemein giftig, und sie begriffen nur nicht, wie wir noch so gut weggekommen wären, leichtsinnige Menschenkinder wir, denn so viel hätte noch niemand ungestraft gegessen.

Die »Otaheite«, die für diese Inseln auch eine Anzahl von Waren, fertige Kleider, Kattune, wohlriechende Seifen und Öle etc. mitgebracht, kam direkt von Bremen und hatte nur unterwegs zwei Spermfische von nicht ganz 100 Barrel gefangen und eingenommen. Sie war von hier nach den Sandwichinseln und nach der Beringstraße bestimmt und einer der wenigen deutschen Walfischfänger, die fast durchaus deutsche Harpuniere und Bootssteuerer führte. Den nächsten Tag ließ ich mich übrigens nicht abhalten, noch einmal, und zwar nach der andern Richtung hin, das Innere des Landes zu besehen; ich wanderte also die Broomroad hinunter und bog dann links in die Berge ab, die sich in nicht geradezu steilen Hängen dem Mittelpunkt der Insel und den höchsten Gipfeln der Berge zuzogen. Interessant war mir hier eine an den Hängen der Hügel, und zwar mitten im Wald, angelegte Kaffeeplantage, bei der ich wirklich nur durch die regelmäßig gepflanzten Kaffeebäumchen darauf aufmerksam gemacht wurde, dass ich mich nicht im freien Walde befinde. Der Kaffee will nämlich Schatten, um zu gedeihen und wo solche Plantagen angelegt werden und noch keine größeren Bäume stehen, müssen sie gepflanzt werden. Das hatte man denn hier ganz vorteilhaft benutzt, und die kleinen Stämme gediehen gar wacker und saßen voller Früchte.

Auch heute machte ich wieder einen Versuch, einen der höheren Punkte zu erreichen, teils aber war ich noch nach dem Genuss der verwünschten Lichtnüsse* zu schwach und angegriffen, eine so beschwerliche Tour, und noch dazu allein, zu unternehmen, teils überraschte mich wieder einer der fast regelmäßigen Nachmittagsregen mit einem so furchtbaren

---

*	Lichtnuss werden sie von den Europäern und auch von den Eingeborenen genannt, weil sie so viel Öl enthalten, dass sie diese, besonders auf den Sandwichinseln, auf einen Stock reihen und zur Fackel gebrauchen – sie geben ein helles, schönes Licht.

Guss, dass ich wirklich fürchtete, weggewaschen zu werden. Die Büsche waren dabei so nass geworden, und wenn es eine Viertelstunde aufgehört hatte, fing es mit solcher Gewalt wieder an, während schwere Nebel, ja fast Wolkenmassen, immer tiefer und tiefer lagerten, dass ich froh war, als ich das Haus wieder erreicht hatte, meine Kleider zu wechseln.

Wie ich zurück in das Tal und auf die Broomroad, vielleicht noch anderthalb englische Meilen von der Stadt entfernt, kam, sah ich vor mir eine kleine Hütte, und in den Büschen ein paar Menschen, die mit einander zu ringen schienen. Es waren Indianer und mitten in einem förmlich tropischen Regenguss konnte das wahrlich nicht zum Vergnügen sein; rasch näher eilend, fand ich auch bald die Ursache. – Es war eine alte Frau, toll und vollgetrunken, und der Sohn wahrscheinlich, bemüht, sie nicht allein dem Regenguss, sondern auch den Blicken der Vorübergehenden zu entziehen und ins Haus zu bringen, während sich die Trunkene mit all dem Eigensinn eines solchen Zustandes auf das entschiedenste dagegen sträubte und mit Armen und Füßen anfocht. Wieder und wieder warf sie sich auf den schmutzigen Boden, und klammerte sich endlich an einen Busch mit solchem Erfolg an, dass der junge schwächliche Bursch wirklich nichts weiter ausrichten konnte, und nach der nicht mehr fernen Hütte um Hilfe rief. Gleich darauf erschien eine junge kräftige Frau in der Tür, und ihr oberes Tuch von den Schultern werfend, teils wohl es trocken zu behalten, teils freieren Gebrauch der Arme zu haben, sprang sie hinaus in den Regen, machte die Hand der Mutter, denn diese war es doch aller Wahrscheinlichkeit nach, von dem Busche los, und während der Sohn den einen Arm festhielt, ergriff sie den anderen und durch Schlamm und Pfützen schleiften sie den fast bewusstlosen Körper in die Hütte.

Es war ein entsetzlicher Anblick und ist allerdings leider der Fluch der spirituösen Getränke, die von den jetzigen Herren der Inseln in vollem Maße eingeführt werden.

Allerdings besteht das Gesetz, den Eingeborenen selber keinen Tropfen irgend eines berauschenden Getränkes zu verkaufen, aber wo so und so viel Schenkwirte ihre Stände aufgeschlagen haben, die alle zu ihrer eigenen Bedienung teils, teils zu der der Gäste, Eingeborene brauchen und diese immer am allerbilligsten in spirituösen Getränken bezahlen können, lässt es sich denken, wie ein solches Gesetz aufrecht gehalten wird. In dieser Hinsicht wäre allerdings der Zwang zurück zu wünschen, den die Missionäre z.B. noch jetzt auf den Sandwichsinseln über den Vertrieb von Spirituosen ausüben, denn die Eingeborenen, wenn sie sich einmal dem Trunk ergeben haben, sind fast so schlimm als die Irländer – sie können oder wollen sich nicht mäßigen.

Am nächsten Tag kam bei meinem kleinen Schneider, den ich fast zu lange außer Acht gelassen habe, ein trauriger Fall vor – Familienverhältnisse allerdings, da sie aber auch zugleich das Familienleben fast sämtlicher unverheirateter Fremden hier berühren, glaube ich nicht umhin zu können, sie mitzuteilen.

Mein kleiner Schneider hatte sich nämlich vor einigen Tagen eine Frau genommen, d.h. er hatte nicht etwa geheiratet, denn unter Frau nehmen und heiraten ist hier ein sehr bedeutender Unterschied. Nein, er hatte sich nur eines der gewöhnlich zum Besuch in die Stadt kommenden Mädchen ins Haus genommen, die ihm »weiter keine Arbeit tat« und dafür, wie er mir sagte, »Essen, Trinken und Schlafstelle« bekam. Die Verwandten des Mädchens waren aber damit nicht einverstanden; ich glaube nicht, dass sie für die Tugend desselben besorgt waren, aber sie gedachten vielleicht durch das Mädchen ihre eigenen Umstände verbessern zu können, und wollten sie ihm wieder aus dem Hause holen, mein kleiner Schneider verteidigte seine Dame aber ritterlich, warf die »Anverwandten« vorn zum Hause hinaus und schimpfte in einer Anzahl unbekannter Sprachen auf das rohrsperlingartigste. Als er jedoch nach glücklich behauptetem Schlachtfeld zu seiner Dulcinea zurückkehren wollte, sie zu trösten, hatte sich diese aus der Hintertür empfohlen.

Der Tailleur wütete, und sein Zorn wurde noch erhöht, als er nach einer halben Stunde etwa einen Zettel des Polizeidirektors erhielt, den er sich noch dazu von einem Nachbar musste vorlesen lassen, da ihm diese Wissenschaft nicht beigebracht war, worin ihn jener auffordert, »unverweilt das Frauenzimmer das er widerrechtlicherweise in seinem Zimmer versteckt halte, ihren Verwandten auszuliefern.« War das noch Spott mit seinem Verlust getrieben?

Er war aber nicht so leicht eingeschüchtert, »jetzt erst recht!« sagte er, drückte sich seinen Hut in die Stirn, nahm ihn wieder ab, sich erst ein reines Hemd anzuziehen, fuhr dann in seine Schuh, griff den Hut zum zweiten Male auf und verließ sein Haus in solcher Eile, dass er selbst vergaß, die Türe zuzuschließen. Er fand seine Donna auch wahrhaftig wieder, die Verwandten konnten wahrscheinlich dieser rührenden ausdauernden Liebe nicht länger widerstehen, und brachte die junge Frau im Triumph zurück.

Vier Tage hatten sie so in unendlicher Eintracht zusammen gelebt, so lange brauchte Dulcinea nämlich, einen neuen Rock, den ihr ihr Anbeter gekauft hatte, für sich zu nähen, den alten gab sie dann in die Wäsche. Hiernach hatte sie einige Auftritte mit dem kleinen Schneider, von dem sie Geld zu einigen Einkäufen verlangte und der mit nichts herausrücken wollte, und verließ dann eines schönen Tags nach dem Mittagsessen die »stille friedliche Wohnung«, wo jetzt Merz nach zehn vergebenen Versuchen sie wieder zu finden mit der Welt zürnte und über die »Undankbarkeit des weiblichen Geschlechts« räsonierte.

Auf solche Art Frauen zu unterhalten, ist hier eine ziemlich allgemeine Sitte, und selbst die, welche sich, eine Indianerin zu nehmen, einer gewissen heiratsartigen Zeremonie unterziehen, können, sobald sie es wünschen, ungemein leicht wieder von ihr geschieden werden. Die Weißen scheinen die Indianerinnen mehr als Sklavinnen zu betrachten; und meistens werden solche Kontrakte mit dem beiderseitigen Bewusstsein geschlossen, dass sie nicht lange dauern werden. – Manchmal freilich, und öfter vielleicht wie sich ausspricht in dem wilden zügellosen Wesen dieser gesellschaftlichen Verhältnisse, hängt das Herz dieser Mädchen mit viel innigerer und wirklich treuer Liebe an dem Mann, dem es sich zuerst ergeben, und der Fremde sieht nicht, oder will nicht sehen, wie die Blume welkt und verdirbt, die er geknickt, und dann – zur Seite geworfen.

Viele der Europäer geben sich aber auch mit vollem Bewusstsein einer solchen Leidenschaft hin, und zwar nicht mit dem Gedanken eines flüchtigen Rausches, nein, ein Band zu knüpfen, das für ihr Leben dauern und ihr irdisches Glück gründen soll. Es sind dies meist junge, sehr oft selbst gebildete Leute, die von dem Liebreiz bestochen, der über dem ganzen Wesen dieser wilden anspruchslosen Kinder liegt, zu dem Klima und Szenerie das ihrige ebenfalls noch beitragen, eine aufbrausende flüchtige Leidenschaft für wirkliche Liebe halten, oder wenn es selbst wirkliche Liebe gewesen, diese stark genug glaubten, sie für alles das entschädigen zu können, was sie in der alten Welt verließen und zu dem sie einst zurückzukehren hofften. Mit solcher Heirat aber haben sie sich die Rückkehr abgeschnitten, und schon mit dem ersten Bewusstsein dieser Tatsache, die sie ableugnen mögen, so viel sie wollen, so lange sie im ersten Rausche leben, die sie aber nicht mehr, mit wenigen Ausnahmen, bekämpfen k ö n n e n, wenn sie zu reiferem Bewusstsein gelangen, fängt meist diese Leidenschaft an, wieder zu erlöschen, und h a l t e n sie dann den Schwur den sie geleistet – und oh, in wie seltenen Fällen – so sind sie unglücklich für ihr ganzes Leben, und der Verstand wirft dem Herzen jetzt in quälender Reue den Leichtsinn seiner Jugend vor.

Und halten sie ihn n i c h t? lieber Leser, unter dem buntfarbigen Kattun schlägt manches gebrochene Herz, und der stille Wald entweder, aus dem sie der Verführer gezogen, und in den sie zurück fliehen, oder das offene Laster sind die gewöhnlichen natürlichen und unnatürlichen Heilmittel, die das arme Mädchenherz sucht seinen Schmerz zu verträumen – oder zu betäuben.

Bei ehelicher Liebe fällt mir übrigens eine Frau ein, die in Papeete gewöhnlich mit einem weißen allerliebsten kleinen Kind auf dem Arm herumging, und deren Anblick stets einen entsetzlichen Eindruck auf mich machte. Sie soll in früherer Zeit ihren Mann umgebracht haben, und zur Strafe ist ihr jetzt das englische Wort »Mord« mit großen Buchstaben (die Buchstaben auf dem Kopf stehend und mit schätzenswerter Beachtung der richtigen Abteilung des Wortes, aber gänzlicher Missachtung jeder Symmetrie ˙ꓤƎ ꓷꓤⱯꟽ) die vier ersten Buchstaben auf die linke, die beiden anderen auf die rechte Backe in unvertilgbaren Zügen quer durch das Gesicht tätowiert. Eine entsetzliche Art, ein Brandmal aufzudrücken.

Durch die kleine Stadt schlendernd, wie ich es häufig tat, so viel als möglich von dem Leben und Treiben der Eingeborenen kennenzulernen, kam ich auch einst zu einem dichten Bosquet von Brotfruchtbäumen und Orangen, die auf dem kleinen Raum oder Platz, an dem vier Straßen gerade zusammenliefen, des Schattens wegen stehengelassen waren und eben nur notdürftig Raum zum Durchpassieren eines Fuhrwerks gestatteten. Hier hatte sich eine ganze Gesellschaft von Eingeborenen gesammelt und zwar so, dass sie den inneren Raum oder die Straßen für alles, was passieren wollte, freiließen aber auch zugleich einen größeren Kreis bildeten, an dessen oberem Ende, leicht erkennbar an Gestalt und Ausdruck wie auch aus der sorgfältiger gewählten Kleidung, die Ältesten dieses »Viertels« vielleicht, auf dort ausgebreiteten Matten saßen und wie es schien, ernsthaft und eifrig in einem Gespräch begriffen waren. Das musste aber besonders die Nächstsitzenden sehr interessieren, denn sie verwandten selber keinen Blick von den »Richtern« – und als solche wiesen sie sich bald aus – sondern horchten mit der gespann-testen Aufmerksamkeit hinüber, ob sie nicht vielleicht ein Wort erlauschen könnten.

Die Übrigen im Kreis, von denen wenigstens drei Vier-teile Blumen und Kränze geschmückte Frauen und Mädchen waren, bildeten wieder lauter einzelne Gruppen und, lieber Gott, was sich die lieben lebendigen Wesen nicht alles zu erzählen hatten – und wie sie dabei gestikulierten und wie ihre Augen funkelten. – Wenn ich auch kein Wort von der ganzen Verhandlung verstand, ich war fest entschlossen, das Resultat abzuwarten und ließ mich deshalb gerade mitten zwischen eine der verschiedenen Gruppen, die mir freund-lich Platz machten, nieder.

Es dauerte übrigens gar nicht lange, so kam ein junger schlanker Indianer, mit Lenden- und Schultertuch um, einen Kranz von Arrowroot-Fasern und blaubuntem Zeug in den Haaren und große weiße Sternblumen über die Ohren ge-hängt, die Straße anscheinend ganz gleichgültig herunter und ging durch den Kreis hindurch – während es rechts und links an zu flüstern und wispern fing und einzelne der Mädchen verstohlen mit dem Finger nach ihm deuteten – als ob ihn die ganze Sache gar nichts anging. Ich glaubte auch wirklich im Anfang, er sei nur zufällig des Weges gekommen und so an derlei Verhandlungen gewöhnt, dass er sie weiter gar keines Blickes würdigen wolle. Er hatte aber noch nicht den äuße-ren Rand wieder erreicht, als plötzlich, gar nicht weit von mir entfernt, ein junges Weib aus der Schar der Zuschauer sich erhob und den Arm gegen den Mann ausstreckend, mit lauter Stimme einige Worte, gegen die Richter gewendet, rief.

Mit dem Klang der Stimme blieb der Mann stehen, und sein Antlitz den Richtern zugedreht, ohne nur einen Blick nach der Gegend hinzuwenden, wo die Frau stand, die jetzt in leiser aber durchdringender Rede ihre Anklage gegen ihn vorzubringen schien, blieb er mehre Minuten regungslos auf seinem Platz. Sie hatte lange aufgehört zu sprechen – und eine

Stille herrschte dabei, dass man ein Blatt hätte können fallen hören, – ehe der Angeklagte, aber jetzt auch in rascher lauter, nicht unmelodischer Sprache erwiderte.

Doch guter Gott, was für ein Skandal brach plötzlich los, – die Frauen hatten kaum die ersten Sätze seiner Verteidigung gehört, als sie, wie es schien, alle auf einmal auf ihn ein wollten und das sarkastische Lächeln, das dabei über seine, außerdem etwas scharf und kalt geschnittene Züge zuckte, machte das Übel noch ärger. Die Richter oder was sie sonst sein mochten, lachten im Anfang, als aber der Lärm nicht aufhören wollte, stand der eine von ihnen auf und beruhigte die Masse, und es war wirklich höchst interessant, das Leben und Feuer in den anscheinend sonst so ruhigen und gutmütigen Gestalten, das hier plötzlich durch irgendein Wort zur hellen Flamme angeblasen worden, zu beobachten.

Gerade jetzt war auch ein alter Herr, ein Europäer und jedenfalls Franzose, neben mich getreten, der Verhandlung zu lauschen und an diesen wandte ich mich mit der Bitte, mir nur eine Idee von dem zu geben, was hier eigentlich vorging. Die Sache war interessant genug. Der Mann, der Untreue und des Verlassens seiner Frau angeklagt, hatte mit ihr drüben auf Morea gewohnt und war eines Morgens verschwunden; keine Nachforschung brachte auch nur das geringste Resultat und man glaubte zuletzt, er sei beim Baden von einem Hai unter Wasser gezogen und verzehrt worden. Die Frau blieb noch einige Zeit auf Morea (wie Imeo sehr häufig von ihnen genannt wird), ging dann nach Huaheine und kam vor einigen Tagen hier nach Tahiti, Verwandte zu besuchen, als sie plötzlich ihrem tot geglaubten Mann in der Straße begegnet und von diesem verleugnet wird. Um nicht vor das obere Gericht zu gehen, waren Schiedsrichter gewählt, Zeugen geladen und der Angeklagte vorgefordert worden, und dieser erste Sturm galt jetzt dem Leugnen des schlechten Ehemanns, der, mehren Zeugen zum Trotz, die ihn genau kannten, abstritt, seine Frau jemals gesehen zu haben.

Die Frauen konnten wirklich nur mit Mühe wieder beruhigt werden und die Gefassteste von allen schien das junge Weib selber, das, ihr Schultertuch fest um sich hergezogen, mit einfacher aber fester Stimme die Unbilden ihres Mannes zu erzählen schien, oft wieder von lauten Ausrufungen der Entrüstung unterbrochen. Ich frug jetzt meinen Nachbar, weshalb die ganze Sache nicht lieber vor einem geistlichen Gericht verhandelt wäre, und er versicherte mich, der Mann habe das auch gewollt, die Frau aber darauf bestanden, in solch öffentlicher Sitzung ihre Klage vorzubringen.

Die Verhandlung dauerte wohl eine volle Stunde, und der Angeklagte hielt einmal eine förmliche Rede, die er fließend und lebendig sprach und weder stockte noch anstieß, leider konnte ich aber den Inhalt nicht mehr erfahren, denn dem Franzosen war die Zeit lang geworden; und von einigen der tahitischen Männer, obgleich sie mir auf die erste Anfrage die Sache auf das freundlichste auseinandersetzten, bekam ich nicht heraus, was sie eigentlich wollten. Nur so viel erfuhr ich später, dass die Richter den Verklagten einstimmig verurteilt hätten, mit seiner Frau nach Morea zurückzukehren – aber ich weiß nicht, ob er es auch getan hat.

Neben mir, an einen breitästigen Orangenbaum gelehnt, stand ein junges, bildhübsches Mädchen in der Tracht der Eingeborenen, doch mit fast weißen Gesichtszügen – sie sah bleich und krank aus, aber ich habe auf all den Inseln, die ich besucht, kein edleres, schön geformteres Antlitz, keine vollkommnere Gestalt gesehen als dies Mädchen von Morea, die Schwester der verlassenen Frau.

Was den Handel dieser Inseln betrifft, so ist der noch ziemlich beschränkt; von eigentlichen Produkten führt Otahaiti wohl nur ein sehr weniges in Kaffee, Zucker, Arrowroot und Kokosnussöl aus, während von hier aus zugleich die Fahrzeuge gewöhnlich abgehen, Perlmuscheln von der Pomatugruppe zu holen. Leider war mir wieder einmal mein Geld so knapp geworden, dass ich nicht wagen durfte, viel länger hier zu bleiben – ich konnte schon jetzt nicht einmal mehr meine Passage nach Sydney vorausbezahlen, sonst hätte ich eine treffliche Gelegenheit benutzen können, die Pomatugruppe sowohl zu besuchen, als auch die Perlmuschelfischerei dort mit kennenzulernen, denn ein junger Franzose, den ich auf Tahiti kennenlernte und der selber einen eigenen kleinen Schoner hatte, diese Inseln zu bereisen, machte mir ein sehr freundliches Anerbieten ihn zu begleiten – Aber es ging eben nicht und wie manchen anderen Abstecher nach rechts und links musste ich liegenlassen auf meiner Tour, wo oft kleine Summen weit gereicht und meine Fahrt noch weit interessanter und nützlicher gemacht hätten. Das ließ sich nun einmal nicht ändern, und ich musste mich von jetzt ab bis Sydney auf die einfache Fahrt begnügen, zu welcher Passage zu bekommen es anfing, die höchste Zeit zu werden.

Gegenwärtig lagen dabei nur sehr wenig Fahrzeuge im Hafen vor Papeete und von allen diesen nur ein einziges wirklich nach Australien bestimmt, und das war ein kleines Ding von einem Schoner von nur achtzehn Tonnen. Nichtsdestoweniger ging ich zu dem Kapitän desselben, erkundigte mich nach Passage und fand ihn auch willig, mich in einigen Tagen, bis wohin er seine Ladung beendet haben wollte – (zwei Mann hätten das kleine Ding in einem halben Tag zum Sinken vollladen können) als Passagier aufzunehmen. So fing ich an, mich, trotz dem Abreden einiger in Tahiti gefundenen Freunde, die durchaus nicht wollten, dass ich mein Leben auf solcher Nussschale von Fahrzeug, noch dazu in diesen Monaten riskieren sollte, wo alle Tage einer der heftigen und gar nicht so ungewöhnlichen Taifune einsetzen konnte, zu einer neuen Seereise einzurichten. Möglich ist's, dass mir das Fahrzeug gar nicht so entsetzlich klein vorkam, weil ich ja erst vor kurzem in einem selbst noch kleineren auf Tahiti gelandet war, aber ich sah nichts außerordentliches darin und würde richtig mit an Bord gegangen sein, wäre der Schoner – sie nannten ihn »Flinders« –nur eben segelfertig gewesen.

Von Kriegsschiffen lagen leider gar keine gegenwärtig in Papeete, denn die sonst hier stationierten waren eben auf einer Recognoscirungsfahrt nach den benachbarten Gruppen begriffen, von denen sie erst in vier oder sechs Wochen wieder zurückerwartet wurden.

Im wirklichen Besitz haben die Franzosen nämlich bis jetzt nur Tahiti, das gegenüber liegende Imeo und die Marquesasinseln. Wie mir gesagt wurde, nahmen sie, als sie sich auf den Gesellschaftsinseln festsetzten, Besitz von den Inseln, die der Königin Pomare gehörten, wenn aber auch früher die ganze weite Gruppe den Stamm der Pomares als obersten Herrscher anerkannt hatten, so erklärten sie sich jetzt plötzlich, durch fremden Einfluss dazu bewogen, als völlig unabhängig von diesen und stellten sich unter den Schutz von England und Amerika. Ihre Häuptlinge, die bis dahin Vizekönige der Pomares gewesen waren, wurden dadurch völlig unabhängige Regenten und erklärten, mit den Wi-wis nichts wollen zu tun zu haben. Es lässt sich denken, wie eifrig damals die protestantischen Missionäre daran gearbeitet haben, diese Plätze frei von französischem Einfluss zu halten – ihr eigener Einfluss wäre dabei vernichtet worden, und es wurde bei ihnen zur Lebensfrage.

Überhaupt ist die ganze französische Invasion dieser Inseln nur eigentlich durch den starrköpfigen und blinden Eifer dieser Menschen, die sich »Diener des Herrn« nennen, veranlasst worden, und es sehr die Frage, ob dereinst in Mr. Pritchards, Howes und Anderer Schuldbuch so viel Seelen auf ihrem H a - b e n , als Blutstropfen für den Fanatismus vergossen auf ihrem S o l l glühen werden, das schwere Konto auszugleichen.

Vor längeren Jahren waren zwei katholische Priester (ebenfalls Fanatiker, die sich nicht damit begnügten, H e i d e n zum Christentum zu bekehren, sondern denen eben nur daran lag, an den bequemsten Stellen Proselyten für ihren Glauben zu gewinnen, mochten sie herkommen wo sie wollten), von einer der anderen Gruppen nach Tahiti gekommen und an irgendeinem Teil der Südküste gelandet. Von dort das Land durchziehend, predigten sie ihren Glauben, ich weiß nicht mit welchem Erfolg, und kamen so auch nach der Hauptstadt des Reichs, wo sie in der Uneinigkeit der Indianer selber eine kräftige Stütze fanden. Von jeher haben sich politische Fraktionen, wenn sie es in ihrem Vorteil fanden – und wir brauchen nur aus dem Fenster zu schauen, die Beispiele auf der Straße herumlaufen zu sehen – der Religion zum Deckmantel bedient, ihre eigenen und eigennützigen Pläne durchzuführen. Die Religion selber – (d.h. solche, die erklärten, im Namen derselben zu handeln, denn zwischen denen und Religion ist nur zu oft noch ein himmelweiter Unterschied) hat es ebenso gemacht, und Tahiti ahmte in der Hinsicht, wenn auch im Kleinen, ganz dem alten Lande nach.

Mehre der Häuptlinge sowohl, als, wie mir gesagt wurde, auch der damalige amerikanische Konsul, empfingen die katholischen Priester nicht allein freundlich und gastlich, sondern von den ersteren bekannten sich auch einzelne zu der neuen Sekte. Weiter aber wollten es die protestantischen Missionäre nicht kommen lassen und von ihren Predigten aufgereizt, erbrachen die Indianer die Wohnung der römisch-katholischen Priester und trieben diese an Bord eines kleinen erbärmlichen Fahrzeugs, das sie tausende von engl. Meilen gen Westen schaffen musste.

Die natürliche Folge war, dass wie auf den Sandwichsinseln eine französische Fregatte (die Venus, Capt. Du Petit Thouars) in Papeetes Hafen landete und nicht allein Satisfaktion, sondern auch noch, ebenfalls wie auf den hawaiischen Inseln, eine bedeutende Summe Geld zur Sühnung verlangte.

Die Königin Pomare hatte sich schon damals wie auch bei späteren Schwierigkeiten fest und entschlossen gezeigt und wollte sich den Forderungen der Franzosen, die im anderen Fall die Stadt zu beschießen drohten, in keinem einzigen Punkte fügen; Mr. Pritchard aber, der neben der Königin das einzige ordentliche Wohnhaus mit Glasfenstern und Einrichtung hatte, wusste recht gut, dass er bei einer Beschießung am allerschlechtesten wegkommen würde, und brachte die Summe, ich glaube 2.000 Dollars, durch Kollekte bei allen Fremden zusammen.

Damit waren die Franzosen aber noch lange nicht zufrieden; Du Petit Thouars verlangte von jetzt an auch volle Berechtigung für seine Landsleute auf der Insel ungehindert zu leben und ihre Religion auszuüben wie zu verbreiten, und die Kanonen seines Kriegsschiffes machten eine vollkommene entscheidende Wirkung. Die spätere völlige Besitznahme der Inseln wäre sicherlich nie ohne jene Vorgänge erfolgt; nun aber hat die katholische Religion auch festen Fuß gefasst – sie ist die Religion der regierenden Gewalt, sie hat in den Augen der Indianer mehr äußeren Glanz und gestattet ihnen dabei noch z.B. alle unschuldigen Freuden des Gesanges und Tanzes. So gegenüber den starren Geistlichen der protestantischen Kirche zweifle ich gar nicht, dass die Eingeborenen Tahitis in nicht so sehr langer Zeit für die protestantischen Missionäre vollkommen verloren sein werden.

Die Königin selber ist übrigens, schon aus Hass gegen die Franzosen, streng protestantisch, und wird dieser Sekte wohl schwerlich je entsagen.

Pomare IV. ist jedoch nur noch dem Namen nach Königin; die ganze Gewalt ruht jetzt in den Händen oder vielmehr in den Kanonen der Franzosen, und Pomare bezieht gegenwärtig eine Apanage von 25.000 Fr. jährlich, neben der der Erbprinz, wenn ich nicht irre, ebenfalls noch 5.000 erhält.

Die übrigen Inseln dieser Gruppe stehen, wie schon gesagt, unter dem Schutze Englands und Amerikas, zunächst aber, als nächste Nachbaren, unter französischem, freilich unfreiwilligem Protektorat, das aber nicht den geringsten Einfluss auf ihre inneren Verhältnisse ausübt.

Die Marquesasinseln werden von Frankreich auch noch besetzt gehalten, aber wohl wieder aufgegeben, denn wenn ihnen auch ein Sammelplatz in diesen Gewässern wie Tahiti z.B. von mancherlei Nutzen ist und in etwas die sehr bedeutenden

Kosten vergütet, so ist doch ein zweiter solcher Platz, in solcher Nähe der Gesellschaftsinseln, unnötig, und müsste nur etwa behauptet werden, andere Nationen davon fernzuhalten.

Was die gesellschaftlichen Verhältnisse Tahitis betrifft, so sind die, wie sich das auch bei einer so wirklich merkwürdig und ausgesucht zusammengewürfelten Gesellschaft gar nicht anders denken lässt, nur auf gewisse Kreise beschränkt, in denen sich die Franzosen – viele mit ihren indianischen Frauen – sehr für sich abgeschieden halten und sich auch vollkommen genügen.

Am lebendigsten zeigen und am besten amüsieren sich anscheinend dabei die unteren Klassen, Soldaten und Unteroffiziere, und an Gelegenheit, das wenige zu verzehren, was sie an Sold bekommen, fehlt es ihnen wahrhaftig nicht, denn Weinschank an Weinschank steht in Papeete, und Engländer, Iren, Schotten und Amerikaner wetteifern miteinander, das in einzelnen Flaschen und Gläsern wieder unter das Publikum zu bringen, was französische Schiffe Fässer- und Schiffsladungenweis in den Hafen führen.

Die Franzosen haben jetzt entschieden das Übergewicht, außer diesen halten sich noch einige Spanier hier auf, dann mehre Amerikaner – unter diesen der Konsul, ein Kaufmann, ein Gastwirt und ein Schmied wie einige alte englische Gentlemen, die auch schon lange Jahre auf der Insel sich in die Sitten und Gebräuche hineingefunden haben, mit den Franzosen aber keineswegs harmonieren. Dann die protestantische Geistlichkeit, die sich jetzt auch wieder in die orthodoxe und liberale oder vielmehr unduldsame und duldsame geschieden hat und auch wenig mit anderen Weißen in Berührung kommt. In der englischen Bevölkerung gibt es aber auch noch unter den Weißen eine eigene Klasse, die mit der anderen, besseren gar nicht und unter sich selber nur sehr wenig verkehrt. Dies sind meist früher von Walfischfängern oder Kriegsschiffen entsprungene Matrosen, die jetzt hier einen kleinen Trinkstand oder einen eben solchen

Miniaturkaufladen eröffnet haben und sich meist mit einer Schar von Eingeborenen, selber halb Indianer geworden, umgeben. Die ich hier in der Art sah, sind meist Schotten und Iren und nur einen einzigen Bremer mit seiner Frau, auch aus den unteren Klassen, fand ich in ähnlichen Verhältnissen. Als ich später nach Adelaide in Australien kam, hörte ich, dass von dort in den letzten Monaten noch einige andere Familien Deutscher, Zimmerleute und Tischler nach Tahiti abgegangen waren.

Eine sehr liebenswürdige Bekanntschaft machte ich aber in einem jungen Straßburger, einem Chemiker, der hier in einem kleinen Laboratorium meist für den Apotheker arbeitete, und sich sehr wohl befindet – Sein Name war Rollenberger, und er sprach so gut deutsch wie ich selber.

Die Wohnungen der Europäer in Papeete sind reizend. – Noch vor zehn Jahren bestanden erst zwei Wohngebäude in der ganzen Stadt mit Glasscheiben, das der Königin und das des ersten Dieners des Herrn, Herrn Pritchard, seit der Zeit hat sich Papeete aber ungemein vervollkommt und das Gouvernementsgebäude, von Stein aufgeführt und mit einem kleinen Türmchen oben, gibt mit den vielen größeren Wohnungen und freundlichen Villas dem Ort schon fast das Aussehen eines der bedeutenden Plätze im südlichen Amerika oder Indien. Die Häuser sind, mit einigen Ausnahmen, meist einstöckig und mit luftigen Verandas umgeben, sehr viele, ja fast die meisten den Europäern gehörigen mit Glasfenstern versehen und von den freundlichsten blumen- und fruchtgefüllten Gärten umgeben. Brotfrucht und Bananen, Orangen, Papayas, Kokospalmen umstehen in dicht schattigen Gruppen die freundlichen Gebäude und die buntblumige Akazie vom Cap der guten Hoffnung, die sich als Zierpflanze fast in allen Gärten Honolulus, Papeetes, wie selbst in Indien findet, mit den herrlich duftenden weißen Sternblumen der rosa sinensis und andern Blüten, geben den Häusern und Straßen Papeetes etwas ungemein freundliches und trauliches.

Was den tahitischen Handel betrifft, so beschränkte der sich in früheren Jahren meist nur auf Walfischfänger verschiedener Nationen, die hier nicht allein anlegten, Erfrischungen einzunehmen, sondern auch meist noch einen kleinen Vorrat von Kattunen und Spielereien, wie den leidigen Branntwein mitführten. – Hiezu kamen noch einzelne Schiffe, die teils von Sydney, teils von Valparaiso direkt nach Tahiti des Handels wegen gingen, da auch hierher die meisten auf den benachbarten Inseln gezogenen Produkte zum Verschiffen gebracht wurden. Kalifornien hat dies ziemlich regelmäßige Verkehrssystem, aber, da die Walfischfänger nur zu gewissen Zeiten hier anliefen, ziemlich über den Haufen geworfen, denn sehr viele Schiffe, die teils von Australien nach Kalifornien gingen, teils von dort zurückkehrten, liefen diese Inseln an, ihre noch vorrätigen Waren abzusetzen und dafür einzutauschen, was sie eben bekommen konnten. Der Markt für solche Sachen, die überhaupt in Papeete verkauft werden können, ist aber sehr bald überfüllt, ein paar Schiffe, die zu gleicher Zeit einlaufen, drücken schon die Preise herunter und dreie, viere kommen nicht auf ihre Kosten. Auch der Export ist noch gar nicht so bedeutend, eine größere Anzahl von Fahrzeugen zu beschäftigen, denn der Indianer dort lässt sich eben nicht wie der Indier z. B. zur Arbeit für seine Eroberer zwingen, und seine Brotfrucht wächst ihm von selber zu. – Es wird deshalb auch noch langer Jahre bedürfen, ehe ein lebendigerer Verkehr hier hergestellt werden könnte. Die Franzosen sollen jetzt bemüht sein, europäische Kolonisten hinüberzuziehen; diese müssten sich dann aber auch freilich ihre eigene Arbeiter mitbringen, denn sie werden die Eingeborenen nie gutwillig dazu bewegen, Hand anzulegen und mehr zu bauen, als sie eben zu ihrem eigenen Unterhalt brauchen.

Eines Sonntags, als ich eben wieder in der Veranda des nordamerikanischen Hotels saß und die wundervolle Bai, die reizende kleine palmenbewachsene Insel und im Hintergrund die kühnen Konturen Imeos überschaute, lief eine Brigg ein, unter englischer Flagge, und eine halbe Stunde später hörte ich, das Fahrzeug sei nach Sydney bestimmt. Mit dem »Flinders« – dem kleinen Schoner schien mir die Sache dabei ebenfalls nicht richtig – die paar Leute, die an Bord waren und Anteil am Fahrzeug zu haben schienen, tranken entsetzlich und zankten in einem fort miteinander und in einer solchen Nussschale von Fahrzeug nachher mit solchen Menschen wochen- und im unglücklichen Fall monatelang eingepfercht zu sein, ist wahrlich kein Vergnügen. So fuhr ich an Bord des neu angekommenen Schiffes »Emma Prescott« hinüber und bedung auch ohne weiteres Zögern meine Passage nach Sydney – an Ort und Stelle angekommen zu zahlen. – Von den »Flinders« aber habe ich nie wieder gehört, denn selbst nach sechs Monaten, die ich in Australien verbrachte, war er nicht dort angekommen, und kein Mensch wusste etwas von ihnen.

Die Brigg sollte nun allerdings schon am nächsten Abend unter Segel gehen, ich war aber in der Art zu oft angeführt, mich groß zu beeilen, schaffte also nur ruhig meine Sachen an Bord, und beschloss dann den letzten Augenblick, das Lösen des Vormarssegels, abzuwarten.

Eine Hauptsache hatte ich indes noch zu besorgen, einen Vorrat an Früchten nämlich für die Reise anzuschaffen und hierin war mir besonders der junge Straßburger, Herr Rollenberger, behilflich, aus dessen Garten ich mir noch nicht voll reife Orangen selber a b p f l ü c k t e, da die zum Markt gebrachten gewöhnlich heruntergeschüttelt werden und sich nicht die Hälfte der Zeit halten. Außerdem versah ich mich noch mit Bananen, Kokosnüssen zum Trinken, Zitronen für das Wasser, roten Pfeffer für Salzfleisch und Speck – eine schöne Abwechslung gegen die herrliche vegetabilische Kost auf den Inseln und durfte so einer Fahrt in dem ziemlich warmen Wetter mit Ruhe entgegensehen. Außerdem hatte mir der Supercargo des Schiffes auch noch eine Reihe von Sachen genannt, die er einkaufen wollte und mit günstigem Wind konnten wir Australien leicht in drei bis vier Wochen erreichen.

Den ganzen letzten Tag in Papeete verbrachte ich übrigens auf dem Markt, die nötigen Sachen zu bekommen, denn dieser ist auf gar wunderlich unbequeme Art eingerichtet und so ärmlich und traurig bestellt, wie es nur immer die Faulheit der Indianer zulässt. Die Marktgebäude bestehen aus zwei auf hölzernen Pfosten ruhenden, etwa fünfundzwanzig Schritt langen und zehn Schritt breiten Strohdächern, unter denen, was gerade eingebracht ist, feilgeboten wird. Man kann aber zehnmal des Tags hinkommen und findet vielleicht nur an dem einen Pfosten einen Mann mit zwei Körben Orangen oder Bananen und an einem andern ein Mädchen mit vier oder fünf Stängel Zuckerrohr. Das einzige Gute bei dem Einkauf ist, dass kein Handel stattfindet. Die Eingebornen fordern ihren Preis, den, wenn ich nicht irre, die Regierung auf die Sachen setzt, und davon gehen sie nicht ab, wer ihnen das nicht gibt, lässt die Sache eben ungekauft. Das Schlimme aber dabei, sie binden sich an gar keine Zeit mit ihren Waren zu Markt zu kommen, denn sie wissen recht gut, sie verkaufen alles, was nicht eben das alltäglichste wie Orangen, Bananen und Kürbisse ist, so rasch wie sie nur den Marktplatz erreichen. So sieht man sie denn bald von dieser, bald von der Seite mit ihren Stöcken auf der Schulter, von denen nach chinesischer Sitte die Waren hinten und vorn herunterhängen, langsam angeschlendert kommen und mit derselben Ruhe stecken sie ihr Geld ein und schlendern wieder ab.

Dabei sind sie auch, wenn sie erst die eine Ladung verkauft haben, nie zu bewegen, eine zweite zu bringen – ihre Tagesarbeit ist getan, sie haben gerade so viel, wie sie für heute brauchen und sich auf m o r g e n zu quälen – fällt ihnen gar nicht ein. So wollte ich gern so rasch als möglich eine größere Quantität Kokosnüsse haben, als eben einkam und bot zweien der jungen Burschen, denen ich ihren Stock voll abgekauft hatte, das doppelte, mir noch eine solche Quantität zu bringen. –

»Morgen« lautete ihre lakonische Antwort, und wenn sie Taschen gehabt, hätten sie jedenfalls die Hände hineingesteckt.

Die Kokosnüsse, die sie zu Markt bringen, sind gewöhnlich schon von ihren Hülsen befreit, da sich aber die mit den Hülsen noch daran besser zu einer Seereise eignen, indem sie sich länger halten – denn die ersteren verderben schon nach vier, fünf Tagen – so ließ ich mir auf dem Markt selbst von einer dort stehenden Kokospalme eine Partie herunternehmen.

Die Art, wie die Indianer auf die Kokospalmen hinaufklettern, ist eigentümlich. Sie machen sich von Bast einen »Schuh«, wie sie es nennen, das heißt, sie nehmen ein vielleicht drei Fuß langes Stück starken Bast, binden dies an den Enden zusammen und schlagen es, dass es sich in der Mitte kreuzt, um beide Füße; auf solche Art bildet es eine Art Steigbügel und mit Hilfe desselben, die Beine immer zu gleicher Zeit nach sich ziehend, laufen die jungen Bursche manchmal wie Katzen an den hohen schlanken, selten aber mehr als ein bis anderthalb Fuß im Durchmesser haltenden Palmen empor, brechen die Nüsse von den dünnen Stielen los, stellen sie, die Spitze nach unten, zwischen die zusammengespitzten Finger und drehen sie scharf, damit sie, herunterfallend, in der Luft sich herumwirbeln, ihre Stellung behalten und mit der Spitze wieder in die weiche Erde fahren. Schlagen sie seitwärts auf, so platzen sie, und das Wasser geht verloren.

Interessant ist der Fleischmarkt, der aber nur morgens mit Tagesanbruch gehalten wird. Die Fleischer, die ich sah, waren, wenn ich nicht irre, ein Engländer und ein Irländer, und bringen gewöhnlich nur Schweinefleisch zu Markt, die Woche ein- oder zweimal aber auch Rindfleisch, das von den Eingeborenen nicht angerührt wird, und beschleunigen natürlich den Verkauf so viel als möglich, ihre Ware der Hitze nicht auszusetzen. Wenn die Sonne morgens aufgeht, ist gewöhnlich kein Stück mehr zu finden. Die Indianer machen sich übrigens auch weit weniger aus Fleisch als aus Fischen und interessant ist es dabei besonders zu sehen, wenn größere Fische, vorzüglich Bonitos, auf den Markt kamen.

Das Gesetz ist, dass kein Fisch am Strand verkauft werden darf, sondern dass ihn der Verkäufer bis auf den Marktplatz nehmen muss. Eigene, mit kennbaren Hüten versehene Marktwächter wachen darüber. Gerade am letzten Morgen, wo ich früh auf den Markt ging, nachzusehen, ob etwas dort sei, was ich mitzunehmen wünsche, hatte es in der vorherigen Nacht stark geregnet und der Graben, der den Marktplatz von der gewöhnlichen Straße schied, war bis zum Rand angefüllt. Über diesen Graben mussten die Verkäufer ihre Waren bringen. An dem Morgen war aber ein kleines Boot eingelaufen, was eine ganze Quantität Bonitos an Bord hatte und das Drängen und Reißen um diese war wirklich komisch. Der Verkäufer kam mit immer zwei in der Hand nach dem etwa zweihundert Schritt entfernten Markt; an diese zwei hatten aber gewöhnlich schon vier, fünf Mann unterwegs Hand angelegt, liefen auf solche Art mit wahrer Todesverachtung durch den etwa zwei Fuß tiefen Graben, und fingen gleich drüben an, sich um die von allen Seiten beanspruchten Fische zu reißen. Der Verkäufer sah ihnen lachend zu, wartete erst geduldig ab, wer den Fisch erwischte, ließ sich von diesem das Geld geben und ging dann ruhig zurück, ein paar andere zu holen, die auf dieselbe Weise abgesetzt wurden.

Wenn Fische in dieser Gegend selten wären, wollte ich nichts davon sagen, aber sie sind, und zwar mit leichter Mühe, in Masse zu bekommen, nur eben Mühe muss man sich darum geben. Die Indianer sind aber wie gesagt zu faul und begnügen sich, ehe sie selber für ihren eigenen Gebrauch darnach gehen, lieber mit ihrer Brotfrucht.

Morgens um elf Uhr etwa, nachdem mich der Supercargo schon hatte um sechs an Bord sprengen wollen, wurde zuerst die Ankerwinde der »Emma Prescott« bemannt, bald darauf liefen die Leute nach oben, das Vormarssegel zu lösen und es war jetzt Zeit zu gehn, wenn ich nicht zurückgelassen werden wollte. Mein Canoe, mit einem kleinen india-nischen Burschen darin, lag übrigens bereit, rasch schossen wir von zwei Rudern scharf getrieben über die spiegelglatte Bai. – »Up with your helm«, rief der Lotse in demselben Augenblick fast, als ich an Bord kletterte, der Bug der Brigg kam herum und nicht zwei Minuten später flatterten die Segel, die Schothörner flogen von den Geitauen gezogen an die Spitzen der Raaen, diese wurden fast Vierkant gebrasst, denn der Wind war zum Auslaufen vortrefflich und als das Wasser unter dem Bug zu kräuseln begann, ließen wir die Fahrzeuge, zwischen denen wir gelegen, zurück und näher-ten uns mehr und mehr den Riffen, zwischen denen hinaus die Natur hier eine breite herrliche Fahrstraße gelassen, und hatten vor uns schon die weite freie See. Noch zwischen den Riffen ging der Lotse – ein Amerikaner und nicht mehr der alte wackere Jim, dessen sich frühere Seefahrer noch mit so viel Vergnügen erinnern – wieder an Bord – sein Walfisch-boot hatte er hinten anhängen gehabt. – Rechts und links vor uns schäumte die Brandung – die Riffbank flog förmlich vor-über – die Häuser von Papeete schmolzen mehr und mehr zusammen, kaum ließen sich noch die einzelnen Menschen am Rand mit bloßen Augen erkennen. – Joranna, Joranna ihr freundlichen Inseln – Eure Palmen sinken in die See, eure Berge schwinden am Horizont zusammen, Joranna – und gen Westen liegt wieder meine Bahn, der sinkenden Sonne nach.

Tanunda
Skizze aus Südaustralien

Tanunda – nach dem indianischen Ortsnamen so genannt – ist ein kleines Städtchen von einigen hundert Einwohnern, mit den Gebäuden allerdings etwas im englischen Geschmack, der Bevölkerung aber, ein paar einzelne Fälle vielleicht ausgenommen, total deutsch. – Mir war es übrigens ein merkwürdiges Gefühl, in einem fremden Land und Weltteil wie auch in einer englischen Kolonie so urplötzlich lauter Deutsche und in der Tat ein rein deutsches Leben und Schaffen um mich zu finden; manchmal musste ich mich wirklich ordentlich besinnen, besonders wenn ich so überall kleine Gruppen in den Straßen stehen sah und a l l e s Deutsch reden hörte, ob ich denn auch wirklich in Australien sei. Es war aber doch nun schon einmal nicht anders, und ich gewöhnte mich zuletzt auch daran – ich glaube, ich hätte mich gewöhnt, wenn sie Chinesisch gesprochen hätten, denn so schnell von einer Sprache in die andere geworfen zu werden, wie mir das in den letzten Jahren in einem fort gegangen ist, macht einen zuletzt gegen alles derartige ziemlich gleichgültig.

Tanunda ist aber nicht allein seines Deutschtums, sondern auch seiner Religionsparteien wegen merkwürdig, und mir lag besonders daran, das Nähere über diese zu erfahren. Die wichtigste, wenigstens die bedeutendste Gemeinde unter diesen ist die A. Kavelsche oder altlutherische, die jedoch in der letzten Zeit einen ziemlich bedeutenden Stoß in ihrer Einigkeit durch einige simple Rechenfehler erhalten hat. Früher gehörten die Gemeinden Tanunda, Hahndorf, Langmeil und Lightsgaß, lauter deutsche Ortschaften, zueinander und zu einer Kirche.

Da hatte, ich weiß selbst nicht einmal, ob im Frühjahr dieses (1851) oder im Herbst vorigen Jahres, Pastor Kavel den unglückseligen Gedanken, den Untergang der Welt auf Tag und Stunde vorher prophezeien zu wollen, und er war dabei leichtsinnig genug, die Zeit nicht etwa einige tausend Jahre hinauszuschieben, sondern den Leuten dicht auf die Haut zu rücken. Das Resultat war dasselbe, was der berühmte Prediger Miller in den Yankeestaaten hatte – der liebe Gott tat den Leuten aber nicht den Gefallen, die Welt zu der bestimmten Stunde aus den Angeln zu heben, und alles ging seinen bestimmten Gang fort, nur die Kavelsche Kirche nicht.

Zu der prophezeiten Stunde soll damals die ganze Gemeinde hinausgezogen sein nach einem kleinen Creek, etwa zwei Meilen von Tanunda und eine halbe Meile von Langmeil, dort den Messias zu erwarten. Statt dessen kam ein starkes Gewitter, das sie tüchtig auswusch, und abends schliefen sie wieder, statt im Paradiese, in ihren Betten.

Auf die Gemeinde machte das aber einen bösen Eindruck; die Leute hatten fest darauf gerechnet, mit zerstört zu werden und fanden sich jetzt alle wohl und gesund – einige kleine Erkältungen vielleicht abgerechnet – und so weit von der ewigen Seligkeit entfernt als je. Durch die nicht eingetroffene Prophezeiung wurde aber auch zugleich ihr Glaube an den Propheten selber erschüttert, und ein Teil der Kavelschen Gemeinde fiel von Kavel ab. So wählte sich Langmeil den Pastor Meier, einen frühern Missionair der australischen Indianer, zum Pastor und nur Hahndorf und Tanunda, vielleicht auch Lightsgaß behielten den echten Glauben, da die Meiersche Gemeinde den so baldigen Untergang der Welt stark bezweifelte. Hr. Pastor Kavel rückte ihn aber indessen unverdrossen auf den Übergang von 1899–1900 hinaus. –

Was man in Tanunda selber – (d.h. der ungläubige Teil der Bevölkerung, denn Tanunda wird in H e i l i g e und W e l t k i n d e r eingeteilt) über die Gemeinde und ihren Glauben sich erzählt, grenzt an das Fabelhafte, und man muss sicherlich auch vorsichtig selbst im Glauben dieser Berichte sein, denn ich fürchte fast, dass die Weltkinder da manches übertrieben haben. Dem Religionswahnsinn ist freilich nichts unmöglich. Jedenfalls wollte ich mich selber so viel wie möglich unterrichten und besuchte deshalb Hrn. Pastor Kavel, von dem ich auch auf das Freundschaftlichste aufgenommen wurde.

Ich war gerade zu einer sehr interessanten Zeit nach Tanunda gekommen. Hr. Pastor Kavel hatte sich nämlich erst vor einigen Tagen mit seiner Wirtschafterin trauen lassen, und es war hierbei der s e h r eigentümliche Fall vorgekommen, dass, obgleich Herr Pastor Meier in Langmeil und ein anderer Pastor, Herr Mücke, der eine freisinnigere Gemeinde, auf die ich nachher noch zurückkommen werde, in Tanunda gegründet hat, beide von der Regierung ordiniert waren, Herr Pastor Kavel doch keinen dieser Herren für würdig oder befähigt hielt, die Trauung an ihm zu vollziehen und deshalb mit seiner Braut nach Adelaide fuhr, sich dort von dem Zivilgericht kopulieren zu lassen. Hiermit war nun seine Gemeinde auch nicht recht einverstanden, weder mit der Zivilehe, obgleich er sich nachher, in Tanunda angekommen, noch einmal von einem des Vorstandes einsegnen ließ, als auch mit der Ehe selber – wobei die Leute meinten, er hätte auch selbst in einer solchen Sache »den Schein« vermeiden sollen. Wenn man aber bei Heiratssachen immer erst die ganze Gemeinde fragen wollte, würden am Ende wenige zu Stande kommen – wenigstens nicht so, dass sie beiden Teilen behagte, und solche Sachen muss jeder immer am besten selber wissen. –

Der nächste Tag war ein Sonntag, und es versteht sich wohl von selber, dass ich die Kavelsche Kirche besuchte, nach der ich zum Hrn. Pastor zu Tische geladen war. Der Gottesdienst war natürlich der altlutherische, aber mit einer enormen Zahl von Gesangbuchsversen und Bibelstellen. Das Singen hörte nicht auf, und wenn ich auch keineswegs m e i n e Meinung als unfehlbar hinstellen will, so glaube ich doch wahrhaftig auch nicht, dass unsrem Herrgott daran gelegen sein kann, jeden Sonntag das halbe Gesangbuch vorgesungen zu bekommen. Ich musste an dem Tag 32 Gesangbuchsverse singen – und der Text? Ich bin fest überzeugt, dass die Leute, die jene Lieder geschrieben haben, denn gedichtet kann man sie nicht wohl nennen, die beste Absicht dabei hatten und dass sich ihr innigstes Gefühl dabei aussprach, es bleibt aber doch immer schwierig, »allerheilsamsten« z.B. in zwei Silben zu singen oder zu sprechen.

Herr Pastor Kavel predigte gut und fließend – d.h. mit gut will ich nicht etwa sagen, dass ich mit dem Sinn der Predigt einverstanden war – er sprach aber wie aus innerster Überzeugung – und ich will das zu seiner Ehre glauben – und sprach so, dass ich auch wohl begreife, wie er gerade d i e Klasse von Menschen, mit der er zu tun hat, dem, w a s er da sagte, gewinnen konnte. Sonst aber war seine Predigt ein Extrakt des Unduldsamsten, was man in irgendeinem Glauben nur vorbringen kann – nur sein kleines Häufchen von Auserwählten war es, dem das Himmelreich einst offen steht, und einen Satz seiner Predigt werde ich nie vergessen. »Die, so wirklich nach Gottes Wort handeln, aber nicht den rechten Glauben haben, sind, mögen sie so gute und Gott sonst wohlgefällige Taten tun, als sie wollen – rettungslos verdammt und gehen zum Teufel. Ja, Gott wird solche Menschen, gerade um ihrer guten Taten willen, nur noch um so mehr h a s s e n , weil er eben dieselben als eine Art von Heuchelei ansieht – da sie den Glauben nicht haben.« Und das sollte ein Gott der Liebe sein.

Diese Predigt war sauber zwischen eine unbestimmte Anzahl von Kapiteln aus der Bibel und die vorgenannte Zahl von Gesangbuchsversen eingepackt, mir wurde aber unheimlich dabei – ich bin sonst nicht gerade sehr ängstlich, aber mir schnürte es fast das Herz zusammen, wenn ich daran dachte, Gott könnte mich vielleicht auch mit zu diesem kleinen Häuflein rechnen, das da vor allen Dingen verlangte, selig zu werden und die Millionen des Erdballs schonungslos in die Hölle stieß – ich verlangte in dem Augenblick absolut mit den anderen bergunter zu gehn. Ich bin übrigens fest überzeugt, dass Hr. Pastor Kavel eine ungefähre Idee hatte, wess' Geistes Kind ich sei, und es ist wohl möglich, dass er wenigstens einen Teil der Predigt zu meinem eigenen Besten hielt, damit ich einsähe, in welcher entsetzlichen Gefahr ich schwebe oder, wenn das nicht anschlüge, mir vorzeitige Warnung meiner einstigen Bestimmung in einem sehr warmen Klima zu geben; jedenfalls wusste er, dass ich kein Altlutheraner sei, ich hätte mich sonst gleich bei meinem ersten Besuch ihm als solchen vorgestellt, und die natürliche Folge davon war meine spätere Verdammnis, mit der er mich also freundlich genug bekannt machte. Doch wie dem auch sei, für einen Verdammten nahm er mich, als ich nachher zu ihm zu Tische kam, so gastlich und herzlich auf, wie er es mit einem Rechtgläubigen nicht hätte besser tun können, und sein kleines junges Frauchen war ebenso – ich kann es ihm gar nicht verdenken, dass er den Junggesellenstand den Junggesellenstand sein ließ, und sich für sein Alter eine freundliche und menschliche Existenz sicherte. Auf Religionsgespräche wollte er übrigens in seinem Hause nicht eingehen und wusste sie auf sehr geschickte Art stets abzuleiten – ich kann ihm das auch gar nicht verdenken, ich hätte es ebenso gemacht, so was gehört auf die Kanzel, aber nicht ins Haus; ich verdachte ihm aber die Masse Gebete und Kapitel aus der Bibel vor und nach Tische – so etwas gehört ebenfalls auf die Kanzel, und wenn man sich auch das mit ins Haus nimmt, so ist das eben nur eine Geschmackssache.

Über die Religion der Kavelschen Gemeinde, ihren Glauben an ein bald bevorstehendes tausendjähriges Reich, auf ihre eigene und alleinige Auserwähltheit kann und will ich nichts sagen – es ist dies eben ein Glauben, eine Religion wie jede andere, und solange die Leute nur wirklich dem, was sie da beten, auch von ganzer Seele ergeben sind und mit inniger Überzeugung daran hangen, so sehe ich nicht ein, warum ihr Glaube nicht ein ebenso guter sein sollte wie jeder andere.

Ihre Irrtümer werden sie schon einsehen, wenn wir da oben einmal zusammenkommen.

Die Gemeinde hält sich übrigens sehr streng abgeschieden – der Artikel 1 ihrer Kirchenordnung sagt:

»Die Gemeinde geht von dem Grundsatz aus, dass nur die als wahre Glieder der Kirche betrachtet werden können, welche nicht meinen, aus e i g e n e r Vernunft und Kraft an Jesum Christum glauben zu können, sondern die vom h. Geiste durch das Evangelium berufen, mit Seinen Gaben erleuchtet, im rechten Glauben geheiligt sind und in demselben erhalten zu werden trachten.

Zu unsrer Verwahrung aber gegen alle donatistische und novatianische Irrsale wollen wir hierbei zugleich ausdrücklich auf den 8. Artikel der Augsburgischen Konfession, so wie auf alle, ein Gleiches besagende Stellen in den übrigen symbolischen Büchern unsrer evangelisch-lutherischen Kirche verwiesen haben.

In die Kirche und Gemeinde werden, nach sorgfältiger Prüfung, nur diejenigen aufgenommen, welche die heilige Schrift als Gottes Wort, seiner die Lehre der evangelisch-lutherischen Kirche, wie solche in dem kleinen Katechismus Luthers und der unveränderten Augsburgischen Konfession ausgesprochen ist, als schriftgemäß und als Lehre der Kirche anerkennen, die übrigen 5 symbolischen Bücher der lutherischen Kirche weil sie mit den beiden erstgenannten übereinstimmen, auch als Glaubensbekenntnisse der Kirche und Gemeine gelten lassen, so nach Kräften durchlesen wollen, und mit dieser Kirchenordnung einverstanden sind.« –

In ihrer Gemeinde verfahren sie dabei ebenfalls gegen abtrünnige oder unordentliche Mitglieder streng genug, die Gesetze lauten wenigstens so, und ich glaube auch nicht, dass ihnen in dieser Hinsicht ein Vorwurf zu machen ist. Artikel 10 sagt:

»Die Kirchenzucht, die, wie sich von selbst versteht, schriftgemäß geführt werden muss, erstreckt sich über alle Glieder

der Gemeinde, ohne Ansehen der Person, des Ranges, Alters und Geschlechts.«

In Fällen der Kirchenzucht gibt es drei Grade der Bestrafung: Der erste ist nur Zurückweisung vom Heiligen Abendmahl auf eine kurze Zeit, »um Raum zum ernstern Nachdenken und tieferer Buße über eine stattgefundene Übertretung zu verschaffen«; 2) öffentliche Vorstellung vor der Gemeinde und Vorhaltung der begangenen Sünde und drittens »Ausschließung aus der Gemeinde und unter Umständen Übergabe an den Satan, öffentlich vor der Gemeinde, im Fall der Sünder seiner Übertretung völlig überwiesen ist, dieselbe aber hartnäckig leugnet oder unbußfertig fortsetzt, Matth. 18,17.1. Corinth. 5,1–5 und V. 13.1. Timoth. 1,20. Siehe auch die alte lutherische Holstein-Schleswigsche Agende.«

Die Altlutheraner haben in dieser Hinsicht einen förmlichen Dualismus und glauben steif und fest an den »gentleman in black.«

Zu den R e c h t e n der Gemeinde gehört auch nach Artikel 11 das Folgende:

»Prediger und Älteste sollen ihr Amt nur unter fortgesetztem Anrufen um den Beistand des h. Geistes verwalten, und jedes Gemeindemitglied hat ein Recht, sie ungefragt, ob dasselbe dazu berechtigt sei, darauf aufmerksam zu machen. Hebr. 10, 24. 25.«

Artikel 11 könnte mit Nutzen in eine unsrer neuen Konstitutionen aufgenommen werden.

Die Gemeinde von Langmeil hat, glaube ich, ziemlich dieselben Artikel beibehalten. Herr Pastor Meier dort ist übrigens ein Mann, der sich schon tüchtig in der Welt herumgeschlagen und besonders eine Zeit lang das trostloseste aller Geschäfte betrieb, die australischen Indianer zur christlichen Religion überzuführen und sie dabei zugleich zu zivilisieren. Er gab es endlich, als er einsah, dass doch an diesen verzweifelten Stämmen Hopfen und Malz verloren sei, auf und übernahm die Predigerstelle bei dieser Gemeinde. Außerdem hat er sich aber auch mehrfache Verdienste durch die Herausgabe mehrerer kleinen Schriften erworben, deren eine die Sprache der Stämme behandelt, mit denen er in Verkehr gewesen, und die andere ihre Sitten und Gewohnheiten.

Dies sind nun die »Heiligen« Tanundas, diesem gegenüber stehen aber auch noch die sogenannten »Weltkinder«, und nach Artikel 1 der Kavelschen Kirchenordnung lässt sich denken, dass sie nicht viel von den anderen Gemeinden – deren Unduldsamkeit dabei sprichwörtlich geworden – zu hoffen hatten. Die Weltkinder sind aber auch natürlich nicht alle einerlei Meinung, es sind Katholiken und Protestanten dabei; dann Freisinnige – d. h. solche, die den lieben Gott einen guten Mann sein lassen und schlicht und einfach ihre eigenen Wege gehen, oder Deisten, die eben nur an e i n e n Gott glauben und den heiligen Geist mit wirklich schauderhafter Gleichgültigkeit betrachten etc. – Dann aber auch gehören zu diesen »Weltkindern«, und zwar in einem nicht geringen Teil, solche, die allerdings nicht mit der alles von sich aus dem Weg werfenden Kavelschen Gemeinde gehen wollen, die aber doch noch an ihren alten Gebräuchen hängen und, obgleich hier Weltkinder genannt, in manchen Gegenden Deutschlands zu den strengsten Kirchgängern und den eifrigsten Gesangbuchverssängern gehört haben würden.

Das riesige Werk nun, diese verschiedenen Exemplare von »Christen« alle unter einen Hut oder doch wenigstens in eine Kirche zu bringen, unternahm Herr Dr. Mücke aus Berlin, der sich hier in Südaustralien niedergelassen hat. Er gründete eine freisinnige oder freie Gemeinde und ist jetzt in Tanunda Pastor. – Natürlich stehen sich Kavel und er auf das Feindlichste gegenüber, denn wenn auch Dr. Mücke keineswegs g e g e n den andern Glauben, sondern nur f ü r den seinigen kämpft, so verträgt sich das natürlich nicht mit den Grundsätzen der Gegenpartei, und es sollen da manchmal sehr erbauliche Sachen vorfallen. Herr Dr. Mücke hat übrigens außerdem einen äußerst schwierigen Stand, denn er will im Kleinen ausführen, was, wenn es im Großen ausführbar wäre, vielleicht zu einem Segen des Menschengeschlechts, wenigstens doch ein sehr bedeutender Schritt in der Kultur desselben sein würde. Er will ein Gewirr von Sekten ineinander schmelzen, die nach allen Seiten hinausstarren, und das Resultat ist ihm leider Gottes leicht genug zu prophezeien. Es wird ihm nicht gelingen. Der einen Partei ist er nun einmal, wenn sie auch keine Altlutheraner sind, nicht orthodox genug – sie erinnert sich mit einer stillen Sehnsucht ihres Pastors in Deutschland, der ihnen doch von der Kanzel herunter den Text tüchtig las, wenn sie gefehlt hatten, und – alle Wetter, wie hatte der die Bibel los, »und was 'ne Stimme hatt' er« – »da kunne mer noch so fäst schlofen,« sagte mir einmal ein Sachse, »der schrich Eenen uff.«

Und die andere Partei – die Freisinnigen, die Deisten – ja du lieber Gott, mit denen ist das wieder eine ganz kitzliche Sache – die hören wohl recht gern einmal, auch von einer Kanzel herunter, dass sie recht haben und dass man dem lieben Gott auch »im Geist und in der Wahrheit« und nicht bloß durch äußern Prunk dienen könne, aber das ist auch alles – das Kirchengehen ist ihnen kein Bedürfnis mehr, ebenso wenig mögen sie viel Geld ausgeben, Kirche und Prediger zu unterhalten, und das Resultat bleibt dasselbe, sie werden gleichgültig. Der Pastor, der sich der Religion gewidmet hat, besitzt außer dem zu diesem Zwecke verwandten Geist auch einen Körper, der gekleidet, gegen das Wetter geschützt, und einen Magen, der befriedigt sein will, und das Wort, »der Mensch lebt nicht vom Brot allein,« lässt sich auch ebenso wohl umdrehen und auf den heiligen Geist anwenden.

Doch genug von den religiösen Sekten und Verhältnissen dieses kleinen deutschen Örtchens, das solcher Art seine eigenen Interessen, inmitten einer englischen Bevölkerung vertritt und behauptet. – Aus der Kirche auf den Acker ist nur ein Schritt, und ich atme noch einmal so frei, als ich wieder frische Luft schöpfe, um mich aber, und über mir, den klaren sonnigen Himmel sehe.

Tanunda ist besonders ein kleines ackerbauendes Städtchen und hat ziemlich gutes Land in seiner Nähe. – Die Bevölkerung ist dabei fleißig und – eine Hauptsache in diesem Erwerbszweig – ausdauernd, und Hunderte, die mit wenig oder gar keinen Mitteln hieher gekommen sind, haben sich jetzt schon ein kleines Besitztum gegründet, und leben zufrieden, oder doch wenigstens sorgenfrei. Der deutsche Fleiß, den auch die Engländer gut genug zu schätzen wissen, spricht sich besonders hier an manchen Stellen aus, wo z.B. die Kavelschen Gemeinden bei ihrer ersten Ankunft für sehr teures Geld keineswegs gutes Land gepachtet oder gekauft haben, wo wenigstens unter mehr praktischer Leitung mit ein klein wenig mehr hausbackener Erfahrung und ein klein bisschen weniger heiligem Geist für geringere Summen jedenfalls besseres Land zu bekommen gewesen wäre, wo die Leute dabei sogar noch mit Schiffsschulden anfingen, und sich nichtsdestoweniger in noch gar nicht so langen Jahren nicht allein schuldenfrei gearbeitet, sondern auch noch einen Sparpfennig erübrigt und Vieh und Werkzeug angeschafft haben.

Ich bin aber total gegen ein Pachtsystem, wenigstens gegen ein Pachtsystem auf lange Jahre, denn wenn es auch für den Augenblick einen Vorteil zu bieten scheint, indem Leute, die mit sehr geringen oder gar keinen Mitteln anfangen wollen, dadurch Hilfe bekommen, bis sie selber einmal flott werden, so hat es doch auch wieder unendlich viel Nachteile, und ein Ackerbauer, der in einem fremden Lande beabsichtigt, sich eine einstige Heimat zu gründen, sollte sehr vorsichtig sein, wie er sich in ein weitläufiges Pachtsystem, noch dazu ohne Vorkaufsrecht, einlässt. Das Beispiel habe ich hier an Hunderten von Plätzen gesehen, wo die Pächter allerdings ihre Äcker bestellten, weil sie eben leben und den Zins herausschlagen mussten, sonst aber auch nur die allernotwendigsten Verbesserungen anbrachten, ja sich scheuten einen Nagel einzuschlagen, weil sie ihn ja doch, wenn sie einmal wieder fortgingen, »dem Eigentümer lassen müssten.« In Hütten habe ich sie

wohnen sehen, wo es mich gedauert hätte, einen Hund hinein-
zujagen, und ihre Ausrede war – »je nun, die zwei Jahr behel-
fen wir uns schon, und nachher müssen wir ja doch hinaus.«
Fruchtbäume werden aus eben dem Grunde nicht angepflanzt,
und überhaupt jede Verbesserung – von Verschönerungen
nun ganz abgesehen – unterlassen, die erst auf einige Jahre
hinaus Nutzen bringen würde. Die Felder m u s s er aber kul-
tivieren – er muss von jedem seinen Zins geben, also will er
auch aus jedem seinen Nutzen ziehen, dadurch aber trägt er
natürlich zur Kultur der Gegend selber mit bei, und was ihm,
wäre er Besitzer eines noch so kleinen Eigentums, gerade zum
Vorteil gereichen würde, das ist jetzt, sobald er später einmal
dort Land in der Gegend kaufen will – sein eigener Schade –
er treibt sich das Land selber in die Höhe oder muss eine ganz
andere Gegend aufsuchen, und dort wieder von vorn anfangen. Ein Pächter fühlt sich auch nie auf seinem Lande wohl; er
gehört dort, wie er recht gut weiß, nicht hin, und so wie sein
Pachtkontrakt abgelaufen ist, muss er weiter ziehn, ist er ein
Fremdling auf dem Boden, den er Jahre lang bearbeitet und
geerntet hat. Hat Einer aber auch nur das kleinste Stück Land
zum Eigentum, so arbeitet er mit viel größerer Lust und Liebe
daran, jedes, was er daran tut, tut er für sich selber; von jedem
Baum, den er pflanzt, weiß er, dass er auch die Früchte ernten
wird, und das Land ist mit einem Worte seine Heimat, und
später einmal die Heimat seiner Kinder.

Die Gegend um Tanunda herum ist fruchtbar genug, doch
lässt sich, des ungewissen Klimas wegen, gar kein durch-
schnittlicher Ertrag der Ernten bestimmen. Ich habe Bauern
gesprochen, die mir versicherten in dem einen Jahr 40 und
im zweiten 15 Büschel Weizen vom Acker geerntet zu haben,
heiße Winde oder zu feuchte Witterung sprechen dabei ein
sehr gewichtiges Wort, und die größte Vorsorge dagegen kann
nichts ausrichten. Die heißen Winde haben schon ganze Ernten zerstört, und gerade im Adelaide-Distrikt kommen sie sehr
häufig vor – doch machen einzelne Jahre darin auch einen Un-

terschied. Während solchen Windes soll die Luft ordentlich erstickend sein und der Staub so wirbeln, dass man in Adelaide manchmal nicht über die Straße sehen kann, und alles in den Zimmern, trotz fest verschlossener Fenster und Türen, dicht mit feinem Staub bedeckt wird.

Der Weinbau wird übrigens einmal, gerade wie in Neu-Süd-Wales, ein sehr bedeutender Erwerbszweig für das Land werden, denn Tausende von Äckern, die nicht besonders zu Weizen und selbst weniger für Weideplätze geeignet sind, werden treffliche Weinberge geben. Die dort gezogene Traube soll ausgezeichnet süß und saftig sein, und der davon gekelterte Wein, von dem ich mehrere Sorten gekostet habe, ist wirklich vortrefflich. Jetzt liegt das Ganze aber freilich noch im Entstehen, und die Weinbauern, die den Bau ordentlich begonnen haben, sind noch bei den Versuchen, welche Reben sich am besten für Südaustralien eignen werden. Herr August Fiedler bei Tanunda gibt sich besonders Mühe in dieser Hinsicht und hat schon einige, wirklich ausgezeichnete Sorten gezogen. Der merkwürdigste Wein, den ich dort kostete, war ein von einer Muskateller-Traube gekeltertes Getränk, das den frappantesten Ananasgeschmack hatte. Er hat ebenfalls Rheinwein, Medoc und mehrere andere Sorten gezogen, und die meisten solcher Art, dass sie das beste Resultat für spätere Jahre erwarten lassen.

Handwerker gibt es von allen Arten in Tanunda, und alle sind fast Deutsche; Handwerker stehen sich überhaupt auch ziemlich gut in Australien, besonders wenn sie nicht jederzeit oder gleich im Anfang nur allein auf ihrem Handwerk bestehen und dann und wann einmal etwas anderes ergreifen wollen, bis sich eine Aussicht wieder für ihr eigenes Geschäft findet. Ein Maßstab für den Lohn ist aber nicht gut anzulegen, da dieser eines Teils wechselt, andern Teils dadurch ein ganz anderes Verhältnis erhält, dass nicht immer auf Arbeit zu rechnen ist, und der Arbeiter eine Woche vielleicht einmal ziemlich hohen Lohn erhält, eine andere aber müßig gehen muss. Macht er nun seine Berechnung nach dem allerdings guten Lohn für das ganze Jahr, so ist es sehr leicht möglich, dass er sich höchst bedeutend dabei v e r rechnen könnte.

In Tanunda sind drei deutsche Kaufleute, eine deutsche Apotheke, zwei deutsche Ärzte und anderthalb deutsche Gasthäuser.

Anderthalb insofern, als das eine, das Tanunda-Hotel, ganz von Deutschen (der Wirt heißt Müller) gehalten wird. Das andere hält ein Engländer Namens Johnson – das Alliance-Hotel – der übrigens sehr gut Deutsch spricht, und eine sehr hübsche junge deutsche Frau hat. –

Am nächsten Montag war ein Ball, ein deutscher Ball in Tanunda, und obgleich ich selber nicht tanzen kann, interessierte es mich doch natürlich, demselben beizuwohnen. Die Musici dazu waren von Adelaide verschrieben worden, hatten aber Abhaltung bekommen, und es mussten daher ein paar andere, notdürftig genug, in der Gegend aufgetrieben werden. So ein deutscher Ball in Tanunda ist aber keine Kleinigkeit, der dauert nicht bloß von abends sieben oder acht Uhr bis morgens, solange die Leute tanzen wollen, sondern gleich auch noch mit über den nächsten Tag hinüber, in die andere Nacht hinein. Unter zwei Tage wird dort gar nicht angefangen.

Am ersten Abend, als der Tanz gerade beginnen sollte, und etwa eine Stunde nach Sonnenuntergang ging ich mit jenem deutschen Arzt, dem Dr. Pabst, etwa 1 ½ Meile von Tanunda ab in den Busch, wo er das alte Grab eines Indianers wusste. Ich wünschte gern ein vollständiges Gerippe eines der Eingebornen mitzunehmen, und wir hatten beschlossen, das Grab zu öffnen. Es ist dabei immer einige Vorsicht nötig, obgleich den Tag über keine Schwarzen in der Nähe gewesen waren, man weiß nicht, wie und wo die schwarzen Burschen herumkriechen, und sie könnten einem leicht einmal zur unrechten Zeit auf den Hals kommen. –

Wir fanden das Grab und begannen unsre schauerliche Arbeit – der Boden war leichter Sand und wir rückten rasch vorwärts – mein Spaten stieß bald auf etwas Hartes – die Indianer begraben ihre Toten nicht tief – doch es war noch nicht das Gerippe, – wir kamen erst zu dem Holz, mit dem sie gewöhnlich die Leiche bedecken. Das Licht einer gewöhnlichen Laterne leuchtete uns, und der Modergeruch der aus der feuchten Erbe, zu der wir jetzt kamen, emporstieg, war widerlich. Ich warf einen Teil des Holzes heraus und arbeitete weiter.

»Hier muss der Kopf liegen,« sagte der Doktor, »das hineingesteckte Holz ist das Zeichen;« wir gruben nach, aber vergebens – das ganze Holz warfen wir aus dem Grab, die ganze feuchte Modererde, bis wir auf den harten, und augenscheinlich noch nie berührten Unterboden kamen. Dort lag altes Laub, jedenfalls mit den Teilen des früher auf ihnen ruhenden und dann verwesten Körpers zersetzt, aber kein Gerippe – die Schwarzen hatten das schon, wie es bei manchen von ihren Stämmen Sitte ist, selber herausgenommen und verbrannt, und wir waren geprellt. Der Doktor fluchte auf die Halunken, denen man selbst im Tode nicht mehr trauen könnte, und ich packte Spaten und Sack, den wir uns zum Hineinlegen der Gebeine mitgenommen hatten, zusammen, mein Begleiter nahm die Laterne auf, und wir wanderten, mit dem Erfolg unsrer nächtlichen Sendung natürlich höchst unzufrieden, in das nahe Städtchen zurück.

Fröhlicher Lärm schallte uns von dort entgegen, Violine, Trompete und Klarinette spielten jedes in seiner eigenen Tonart einen rauschenden Galopp, die Paare wirbelten im Kreise herum, der Saal war, was sie auf dem Leipziger Theaterzettel »festlich erleuchtet« nennen. – Aus dem Grab auf den Ball – der Abstand war zu gewaltig, und ich brauchte wirklich erst einige Minuten, bis ich mich recht in meine neue Umgebung hineingefunden hatte. Die geputzte fröhliche Schar schwang sich indessen bei dem entsetzlichen Dreiklang rasch und mit leuchtenden Blicken im Kreise herum, und in einem freundlichen Seitenstübchen fand ich eine andere Gesellschaft »ehrbarer Staatsbürger« versammelt, die sich hier bei einem Gläschen Medoc des doppelten Genusses – der Musik und des Tanzstaubes erfreuten. Hier waren die »Honoratioren« versammelt, Doktor und Apotheker, Pastor und Schulmeister, Kaufmann etc. – ja das sind ja wohl bei uns die »Honoratioren«, nur dass wir noch bei uns Bürgermeister und Zollbeamten dazu rechnen. Hier in diesem glücklichen kleinen Städtchen kannten wir aber derzeit weder die einen noch die anderen – Zollbeamte existierten hier aus dem einfachen Grunde nicht, dass das Städtchen mitten im Lande lag, und Gerichtsbarkeiten waren ebenfalls nicht da – nicht einmal Polizeidiener – gewiss ein höchst außerordentlicher Fall in einem deutschen Städtchen. Die Einwohner fühlten das aber auch und hatten, wie sie mich versicherten, ernstlich petitioniert, eine Polizeistation nach Tanunda zu bekommen, was ihnen auch gnädigst versprochen war, und die Diener der Gerechtigkeit wurden mit Sehnsucht für nächste Zeit erwartet.

Zu gleicher Zeit hatten sie, beiläufig gesagt, auch darum petitioniert, nach Tanunda einen Gerichtssitz und eine Magistratsperson gelegt zu bekommen, wozu die Stadt selber und die dicht bevölkerte Umgegend allerdings berechtigte – Anges hatte aber darum zu gleicher Zeit nachgesucht, und wenn auch sein Distrikt lange nicht so viel Seelen und besonders nicht auf einen Platz konzentriert, aufweisen konnte, war doch ein Nutzen für die Kolonie mit dem »Courthouse« verbunden, und Anges hatte sich viel zu verdient um die Kolonie (d.h. um sich selber) gemacht, um deshalb nicht in dieser Sache einen Vorzug zu verdienen. Anges sollte das Courthouse und die Tanunder die Polizeidiener bekommen.

Zur Ehre der Tanunder sei es übrigens gesagt, dass sie, – außer was der gesellschaftliche Umgang im natürlichen Lauf der Dinge mit sich bringt, indem sich die auf gleicher Bildungsstufe Stehenden doch immer zu suchen und zu finden wissen – keinen weitern Unterschied zwischen Honoratioren und »Gevatter Schneider und Handschuhmacher«, zur Schau tragen. Es herrscht ein höchst freundlicher und auch geselliger Ton zwischen a l l e n Ständen, ja weit freundschaftlicher habe ich sämtliche Deutsche untereinander gerade hier in Tanunda als in Adelaide selber gefunden. So geschah es denn, dass wir hier einen recht vergnügten Abend verlebten, und wenn ich auch nicht selber tanzte, so sah ich doch gern die fröhlichen Paare, und die hübschen lächelnden und in ihrem Himmel vergnügten Gesichter der jungen Frauen und Mädchen, von denen Tanunda eine recht gesegnete Gottesgabe aufzuweisen hat.

Unter den Tanundern existiert aber eine Persönlichkeit, die ich hier um so weniger mit Stillschweigen übergehen kann, da sie nicht allein in der Welt dasteht, sondern das Glied einer Kette bildet, die sich um den ganzen Erdball zieht, und zwar der wunderlichsten Kette, an die wohl noch je ein Menschenkind gedacht oder von der es geträumt hat – eine Kette von kleinen, vier Fuß zwei Zoll hohen, lustigen, fidelen, deutschen Schneidern.

So wunderlich das klingt, so wahr ist es, und wenn ich zurückdenke an all die verschiedenen Plätze und Weltteile, wo ich sie schon gefunden, so kommt es mir manchmal vor, als ob ein neckischer Kobold eine solche kleine Brüderschaft genommen, und sich zum eigenen Spaß in alle vier Winde hinausgestreut habe. In Nordamerika fand ich während meines dortigen Aufenthalts vier, von denen ich drei selbst damals schon für Brüder hielt, so sehr glichen sie in Benehmen und Aussehen einander, und doch lebten sie in vier verschiedenen Staaten. Später sah ich einen andern in Buenos Aires, damals war ich aber wegen meiner Landreise und den entsetzlichen Schilderungen und Prophezeiungen, die ich darüber hören musste, in einer zu aufgeregten Stimmung, mich viel um ihn zu bekümmern. Ein Prachtexemplar lernte ich aber in Kalifornien kennen – Little John oder Johnny oder Napoleon, wie er seines Hutes wegen genannt wurde, ist in den ganzen südlichen Minen bekannt. Einen kleinern, lüderlichern aber auch fidelern und gutmütigern Schneider gab es auf der ganzen Welt nicht mehr, und schon dreimal hatte er in den Minen ein Vermögen gefunden und dreimal auch mit größter Gewissenhaftigkeit bis auf den letzten Cent durchgebracht.

Das nächste Exemplar fand ich auf Tahiti in der Südsee, unter der Regierung Ihrer huldreichen Majestät, der Königin Pomare. In Adelaide, Australien, war ein anderes, dem letztern wie aus der Seele gestohlen, ein berühmter Dominospieler und ein so kurzes komisches Stück Weltgeschichte, wie man sich nur denken kann, – und der letzte der Mohikaner – Muse leihe mir den kühnsten deiner Flügel, das Würdigste, das Holdseligste, was du noch je von kleinern deutschen Schneidern geschaffen, auch würdig zu beschreiben. – Doch nein, hier entsinkt der Griffel meiner Hand – dich, o du lieber kleiner Herr Nachbar, dich mein wonniges Schneiderlein mit deinem allerliebsten kleinen kurzen Röckchen, den sorgfältig gewichsten Stiefelchen, den gekrausten und wahrhaft indianisch pomadisierten Härchen, dem Lächeln – und dem bezaubernden Lächeln, mit dem du dich der liebenswürdigen – doch das sind Privatsachen – ja mit fehlt das Wort, das alles, dein ganzes Was – dein ganzes Ich – oder hierher gehört wirklich der Gattungsname, – also dein ganzes Wir zu beschreiben. Und was für ein kleiner Sappermenter, für ein kleiner gefährlicher Don Juan du warst. – War nicht des Schuhmachers Frau vor kurzer Zeit erst in wahrer Verzweiflung zu dir den ganzen langen Weg von Adelaide heraufgekommen, und hattest du nicht allein ihr früher ach nur zu leichtgläubiges Herz zurückgewiesen, sondern sie auch noch – o du eiserner Spötter – mit einer prosaischen Geldforderung »an deinen Finanzminister« gewiesen? – Hatte ihr Mann Unrecht, als er ihr zwei Tage danach folgte, dich einen Verführer und lüderlichen – nicht Don Juan, sondern etwas anders zu nennen, und dir zu wünschen, dass dich seine Frau nicht bloß das kleine bisschen, sondern recht ordentlich »verledert hätte« – o es war ein wahrer schuhmacherlicher Ausdruck. Ich hatte damals die Willenskraft bewundert, mit der du dich, wie durch eine Versenkung, seinem Zorn und seiner Nähe entzogst, wahrscheinlich schrittest du nachher, während dich der herzlose Schuster überall suchte, irgendwo im Waldesdunkel rachebrütend auf und ab und sannest nach, wie du am schnellsten und sichersten Genugtuung für die erlittene Schmach bekämest. – O wie dir das Herz blutete, als du schon am nächsten Morgen elf Uhr wieder zurückkehrtest und erfuhrst, der Schuhmacher habe sich dir vor etwa einer halben Stunde durch die Flucht entzogen – also war es doch die Figur gewesen, die du durch die Büsche solange halb gedankenlos, halb sinnend beobachtet hattest, und hörte ich nicht selbst heute Abend wieder und mit eigenen Ohren, wie der ehrliche Schmied, der einen wahren Abscheu vor solchen Gräueln hatte, dem jungen Mann, mit dessen Frau du den ganzen Abend in schwimmender Seligkeit dahinflogst, und der du die Hände drücktest, bis sie schrie – leise und gutmütig warnend zuflüsterte »auf seine Frau achtzugeben – sie sei in Gefahr?« – O lieber Herr Nachbar – denn mit Recht durften wir uns so nennen, da ich No. 6 und du No. 7 wohntest – in Gefahr an deiner Seite – und doch standest du da, mit dem engen Beinkleidchen und dem knappen Röckchen und dem im rechten Winkel sorgfältig ausgestreckten Ellbogen und nach vorn gebogenen Däumchen – jeder Zoll ein Schneider –

Doch genug, genug, es ist von jeher mein Schicksal gewesen, mich von allem, was mir lieb geworden, wieder losreißen zu müssen. So lebe denn wohl und möge dich Gott vor allen rachedürstenden Schusterfrauen wie eifersüchtigen Ehemännern bewahren.

Am nächsten Morgen, als eben die Sonne über den nächsten Berghügeln emporstieg, stand ich auf, rüstete mich zur Abfahrt und wanderte, gleich nach dem Frühstück, als noch die meisten Tanunder kurzer Ruhe pflegten, sich einesteils von den überstandenen Strapazen des letzten Abends auszuruhen, anderseits auf die des nächsten vorzubereiten, einen schmalen

Waldweg folgend, gen Gawlertown, das ich etwa nachmittags zwei Uhr erreichte, aber nicht betrat, sondern links liegen ließ, einen kleinen Abstecher nach »Buchsfelde« zu machen, wo sich die Brüder Schomburg aus Preußen – Richard Schomburg auch schon durch seine früheren Reisen mit seinem älteren Bruder, in Guiana bekannt – angesiedelt hatten. Den einen der Brüder hatte ich schon in Adelaide kennengelernt und wurde von den lieben Leuten auf das Herzlichste aufgenommen.

Buchsfelde liegt am Gawlerfluss – ein kleiner Creek, der im Sommer wie fast alle australische Bäche zu laufen aufhört – und ist eine förmliche kleine deutsche Kolonie, die dem wackeren Leopold von Buch zu Ehren von Schomburgs Buchsfelde genannt wurde. Schomburgs selber haben hier eine Section Land und obgleich sie im Anfang an das Land selber wie an die harte Arbeit nicht gewöhnt, noch dazu mit vielem Unglück wie schlechter Ernte und krankem Vieh zu kämpfen hatten, so zeigen sie doch jetzt, was der Wille des Menschen vermag, wenn er einmal mit ruhiger Überlegung auf ein vorgestecktes Ziel fest gerichtet ist. Was sie früher mit fremder Hilfe bestellen ließen und was schlecht geriet, das haben sie jetzt selber angegriffen, und die Saat steht bis jetzt vorzüglich, ihr Vieh befindet sich vortrefflich; ein Garten, den Richard Schomburg in ziemlich großem Maßstab und mit unsäglicher Mühe und Arbeit angelegt hat, ist seiner Vollendung nahe, Wein und Fruchtbäume sind gepflanzt, mehrere Gebäude, die sie größerer Bequemlichkeit wegen angefangen haben, werden auch wohl noch diesen Winter beendet werben, und sie können sagen, dass sie in dem fremden Lande nach dem Abschied von der Heimat das Schwerste überstanden haben. – Es ist aber immer die Heimat nicht, und dem gebildeten Manne bietet ein wilder Weltteil nie das, was es dem, nur für seine persönlichen Bedürfnisse sorgenden Arbeitsmann bieten kann, und der erste hat doch so viel tausendmal mehr dafür verloren. Eine Rübe ist weit leichter verpflanzt als eine Rose; die eine wird, wie sie da eben ist, aus dem Boden gezogen und wo anders wieder eingesteckt und eingedrückt – nach dem ersten Regen oder der ersten Gießkanne voll ist sie zu Hause – an der Rose müssen erst die tausend und tausend Wurzeln und Fasern, die nicht beim ersten Ausnehmen etwa schon gewaltsam abrissen, auch noch abgeschnitten werden, sie für die ihr bestimmte enge Behausung zugänglich zu machen, und das tut der armen Rose oft so entsetzlich weh – aber sie grünt und blüht deshalb doch, und treibt, wenigstens in den nächsten Jahren, die schönsten Knospen und Blumen.

Richard Schomburg, ein tüchtiger Kunstgärtner, hat, wie ich schon vorher erwähnte, damals mit seinem ältern Bruder Guiana bereist, und sich jetzt hier in Südaustralien niedergelassen, wo ein vortrefflich angelegter Garten von seiner Tätigkeit Zeugnis gibt. –

Sein anderer Bruder, Dr. Otto Schomburg, vereinigt alle drei Fakultäten in sich, denn außer dem, dass er Feld und Garten mit bestellt und als Architekt und Vieharzt hilfreiche Hand leistet, hat er eine ziemlich bedeutende medizinische Praxis in der Umgegend, besonders als Geburtshelfer, ist dabei zum Friedensrichter seines kleinen Distrikts ernannt worden, und wird nächstens, wenn sich die Buchsfelder erst eine Kirche gebaut haben, was jetzt im Werke ist, auch predigen. – Das heißt praktisch.

Zur Charakteristik der Deutschen in Australien glaube ich aber zwei Fälle nicht unerwähnt lassen zu dürfen, die gerade damals dort vorfielen. Es war eben in der schlimmsten Aufregung der Wahlzeit, und zwar sollte der Distrikt auf der andern Seite des Gawler am nächsten Tag seine Stimmen sammeln. Wir saßen beim Abendbrot, als der eine der Brüder einen Augenblick hinausgerufen wurde. Lachend kam er wieder herein und erzählte uns, was er gesollt. Draußen war ein Deutscher gerade über dem Creek drüben gewesen, und hatte ihn gefragt, was der Zettel bedeute, den er den Nachmittag bekommen.

Es war dies eines der gewöhnlichen vom Magistrat jedes Distrikts ausgestellten Papiere, durch welche die verschiedenen Wähler von der Zeit der Wahl in Kenntnis gesetzt und aufgefordert wurden, derselben beizuwohnen. »Und muss ich da gehen?« frug der Deutsche – d.h. ungefähr, verlangt es die P o l i z e i ? – Herr Schomburg erklärte ihm, dass er allerdings nicht polizeilich gezwungen werden könne, dass es aber seine Pflicht als Bürger sei, seine Stimme ebenfalls für die Wahl eines Vertreters abzugeben, damit die wirkliche Meinung der Majorität bekannt würde, und nicht vielleicht die Minorität in der öffentlichen Meinung bloß deshalb ihre Wahl durchsetze, weil sie eben die »fleißigere« gewesen sei. – »Ah so«, hatte der Mann gesagt – »na ich will sehen, ob ich komm.«

Er konnte aber n i c h t, denn er war am nächsten Morgen ganz schön zu Hause – er m u s s t e ja nicht.

Der andere Deutsche, von dem sie mir erzählten, hatte in der letzten deutschen Revolution in seinem kleinen Ort eine sehr bedeutende Rolle gespielt, er war ein Licht gewesen, ein Stern, zu dem viele aufgesehen und von dem sie Besserung ihres Zustandes erwartet hatten. Damals hatte er Deutschland glaub' ich rasch verlassen müssen und war, wenn ich nicht irre, eben nur der Gefahr entgangen, verhaftet zu werden, oder hatte doch pekuniäre Verluste erlitten – kurz, ein Haar in der Sache gefunden. Als der hier zur Mitwahl aufgefordert wurde, sagte er sehr entschieden: – »Wählen? – ja – einmal meine Finger in so einer Geschichte gehabt und nicht wieder – Namen unterschreiben? – ne – kann nicht aufgeführt werden – der Teufel weiß, was sie nachher damit machen, und dann haben wir wieder die alte Komödie.« – Er ließ sich das nicht ausreden.

Armes Deutschland.

Leider konnte ich mich nicht auf längere Zeit in diesen lieben Familien aufhalten, denn wenn ich wirklich noch mit der »Wilhelmine« nach Sydney und Manila ging, so hatte ich eben keine Zeit mehr zu verlieren, ich wollte mich doch auch noch etwas in Adelaide selber umsehen, und einige Briefe schreiben. Am nächsten Morgen neun Uhr brach ich auf, um noch vor dem Abend Gawlertown zu erreichen, und von dort aus am nächsten Morgen um fünf Uhr mit der Post nach Adelaide fahren zu können, stolperte im Dunkeln – es war eine wahre Stockfinsternis, durch den Gumwald und über eine unbestimmte Anzahl von Fenzen weg, denn ich verlor den Weg unter den Füßen, behielt aber, da es sternenhell war, meine Richtung bei und erreichte etwa ein Viertel auf elf Gawlertown. Dort übernachtete ich und war am nächsten Morgen um 10 Uhr in Adelaide.

Unterwegs passierte weiter nichts Außerordentliches, als dass wir eine alte Dame mit hatten, die in jedem Wirtshaus, an dem wir hielten, und wir hielten eben an jedem, einen »nobbler gin hot« zu sich nahm, und außer ihr noch zwei Männer, die nach den neuentdeckten Sydney-Goldminen wollten, und von denen der eine feierlich erklärte, es sei dadurch – was ihn besonders verleitet habe, seine bisherige gute Beschäftigung zu verlassen – nur eine schon lange verkündigte Prophezeiung der Heiligen Schrift wahr geworden, und er fange jetzt an, fest überzeugt zu werben, dass Australien wirklich das »auserwählte Land« sei.

Dem religiösen Fanatismus ist noch nichts zu wahnsinnig gewesen.

Eine Fahrt in die
Eisregionen des Nordpols

I ch brauche dem deutschen Leser sicherlich nicht mehr zu wiederholen, dass vor vier Jahren im Frühling die Brigg »North Star« Kapitän Woolly von Boston auslief, die Nordwestpassage durch die Baffins Bay zu entdecken; es ist dies ein schon damals so viel besprochener Gegenstand, dass er näherer Auseinandersetzung wohl kaum bedarf. Gab es auch in der weiten Welt einen Mann, der geeignet schien, ein so großartiges und schwieriges Unternehmen glücklich durchzuführen, so war es sicherlich Kapitän Woolly. Nichtsdestoweniger lief die von ihm selbst gestellte Zeit seiner Rückkehr ab, und nicht allein keine Kunde traf von Woolly ein, sondern mehrere Anzeigen ergaben sogar, dass ihm und seiner Mannschaft irgendein Unglück zugestoßen sei, oder sie doch wenigstens ihr Schiff in jener entsetzlichen Zone verloren hätten. We n i g s t e n s sage ich, denn der Fall ist ja schon mehrfach vorgekommen, dass ganze Schiffsmannschaften auf dem Eise überwintern mussten.

Was aber zum Glauben an die Zerstörung des »North Star« veranlasste, war das Folgende: Man fand nämlich im Schlunde eines in Crookers Bay gefangenen Walfisches einen mit Wäsche gefüllten Schiffseimer des »North Star«, der, wie das gewöhnlich der Brauch ist, den vollen Namen seines Fahrzeuges trug. Die Wäsche war J. P. und S. K. gezeichnet. Ferner waren unter dem 265. Grad Länge und 72. Gr. nördl. Breite an der Südspitze der Insel Melville, mehrere Schiffstrümmer gefunden worden, die den Verlust eines in der Nähe gescheiterten Fahrzeugs unbezweifelt ließen; ja man wollte sogar an Banksland, der bis jetzt westlichst entdeckten Passage, wo ein sehr wilder Stamm der Eskimos haust, einen Krieger derselben, zwar in seiner Nationaltracht, aber mit dem dreieckigen Hut des Kapitäns auf dem Kopfe gesehen haben. Doch blieb das nur Gerücht und ist auch später nicht bestätigt worden.

Wie dem auch sei, von Kapitän Woollys Expedition wurde nichts weiter gehört, und die amerikanische Regierung rüstete bekanntlich im Frühjahr 1846 die Brigg »Pelican«, zu der zugehören ich die Ehre hattc, aus, den Verlorenen nachzuforschen.

So viel möge als Einleitung genügen, und um sie nicht mit weniger interessanten Notizen hinzuhalten, will ich unsere Fahrt bis zu dem Augenblick, wo wir die ersten Spuren der Vermissten fanden, nur ganz flüchtig berühren.

Unsere Schiffe waren natürlich mit alledem auf das vollständigste ausgerüstet, was zu einer mehrjährigen Seefahrt in jenen Meeren wie zu einem längeren Aufenthalt auf dem Eise gehört; außerdem auch zu einer Fahrt zwischen den stets Gefahr drohenden schwimmenden Gletschermassen, ganz besonders stark und kräftig gebaut und so eingerichtet, dass wir ziemlich sorglos dem Erfolg unserer Sendung entgegensehen konnten. Ohne den geringsten Unfall erreichten wir denn auch am 16. Juni, in der zweiten Woche, die Insel Melville, zogen hier alle nur möglichen Erkundigungen ein, tauschten bei den Eingeborenen einen Teil unserer zu diesem Zweck mitgebrachten Putz- und Schmuckgegenstände gegen frisches Eisbärenfleisch und zahme Schneegänse um und setzten von da an, zwischen riesigen Schollen losgebröckelten Eises unsere Fahrt weiter westlich, und zwar mehrere Tage mit so günstigem Erfolg fort, dass unser Kapitän, Jonathan Daring, ein kecker Yankee aus den Neu-England-Staaten – schon fast die Hoffnung zu hegen anfing, wir seien wirklich in der endlich gefundenen Nordwestpassage und segelten nun ganz gemütlich dem Meere von Kamtschatka und dem asiatischen Festlande entgegen.

War das aber wirklich der Fall, so fanden wir doch nur zu bald ein Hindernis, das dem bisher verfolgten Kurs unüberwindlich schien. Dieses bestand nämlich aus einer soliden Eismasse, die sich uns, von Norden nach Süden laufend, breit in den Weg legte und nach Westen zu ins Unendliche zu gehen schien, denn zwei in Eisstiefeln ausgesandte Leute kehrten nach vierundzwanzig Stunden zurück und versicherten, wir hätten nicht allein, wenn wir die Riesenarbeit auch beginnen wollten, uns durchzuhauen – durch das Eis – die Gewissheit vor uns, uns gar nicht durchhauen zu können, sondern es wäre auch noch die an Wahrscheinlichkeit grenzende Möglichkeit vorhanden, dass wir inmitten des Eises einfrören und nachher vielleicht nicht einmal den Rückweg erzwingen könnten.

Ein Versuch, gegen Süden hin die Passage zu finden, misslang ebenfalls, und die Nordpassage blieb das einzige. Der wandten wir uns aber auch jetzt mit umso größerem Eifer zu, da wir von einem Eskimofischer, der uns unterwegs in seinem nussschalenartigen Fahrzeug begegnete, erfuhren, es sei vor mehreren Sommern schon ein ähnliches Schiff wie der »Pelican«, auf den er deutete, ebenfalls nach Norden hinaufgefahren und müsse dort wahrscheinlich einen Ausweg gefunden haben, da es nie zurückgekehrt.

Der Eskimo sprach ein leidliches Französisch und schien etwas zivilisiert – wie seine Nachbarn, die Canadienser –, rauchte aber einen schändlichen Tabak und roch sehr nach Tranwichse.

Der Wind, der gerade von Osten wehte, war uns nicht entgegen; wir wandten den Bug unserer Fahrzeuge gen Norden und glitten, immer in etwa hundert Schritt Entfernung von den spiegelglatten Eisflächen, in einer Richtung fort, als ob wir dem Nordpol gerade in die Zähne segeln wollten.

So vergingen volle vierzehn Tage und der Streifen klaren und offenen Wassers, in dem wir fuhren, schien immer schmaler zu werden, während die Eisberge an beiden Seiten höher und höher anwuchsen und an manchen Stellen unser Fahrzeug förmlich und auf die drohendste Weise überhingen.

Nichtsdestoweniger segelten wir immer wärtser, bis wir endlich in eine schmale Bucht einliefen und hier die Welt, wohl
nicht mit Brettern, aber doch mit Eiswällen so dicht vermau-
ert fanden, dass ein weiteres Vordringen mit dem Fahrzeug
selber zur Unmöglichkeit wurde.

Einen vollen Monat lang suchten wir nun das umliegende
Eis zu erforschen und vielleicht irgendwo einen Ausweg oder
doch ein Zeichen zu finden, dass die Mannschaft des »North
Star« vielleicht ebenfalls bis hierhergekommen sei, doch es
schien, als ob alle unsere Bemühungen nutzlos bleiben sollten,
bis wir endlich, und zwar schon gegen Ende August – also in
einer Zeit, wo wir unbedingt auf unsere Rückreise hätten denken sollen, wenn wir nicht in dieser Zone vom Winter überrascht werden wollten –, in einem kleinen runden Becken, das
einzelne ausgebrannte Kohlen enthielt und allen Anscheine
nach früher schon einmal zu einem Lagerplatz gedient hatte,
einen rotbaumwollenen Regenschirm fanden, den jedenfalls
eine zivilisierte Nation hier vergessen haben musste.

Das war natürlich eine untrügliche Spur und wenn auch der
Schirm selber weiter keine genauen Zeichen trug, so beschloss
Kapitän Daring doch, demselben nachzugehen und rief noch
an dem nämlichen Abend Freiwillige auf, die ihn auf seiner
gefährlichen Tour begleiten sollten.   Der Platz, wo wir
das Lager entdeckt, lag nämlich gen Norden, und es ließ sich
jetzt gar nichts anderes annehmen, als dass die Mannschaft
des »North Star« in dem Kanal, in welchem jetzt unser »Pelican« lag, durch irgendeinen unglücklichen Zufall ihr Schiff
verloren habe und nun, aus unbegreiflichen Gründen entweder oder vielleicht auch mit irgendeiner Aussicht, die Nord-
west-Passage wirklich zu finden, gerade nördlich gezogen sei.

Als Freiwillige meldeten sich, trotz dem Gefahrvollen
des Unternehmens, dennoch siebzehn Mann und der Koch,
obgleich letzterer auf vielseitiges Bitten der auf dem Schiff
Bleibenden zurückgelassen wurde, und mit Kapitän Daring
an der Spitze zogen wir unser achtzehn am 5. September –

und zwar an einem Sonnabend, da die Matrosen unter keiner Bedingung irgendetwas Wichtiges an einem Freitag beginnen – gen Norden aus und übernachteten auf einer kleinen Landzunge, die einzelne dürftige Gräser und Sträucher trieb, sich aber weiter nach Nordwesten auszweigte und uns so hoffen ließ, dass wir ihr folgend auch dieselbe Bahn beibehalten würden, welche die Mannschaft des »North Star« schon vor uns eingeschlagen.

Doch ich will den Leser nicht mit der Beschreibung der hierauf folgenden nächsten Wochen aufhalten, sondern nur kurz erwähnen, wie wir bloß sehr kleine Tagereisen machen konnten und mit solchen ungeheueren Schwierigkeiten zu kämpfen hatten, dass wir sicherlich wieder umgekehrt wären, hätten sich nicht immer deutlichere Spuren kundgetan, die uns zuletzt gar nicht mehr im Zweifel ließen, wir seien auf den richtigen Fährten. Fußtapfen fanden wir allerdings keine, Schnee- und Sandwehen machten das aber auch unwahrscheinlich, doch dagegen mehrere Male andere Sachen, z.B. Stücke Pelz, wie sie nicht gut ein Eisbär dieser Region verloren haben konnte, einmal einen abgerissenen Schuh, ein Brillen-Futteral, ja am 22. September sogar eine gewöhnliche Schiffspeitsche, die sogenannte Katze mit neun Schwänzen, was jeden Zweifel beseitigte, es seien uns zivilisierte Menschen vorangegangen.

Hier aber verließen wir auch das letzte Land und betraten nun eine Region, die im wahren Sinn des Worts aus lauter Schnee und Eis zusammengesetzt war. Die Kälte schien uns ebenfalls empfindlich und das Strauchwerk, das sich schon in den letzten Tagen zuerst nur auf niedere verkrüppelte Büsche und dann bloß auf Wurzeln beschränkt hatte, wurde jetzt so klein, dass es, an den wenigen Stellen, wo es wirklich noch gedieh, die Triebe gar nicht mehr aufwärts senden konnte, sondern jetzt nach unten wuchs.

Am 15. November hörte selbst dieses auf, und wir sahen uns jetzt einzig und allein mit Nahrungsmitteln auf das Fleisch beschränkt, das wir durch das Erlegen von Seehunden, Eisbären und Walrossen erhielten.

Die Sonne, die bis dahin dem Horizont näher und näher gerückt war, verschwand jetzt gänzlich, und jene monatelange Dämmerung trat ein, der wie bekannt zwei und einen halben Monat im Jahr gänzliche Nacht folgte. Unsere Lage wurde dadurch nur immer kritischer, und wäre es auf uns Matrosen allein angekommen, keiner hätte wahrscheinlich einen Schritt weiter gen Norden vorgesetzt; denn ließ es sich auch überhaupt denken, dass die Mannschaft des »North Star«, wenn gleich bis hierher vorgedrungen, noch am Leben sein und zwei Winter in diesen Gegenden nördlicher Breite ausgehalten haben könnte? – gewiss nicht. Kapitän Daring blieb jedoch unverdrossen und ließ sich sogar nicht einmal durch die Gefahr abschrecken, selbst in diesen starren Einöden abgeschnitten zu werden und zu verderben.

Indessen nahm die Kälte mit jedem Tage zu, mehrere unserer Gefährten erfroren, mehrere wurden, bei nur augenblicklicher Abwesenheit vom Lager, von wilden Tieren überfallen und zerrissen, und unsere kleine Schar war schon auf elf zusammengeschmolzen. Und dennoch hielt Kapitän Daring aus, dennoch trieb er, trotz der einbrechenden Kälte, nur gen Norden, immer gen Norden, bis wir uns, gegen Weihnachten hin, in einer Region befanden, an die man sich wohl zurückerinnern, die man aber unmöglich beschreiben kann.

Eine einzige öde Eisfläche, soweit das Auge reichte, und auf ihr neblige Dämmerung, von keinem einzigen Strahle wärmenden Lichts erhellt; Winter, hoch im achtzigsten, jedenfalls mehr als halbneunzigsten Grad nördl. Breite (denn genau konnten wir es nicht mehr bestimmen, da uns schon im 82. Grad das Quecksilber gefroren und der Thermometer so plötzlich und rasch gefallen war, dass das Glas in Stücken ging). Und dabei kein Ziel vor uns als die endlose Weite – der starre Eispunkt des Magnets – unbekannte Flächen – entsetzlich in ihrem geheimnisvollen Dunkel – entsetzlicher aber fast noch die hinter uns liegende bahnlose Wildnis, die wir wieder zurückdurchwandern m u s s t e n , wenn wir nicht, über den Pol hinweg, einen Ausweg und zwar südlich nach Spitzbergen fanden. – S ü d l i c h nach S p i t z b e r g e n – schon der Gedanke kann einem Bewohner der gemäßigten Zone das Blut erstarren machen.

So kalt war es, dass wir, wenn wir uns einmal durch heftiges Laufen und Springen nur einigermaßen zu erwärmen suchten, förmlich Eis schwitzten, und das zum Tauen auf ein schnell entzündetes Feuer gesetzte Trinkwasser kochte unten, während sich oben schon wieder eine dünne Eiskruste bildete. Keinen Augenblick durften wir dabei ausruhen oder auch nur stille stehen, und das Beispiel eines unserer unglücklichen Kameraden trug viel dazu bei, uns zu warnen und auf das Gefährliche des Ausruhens aufmerksam zu machen. Dieser blieb nämlich nur einmal wenige Sekunden stehen, ein paar jungen Seehunden nachzusehen, die sich spielend die Eiswand hinabwälzten, und war nachher nicht mehr imstande, den Kopf wieder zurückzudrehen, weil ihm die Halsmuskeln augenblicklich festfroren.

Und doch bestand unsere Kleidung, wie sie sich auch wohl denken können, ganz aus Pelzen und zwar aus einem einzigen, so verfertigten Stück, dass die Beine und Arme nur an ihren äußersten Extremitäten aus der Umhüllung vorschauten und uns dadurch eher das Ansehen von Fledermäusen als Ebenbildern Gottes gaben. Eine hölzerne, in- und auswendig mit feinem Pelz verbrämte Brille schützte unser Gesicht vor der Luft, und jeder von uns trug, da wir in solcher Tracht mit Schießgewehren nicht wohl hantieren konnten, eine tüchtige Harpune im rechten Fausthandschuh, um sowohl gegen raubgierige wilde Bestien geschützt zu sein, als auch die häufig uns begegnenden Eisbewohner, besonders Seekälber und Meerschweine, zu erlegen. Das Fleisch dieser Tiere und die Milch der Seekühe, die wir vortrefflich und nur etwas schwer zu melken fanden, war auch in der Tat das einzige, mit dem wir die Bedürfnisse unseres Magens befriedigen konnten.

So schneidend ging übrigens hier die Luft, dass sie uns, besonders am 24. Dezember, wo wir einen reinen haarscharfen Nordostwind bekamen, das Eisen – da sich die Kälte besonders angreifend gegen Metall zeigt – im wahrsten Sinn des Worts von den Stangen schnitt, so dass wir nur das stumpfe Holz in der Hand hielten.

Dass hier keine menschlichen Wesen im Freien auf längere Zeit aushalten können, davon überzeugten wir uns mit jedem Tage mehr und mehr, und selbst Kapitän Daring, der gewiss nicht vor kleinen Schwierigkeiten zurückbebte, schwieg, wenn die Leute, was jetzt immer häufiger geschah, von einem raschen Rückzug sprachen. Ernstlich wagte es aber doch keiner, sich ihm zu widersetzen, und am nächsten Morgen, d.h. nach kurzer Rast bei einem spärlichen Feuer, das wir von in Tran getränkten Walrossknochen entzündet hatten, wollten wir richtig schon wieder, so viel die Mannschaft auch dagegen murrte, aufs Neue gen Norden aufbrechen, als ich zu unserer Linken einen dünnen Rauch zu erkennen glaubte, der gerade aus dem Eise aufzusteigen schien.

Die Dämmerung ließ uns den Gegenstand nicht genau erkennen, doch hielt ihn Kapitän Daring für wichtig genug, unsere Bahn augenblicklich dorthin zu lenken, und nach etwa halbstündigem Marsch erreichten wir endlich den Platz, wo wir zu unserm Erstaunen keineswegs ein schon fest gehofftes Lager menschlicher Wesen, sondern dieselbe solide Eisfläche fanden, aus der nur, durch eine kaum fauststarke Öffnung ein dünner blauer übelriechender Qualm langsam hervorkräuselte, über dessen Entstehung sich nirgends eine Ursache erkennen ließ.

Schon zweimal waren wir darum herumgegangen und endlich zu der Überzeugung gelangt, dass der Rauch jedenfalls von einem untereisischen Feuer herrühren müsse; ja, Kapitän Daring hatte eben die Behauptung zwischen den Lippen seiner Pelzlarve hervorgemurmelt: »Er glaube, dies sei der nördlichst gelegene Vulkan Nordamerikas«, als er plötzlich und zu unserem nicht geringen Schrecken mit einem lauten Aufschrei vor unseren sichtlichen Augen förmlich in den Boden – oder das Eis vielmehr – hinein verschwand.

Wie wir später fanden, war er auf eine im Anfang gar nicht beachtete dunkelblaue Stelle getreten, die unter seinem Gewicht nachgab und ihn unseren entsetzten Blicken entführte.

Durch zwei sich gleich stark entgegenwirkende Gefühle auf das Unwiderstehlichste bewegt, blieben wir Übrigen regungslos auf unseren Stellen stehen – der Trieb, dem Kapitän beizuspringen, warf uns nämlich nach vorn, und das natürliche und fast unwillkürliche Entsetzen schreckte uns mit der nämlichen Gewalt zurück. Bald aber wurden wir durch das Nachfolgende aus unserer sprachlosen Überraschung, in der uns beinahe die Kälte gefährlich geworden wäre, herausgerissen – wüster Lärm scholl plötzlich wie aus dem Eise herauf an unser Ohr, und Asche und Funken stiebten und wirbelten aus der zersplitterten Öffnung hervor.

Unser Staunen sollte wenige Minuten nachher um ein Bedeutendes vermehrt werden – dicht neben uns glitt ein Eisblock, den wir bis dahin für mit dem Übrigen eine solide Masse bildend gehalten hatten, zur Seite, und eine mit einem großen Pelz überhangene Gestalt winkte uns einzutreten. Leicht verzeihlich ist es nun wohl, dass wir einer so wunderlichen Einladung nicht unbedingt Folge leisteten, denn, unsere Messer ausgenommen, die wir unter unserer Kleidung trugen, waren wir nur mit den spitzenlosen Harpunenstöcken bewaffnet, und der Henker wusste, was unter dem Pelz für Absichten lauerten; die Bewegungen des Unbekannten wurden aber ungeduldig, und da uns auch zugleich aus der Öffnung eine wärmere, wenn auch dunstige Luft entgegenwehte, so fasste ich zuerst mir ein Herz und sprang vorwärts und hinein. Was ich übrigens für eine Treppe gehalten, oder wo ich dieselbe wenigstens vermutet hatte, war nichts als ein abschüssiger Eispfad, der mich mit Blitzesschnelle, während mir die Füße unter dem Leibe vorglitten, auf mein Ende brachte und mit anscheinend lebensgefährlicher Schnelle in die Tiefe führte.

Wie ich unten anlangte, weiß ich nicht einmal mehr genau, nur soviel kann ich mich erinnern, dass mich jemand bei den Füßen packte und rasch auf die Seite zog, und das war auch wirklich nötig gewesen, denn meine Kameraden folgten blitzesschnell, und wurde jeder ebenso bedient, damit keiner dem andern durch das Gewicht der Niederfahrt Schaden zufügen konnte.

Unsere Umgebung nahm aber in dem Augenblick unser Erstaunen viel zu sehr in Anspruch, das Übrige auch nur noch eines Blickes oder Gedankens weiter zu würdigen – der Leser wird es teilen, wenn ich ihm mit kurzen Worten eine Übersicht desselben gegeben.

Wir befanden uns, auf eine Art hineingebracht, die wahrlich fast an Zauberei grenzte, plötzlich in einem zwar nicht übermäßig hohen aber ungeheuer weiten, durch mächtige Eissäulen getragenen Gewölbe, das auch seinerseits jedenfalls aus einer soliden Eismasse bestehen musste, wenigstens bildete diese den oberen Teil der Wände und Decke, und der untere war so dicht und sorgfältig mit dicken schweren Pelzen verhangen und überdeckt, dass auch nicht das mindeste davon sichtbar blieb. Etwa zwölf oder vierzehn Feuer loderten in dem Raum und um diese lagen, auf dem ebenfalls dicht mit Pelzen überstreuten Boden, eine Masse wunderlicher Gestalten, die jetzt zum Teil in die Höhe sprangen, ihre sicherlich unerwarteten Gäste anzustarren, zum Teil aber auch mit einer Gleichgültigkeit liegenblieben, die wirklich an das Fabelhafte grenzte.

Die Kleidung derselben bestand ebenfalls aus Pelzen, schien jedoch verhältnismäßig leicht, wie denn auch in dem ganzen Raum eine gegen die äußere Luft gewaltig abstechende ordentlich warme Atmosphäre herrschte, die zugleich – wenn auch nur in den ersten Minuten – so nach Fett und Tran roch, dass mir wenigstens auf kurze Zeit der Atem völlig stockte. Ich gewöhnte mich jedoch bald daran, und mein erster Blick fiel jetzt auf die Öffnung, durch die Kapitän Daring so unverhofft den Eingang gefunden hatte. Es war eine dünne Eisplatte, durch welche wie durch eine Menge ähnlicher dieser unterirdische Eispalast sein Licht empfing. Auf irgendeine Art hatte man nämlich verschiedene Stellen der Decke so dünn herzustellen gewusst, dass sie förmlich Glastafeln glichen und so ganz zweckmäßige Fenster bildeten. Wir sollten übrigens auch gleich nachher Zeuge sein, auf welche leichte Art diese zerbrochene Scheibe wiederhergestellt wurde. Einer der jungen Leute hüllte sich nämlich plötzlich in einen weiten Pelzüberwurf, griff ein Gefäß kochenden Wassers vom Feuer auf und sprang damit hinauf; ein anderer hatte indessen unten in eine Art hölzernen Tellers eine Stange gesteckt und die Holzfläche mit Tran leicht bestrichen. Rasch hielt er den Teller jetzt empor und drückte ihn fest gegen die zersplitterte Öffnung, in dem Augenblick goss dann wahrscheinlich der zuerst Hinausgegangene das Wasser darüber, das kochend hinaufgeschafft werden musste, damit es sich nicht zu früh in Eis verwandelte, und kaum zwei Sekunden später zog der untenstehende den Teller wieder fort, während sich die oben so schnell geschaffene Fensterscheibe schon in nichts mehr von den übrigen unbeschädigt gebliebenen unterschied.

Doch ich darf mich nicht länger bei solchen Kleinigkeiten aufhalten, deren Erwähnung der Leser aber doch vielleicht entschuldigt, wenn er bedenkt, wie neu und wunderbar uns, die wir auf dem weiten Eisfeld mondelang gar nicht gehofft hatten, ein menschliches Wesen zu erblicken, dieses ganze Treiben und Schaffen vorkommen musste. So also mit kurzen Worten: Diese Eishalle war ein unterirdisches Dorf irgendeines Eskimostammes, der hier den strengen Winter dieser Zone, in der fast unmittelbaren Nähe des Nordpols, auf eine

verhältnismäßig ganz behagliche Weise verlebte; Nebengemä-
cher, deren Wände Erdwälle bildeten, enthielten ihre Lebens-
mittel und Feuerungsvorräte, und so gewissermaßen durch
Kälte gegen Kälte geschützt, waren die tötenden Nordwinde,
die besonders im Februar ihre fürchterlichste Höhe erreichen
sollen, nicht imstande, ihnen zu schaden, oder sie auch nur
von ihren Jagdgründen zu vertreiben.

Doch wie erfuhren wir dies alles? – Kein einziger der
Eskimos verstand weder ein Wort Englisch noch Französisch, und ihre eigene Sprache schien uns kaum besser wie
eine Art unartikulierten Grunzens. Wer beschreibt da mein
Erstaunen, als uns einer der Leute plötzlich in reindeut-
scher Sprache, wenn auch mit etwas eskimoschem Dialekt,
anredete; ich sprang augenblicklich vor, und das Mittel war
jetzt gefunden, uns zu verständigen. Der Deutsche war in
früheren Jahren einmal auf einem Bremer Walfischfänger
verunglückt und von den Eskimos aufgenommen und hatte
jetzt die Familie, mit der er gewöhnlich lebte – denn das
Dorf war, wenn auch in einem Raume, doch in verschiedene Familien abgeteilt – ebenfalls die deutsche Sprache
gelehrt. Sein Name war Gottlieb Schultze, aus einem Dorfe
im Oldenburgischen. Eigentümlich erwies sich aber die Ide-
enverbindung des einen Eskimos, der kaum hörte, dass ich
ein Landsmann seines Freundes sei und ebenfalls Schultze
heiße, ganz erstaunt auf mich zutrat und mich frug, ob wir
Deutschen alle Schultze hießen; mein Landsmann fiel mir
aber hier ins Wort und versicherte ihm, es habe in seinem
Dorfe auch noch Familien mit Namen Müller, Meier und
Schmidt gegeben und damit beruhigte sich der Eisländer.

Ein Glück war es übrigens, dass wir dieses Dorf gefunden,
denn hier erfuhren wir jetzt, wie wir unserem Ziele allerdings
dings sehr nahe, aber auch nicht mehr imstande seien, der
unglücklichen Mannschaft des »North Star« zu helfen. Etwa
eine halbe geographische Meile von da und gerade zwischen
himmelanstarrenden Eisblöcken, die selbst der wärmste

Sommer nicht aufzutauen vermochte, hatten sie zum letzten Male ihr Lager aufgeschlagen, um es nie wieder zu verlassen; der »North Star« war nämlich, der Beschreibung nach, auf derselben Stelle, auf welcher unser »Pelican« jetzt lag, zwischen treibende Eismassen geraten und zersplittert und die unerschrockene Mannschaft hatte den tollkühnen Versuch, über den Nordpol hin sich ihren Weg wieder gen Süden bahnen zu wollen, mit dem Leben bezahlen müssen.

Mein Landsmann Schultze versprach, uns, wenn wir uns ausgeruht haben würden, dorthin zu führen, denn wir beschlossen einstimmig, wenigstens die Überreste unserer ihrem Pflichteifer gefallenen Kameraden zu besuchen, ehe wir diese Regionen wieder verließen. Vorher aber war es nötig, dass wir uns, was in freier Luft und in der Kälte draußen nicht möglich gewesen wäre, besser bewaffneten, denn es sollte gerade dort, wohin wir uns jetzt wendeten, sehr viele und wilde Eisbären geben und Kapitän Daring riet uns, die Messer, die wir bis jetzt unter den Pelzen im Gürtel getragen, an die Stangen mit Bärensehnen, wie sie hier unten in großem Vorrat hingen, zu befestigen und dadurch eine Art von weit wirksamerer Lanze herzustellen; davon rieten uns aber die Eskimos, als sie erst gewahr wurden, was wir beabsichtigten, vollkommen ab, und Schultze erklärte uns, in diesem Breitengrad dürften wir Eisen unter keiner Bedingung an die freie Luft bringen, da es die Winterkälte jedes Mal, wie das auch mit unseren Harpunen geschehen sei, abschneiden würde; dafür gingen aber die Leute jetzt um so bereitwilliger daran, uns auf ihre Art mit Waffen zu versehen, und staunend erkannten wir bald, wie weise es doch Gott gefügt, dass jede Zone auch gewissermaßen die Mittel in sich selber trüge, ihren Übelständen zu begegnen, oder ihren Bedürfnissen abzuhelfen.

In dem Breitengrad nämlich, wo die Luft so schneidend kalt ist, dass sie einen zerstörenden Einfluss auf das Metall ausübt, friert das Eis zugleich so hart, dass es sich bei einem nur mäßigen Feuer vollkommen gut schmieden und hämmern lässt und die Leichtigkeit, mit der es zugleich in jede beliebige Form gebracht wird, grenzt an das Unglaubliche.

Ein gewöhnlicher Eiszapfen wurde nämlich einfach in die gehörige Länge einer Lanzenspitze mit starkem Fuß abgebrochen, dann über oder vielmehr neben dem Feuer gewendet und gedreht, bis er eine tauige Weiche erhielt, und nun rasch mit einem steinernen Hammer auf steinernem Amboss in die verlangte Form geschlagen. Nachher bohrten sie unten, wohinein der Schaft oder die Stange kommen sollte, eine Öffnung, steckten diesen dort ein, gossen Wasser darüber und hielten die Lanzenspitze nur wenige Sekunden an die freie Luft und sie war so stark daran befestigt, dass uns Schultze fest versicherte, wir würden das Holz der Stange zerbrechen, nie aber wieder, außer durch Hitze, das Eis von diesem trennen können.

Noch möchte ich, wenn auch nur mit wenigen Worten des Materials Erwähnung tun, dessen sich dieser Stamm der Eskimos zur Feuerung bediente. Holz ist, wie man sich wohl denken kann, in jenem Breitengrad ungemein selten, und wie in den holzarmen Distrikten Deutschlands und Irlands muss sich deshalb der Eingeborene mit einer gewissen Art Eistorf begnügen, der jedoch natürlich nicht wie der gewöhnliche Torf gestochen, sondern mehr wie die Steinkohle geschlagen wird.

Die Masse besteht hauptsächlich aus größtenteils vorsündflutlichen Pflanzenfasern, die in dem Eise fest verwachsen sind, die Stücken aber setzt man, ehe sie benutzt werden können, einige Tage der vollen und unmittelbaren Kälte aus; dadurch frieren die wässerigen Teile vollkommen aus und der Torf ist zum Gebrauch fertig.

Schultze besaß überdies noch eine alte Sattelpistole, die er aber ganz fest in Pelz eingenäht hatte, dass sich nur das Schloss frei bewegen konnte und die Mündung offen blieb – das Visier war von Leder. Hierzu goss er, da er kein Blei hatte, ebenfalls eisene Kugeln. Seine Kugelform bestand aus Holz, diese rieb er inwendig recht derb mit Tran aus, goss Wasser hinein und hielt die Form dann ebenfalls einen Moment in die freie Luft, wonach die Kugel, sobald er die Form öffnete, rund und schwer herausfiel. Sein Kugelbeutel war ein kleines Netz, das er auswendig umhängen hatte – sein Pulvervorrat übrigens fast erschöpft, und er freute sich nicht wenig, als ihm Kapitän Daring ein kleines Horn voll gab.

So ausgerüstet traten wir am nächsten Morgen, nachdem wir vorher von unseren freundlichen Wirten herzlichen Abschied genommen, unsern Marsch an, denn wir beabsichtigten gar nicht wieder hieher, sondern nun so rasch als möglich nach unserem Fahrzeug zurückzukehren, um dort wo möglich noch vor Januar einzutreffen und an dessen Bord, anstatt in oder auf dem Eise, überwintern zu können. Auch Schultze, mein irokesischer Landsmann, hatte sich entschlossen, uns zu begleiten; als er uns sah, war die Erinnerung an die Heimat wieder in ihm erwacht, und er sehnte sich zurück nach Weib und Kind, von denen ihn das unerbittliche Geschick nun schon seit elf Jahren getrennt gehalten.

Nur eines befürchteten wir, dass nämlich wilde Tiere die Leichen der Mannschaft des »North Star« zerrissen und fortgeschleppt hätten und wir dadurch verhindert werden würden, uns wirklich von dem Untergang unserer Landsleute selbst zu überzeugen. Schultze aber, der uns später auch auf dem Rückmarsch als Führer unschätzbare Dienste leistete, versicherte uns das Gegenteil und sagte uns, wir würden dort aufs Neue den Beleg finden, welche Gewalt der Frost in diesen Regionen ausübe – und er hatte recht.

Nach einem zwar kurzen, aber beschwerlichen Marsch über raue zerrissene Eisblöcke hin, erreichten wir endlich das letzte Lager unserer armen Kameraden und groß war unser Erstaunen in der Tat, als wir die Körper, sieben an der Zahl, und die letzten jener kühnen Schar wackerer Seefahrer, noch unverletzt und fast wie lebend, aber nur starr und regungslos auf dem Eise in langer Reihe ausgestreckt fanden – denn die Eskimos hatten die Leichen, ihrer eigenen Sitte gemäß, alle mit den Köpfen gen Norden, die Füße dem warmen Süden zugekehrt, wie sie selber an ihren Feuern lagern, geordnet.

Kein Zeichen ließ sich dabei an diesen Überresten irdischer Leiber erkennen, dass sie vom gierigen Zahn der Bären und Seewölfe, von denen wir doch hier zahlreiche Spuren fanden, angegriffen wären, als ich mich aber hierüber verwundert gegen meinen Namensvetter äußerte, deutete dieser lächelnd mit seinem Fausthandschuh auf eine Menge kleiner weißschimmernder Gegenstände hin, die überall um die Körper zerstreut lagen. Ich hatte sie wohl früher bemerkt, aber nicht weiter beachtet, und fand jetzt zu meinem Erstaunen bei näherer Untersuchung, dass es eben so viele Zähne und Fänge wilder Bestien waren, die an manchen Stellen das Eis förmlich bedeckten.

Es klingt wunderbar und ist doch Tatsache – so hart waren die Leichen gefroren, dass die Raubtiere, die sich in wilder Gier auf die schon geglaubte Beute warfen, die starre Hülle selbst mit ihren gewaltigen Fängen nicht zu durchbohren vermochten, und nun in immer wachsendem Grimm so toll und wütend nach den ihrem Bisse trotzenden Gliedern schnappten, bis sie einen Teil ihrer Zähne ausgebrochen hatten und endlich in Schmerz und Verzweiflung von einem so hoffnungslosen Versuche abstehen m u s s t e n .

Ich schlug mir mit dem Kolben von Schultzes Sattelpistole eine Locke von einer der Leichen ab, deren Familie ich in Pennsylvanien kannte, und der ich ein Andenken an den Verlorenen mitzubringen wünschte. Traurig verließen wir endlich, an unsere eigene Rückkehr denkend, den schauderhaften Platz des Todes.

Wenig bleibt jetzt mehr zu erwähnen; von unserem deutschen Eskimo geführt, erreichten wir nach etwa fünfwöchentlichem Marsch, freilich erst mit Besiegung ungeheurer Schwierigkeiten, aber doch glücklich und ohne mehr als noch vier der unseren, teils durch Krankheit (die sich durch den zu häufigen Genuss einer dort wildwachsenden Eisbeere zugezogen), teils durch die übermäßige Kälte, zu verlieren, unser Schiff, wo wir von der zurückgebliebenen Mannschaft, die uns schon als tot verloren gegeben, mit jauchzendem Jubelruf empfangen wurden.

Den Winter mussten wir freilich dort liegen bleiben, da der hinter uns liegende, bis dahin noch flüssig gewesene Kanal ebenfalls fest zufror und uns wie auf trockenem Lande zurückließ. Sobald aber im Juli die Eismassen auftauten, und die Bahn wieder frei wurde, gingen wir, jetzt fest überzeugt, dass eine Passage für die Schifffahrt nie auf diesem Wege würde entdeckt werden können, mit freudigem Herzen unter Segel und kehrten in südlichere Zonen zurück.

Am ersten Oktober nächsten Jahres liefen wir glücklich an Staten Island vorüber, im Hafen von New-York ein, und von hier aus ist es, wo ich mir erlaubt habe, Ihnen, verehrte Redaktion, diese sicherlich interessante und mancherlei neues enthaltende Schilderung unserer Fahrt in die Eisregionen zu übersenden.

P.S. Gottlieb Schultze ist glücklich und gesund mit uns hier eingetroffen und lässt sich Ihnen ebenfalls bestens empfehlen.

Friedrich Gerstäcker,
ein weltreisender Vagabund

Selten hat eine Autor so viele praktische Lebenserfah-
rungen gemacht, nicht als beschaulicher Beobachter, sondern als tüchtig zugreifener Mann der That [...]. Fürst
Pückler-Muskau reist als aristokratischer Weltfahrer,
der chevalereske Gefahren aufsucht, Sealsfield als geist-
voller Kosmopolit, der eine gewisse geistige und poetische Vornehmheit bewahrt und alles, was er schildert,
in eine ideale Sphäre emporzieht oder mindestens mit
seiner eigenen Genialität versetzt; Gerstäcker reist als
Arbeiter, als einfacher Arbeiter. Die Welt bietet aber
ganz andere Seiten dar, wenn man sich im Schweiße
seines Angesichtes mit ihr einlassen muß. Die einfachste
Leistung hat nicht nur ihre bestimmte Technik, sondern
sie bringt auch in einen lebhafteren Zusammenhang mit
der Außenwelt und mit den Dingen um uns her, als die
aufmerksamste Beobachtung. Die Intelligenz nimmt das
All' auf wie ein ruhiger Spiegel; aber der Willen erst, der
die Dinge zu seinen Diensten zwingt, macht Ernst mit
der tieferen Ergründung der Welt.[1]

Der Literaturhistoriker Rudolf von Gottschall war ein Zeit-
genosse Friedrich Gerstäckers und Anhänger des in der zweiten Hälfte des 19. Jahrhunderts den Ton angebenden poeti-
schen Realismus. Er entwickelt in den wenigen Zeilen, die er
Gerstäcker in seiner weit verbreiteten Geschichte der deutschen Nationalliteratur widmet, eine Poetik des Schriftstel-
lers als tatkräftiger Arbeiter, die bei aller Knappheit erkennen lässt, wie begierig die bürgerliche Kultur nach 1848 nach
Direktheit, nach unmittelbarer Erfahrung war und diese
gerade beim Nicht-Vornehmen, beim »Unverbildeten« such-

te. Der Aristokrat Hermann von Pückler-Muskau, dem hier ein bloß exotistisches Interesse an der Kultur der bereisten Länder unterstellt wird, und der österreichische Kosmopolit Karl Postl, der unter dem Namen Charles Sealsfield als überzeugter Anhänger der amerikanischen Zivilisation zum Verfasser von Reiseberichten und Romanen wurde, tragen nach Ansicht Gottschalls bereits zu viel an Kultur, an intellektueller Erwartungshaltung an die neu entdeckte Fremde heran, um einen wirklich voraussetzungslosen und unvoreingenommenen Blick in diese Welt richten zu können. Jemand wie Gerstäcker aber, »der die Handlangerdienste der Cultur verrichtet, wird, wenn er die Feder ergreift, keine Märchen aus der Welt erzählen, sondern die Chronik jener kleinen und großen Thatsachen, welche das Culturleben in beiden Hemisphären begründen.«[2]

> Gerstäcker hat Masten erklettert und Bäume gefällt; er weiß als ein nordamerikanischer Nimrod seltene Jagdabenteuer zu erzählen; er versteht einen Dampfer zu steuern und ein indianisches Kanoë zu rudern. So tritt er in unsere Litteratur als ein rüstiger Naturmensch, unbekümmert um die feineren geistigen Strömungen des Jahrhunderts, aber in einfacher Kraft ein Repräsentant des gesunden Verstandes, der im frischen Naturleben eine Verjüngung sucht für die Verirrungen und krankhaften Reactionen einer überreizten Cultur.[3]

Friedrich Gerstäcker wurde als Begründer einer gesunden, an der Wirklichkeit und ihren Anforderungen ausgerichteten Literatur gefeiert. Heutige Leser mag dies zunächst verwirren, erscheinen Gerstäckers Erzählungen aus exotischen Weltteilen doch nicht weniger abenteuerlich als zum Beispiel die *Lederstrumpf*-Romane James Fenimore Coopers, dessen Lesern man Exotismus und Eskapismus vorwarf. Man versteht es, wenn man bedenkt, dass darstellenswerte Realität für die tonangebende Kritik des 19. Jahrhunderts immer

Realität aus der Perspektive eines nationalen Interesses be-
deutete. Walter Scott und Charles Dickens wurden bewundert, weil sie es schafften, ein britisches Nationalgefühl zu
stiften: »Ein Volk mit einer reichen Geschichte und einem
im Ganzen gesunden gesellschaftlichen Leben [...] vertieft
sich lieber mit Walter Scott in die Ruinen seiner großen
Vorzeit, oder mit Dickens in das geschäftig bunte Treiben
seines Markts, als daß es mit dem letzten der Mohicaner
für das freie Jagdrecht am Mississippi schwärmen sollte.«[4]
In Gerstäcker sah man einen Schriftsteller, der die Welt aus
der Perspektive deutscher Auswanderer beschreibt und ihre
Kämpfe und Konflikte in seinen oft ironischen Blick nimmt.
Dass er dabei zugleich sehr kritisch war, wurde weniger beachtet. Sicherlich dürfen wir Gottschalls Lob des schreiben-
den Arbeiters nicht mit den Programmen einer »Arbeiter-
literatur«, die im 20. Jahrhundert aufkommen, verwechseln.
Aber eine Verschiebung vom bürgerlichen Individuum, das
sich im Bildungsroman entfaltet, zu einem Menschen vom
unteren Ende der gesellschaftlichen Hierarchie kündigt sich
hier deutlich an. Unvorbelastet schien Gerstäcker alles zu
beschreiben, was ihm in den Blick geriet.

Friedrich Gerstäcker blieb sein Leben lang ein Ruhelo-
ser, den es immer wieder auf ausgedehnte Weltreisen zog.
Sein literarischer Gegenstand waren weder ausschließlich
die exotischen Flecken auf der Landkarte, noch spürte er
in seinen Erzählungen dem roten Faden der Weltgeschichte
nach, wie das vom historischen Roman verlangt wurde (wo
er es doch tat, wie z.B. in seinem Südseeroman *Tahiti*, wurde er entsprechend von der Kritik gerügt). Gerade in seinen
Reiseabenteuern und -skizzen interessierte ihn die Welt vor
allem dort, wo verschiedene Kulturen zusammenprallten,
wo sich alles mischte, das Hybride, das da entsteht, wo Menschen aller Länder vom gemeinsamen Interesse des Erwerbs
oder des blanken Überlebens zusammengeführt werden und
miteinander auskommen müssen.

Gerstäcker wurde am 10. Mai 1816 in Hamburg geboren. Beide Eltern waren Opernsänger. Der Vater, Karl Friedrich Gerstäcker, war ein damals berühmter Tenor, der 1819 von Carl Maria von Weber an die Dresdener Hofoper geholt wurde, aber schon zwei Jahre darauf an das Hoftheater in Kassel wechselte, wo er bereits 1825 verstarb. Ein Biograph Gerstäckers, der ihm freundschaftlich verbunden war, Wilhelm von Hamm, erwähnt, dass in den Adern von Gerstäckers Vater »orientalisches Blut« geflossen sei.[5] Was damit genau gemeint ist, lässt sich nicht mehr feststellen, da dieser Umstand nirgends sonst erwähnt wird. Die Mutter Luise Friederike Gerstäcker, geborene Herz, war »Sängerin für zweite und dritte Partien« und erhielt nach dem Tod ihres Ehemanns, den sie um 65 Jahre überlebte, eine kleine Rente, von der sich mehr schlecht als recht leben ließ. So gab sie Friedrich und seine jüngere Schwester Molly in die Obhut des Onkels Eduard Schütz, der Schauspieler in Braunschweig war. Friedrich wächst also in Braunschweig auf, wohin er am Ende seines Lebens auch zurückkehren wird.

Eine 1833 nur ungern aufgenommene Kaufmannslehre in Kassel brach Gerstäcker bald wieder ab und begann eine landwirtschaftliche Ausbildung in Grimma in Sachsen, womit er sich auf die Auswanderung nach Amerika vorbereiten wollte, zu der er sich wie viele seiner Generationsgenossen entschlossen hatte. Im Mai 1837 schiffte er sich in Bremerhaven zu seiner ersten großen Reise ein, die ihn zunächst nach New York führte, wo er Ende Juli ankam. Sechs Jahre lang durchreiste er das Land, ernährte sich in verschiedenen Berufen, als Matrose, Händler, Farmer oder Goldgräber, meist aber als Jäger, was zeitlebens seine Leidenschaft bleiben sollte.

Den Anlass zum Schriftstellerberuf zu wechseln, gaben – so erzählt es Gerstäcker selbst – die Briefe aus Amerika an seine Mutter, zu der er lebenslang ein inniges Verhältnis hatte, die während seiner Abwesenheit in Deutschland bereits in Zeitschriften veröffentlicht worden waren. Der Erfolg seiner Erfahrungsberichte war so groß, dass Gerstäcker sie nach seiner Rückkehr 1843 nach Deutschland zu einem Buch verarbeitete, den *Streif- und Jagdzügen durch Nordamerika*, die 1844 erschienen und seinen Ruf als Autor für Auswanderer begründeten. Seine phantasievollen Schilderungen waren nicht nur zu deren Information, Belehrung und Warnung formuliert, sondern er setzte sich auch für ihre Belange ein. Nach der gescheiterten Revolution von 1848, an der er sich als Scharfschütze einer revolutionären Leipziger Bürgergarde beteiligt hatte, unternahm er eine weitere große Reise von 1849 bis 1852 u.a. nach Tahiti und Australien. Seine dritte große Reise führte Gerstäcker dann ab Ende Mai 1860 für 18 Monate nach Südamerika, um die »zerstreuten deutschen Colonien und Landsleute aufzusuchen und ihre äußere und innere Lage kennen zu lernen; auch Verbindungen anzuknüpfen, die künftigen deutschen Auswanderern die Wege erleichtern möchten, [...] immer und immer wieder kommt er, mit patriotischem Ingrimm, zu sprechen auf die Recht- und Schutzlosigkeit der Deutschen im Auslande, auf den Mangel einer deutschen Flotte, welche dazu freilich unentbehrlich sein würde, sowie auf die Plackereien und Hemmnisse, durch welche einzelne deutsche Regierungen, namentlich von den kleineren, die Auswanderung noch immer zu beschränken und zu hintertreiben suchen.«[6]

Wir sehen die Auswanderer nur hier immer mit blumengeschmückten Hüten, mit Flinten auf dem Rücken und rothwangigen vergnügten Gesichtern, die Tasche voll Geld, das Herz voll Hoffnung, vorüberziehen, und beneiden sie nicht selten um das freie Leben, dem sie dort entgegengehen. Du großer Gott, wir haben hier noch keine da drüben an dem fremden Strande, mit bleichen Wangen, krank und entmuthigt, mit zerstörten Hoffnungen, von lauter fremden, theilnahmlosen Menschen umgeben sitzen sehen und wissen deshalb gar nicht, wie segensreich und wohltätig ein Verein von braven Männern wirken kann, der es sich zur Aufgabe stellt, den Nothleidenden mit der That und oft mit ebenso werthvollem, weil treu gemeintem Rath zu helfen. Und keine Nation der Welt benöthigt Beides mehr, als gerade in ihren unteren Klassen die deutsche, weil keine daheim mehr bevormundet und geflissentlich abhängig und unpraktisch gehalten wird. Werden d i e s e Leute aus ihren gewohnten Verhältnissen, aus der Tretmühle ihres gewöhnlichen Lebens herausgerissen, und haben sie nicht die Mittel, sich das mit Geld zu erkaufen, was sie daheim nie Gelegenheit gefunden zu sammeln: E r f a h - r u n g, so sind es die hülflosesten, verlassensten Wesen unter der Sonne, und o h n e helfende Hand dem Verderben preisgegeben. (*Achtzehn Monate in Süd-Amerika und dessen deutschen Colonien*, Bd. 3, Leipzig 1863, S. 226 f.)

Während dieser dritten großen Reise ist Gerstäcker auch im Auftrag der »Ecuador Landcompany« in Südamerika unterwegs, um deren Projekt der Besiedlung mit deutschen Auswanderern in Augenschein zu nehmen. Er kritisiert dabei scharf die mangelnde Unterstützung durch die Regierungen der deutschen Kleinstaaten und zeigt, dass er eine sehr klare Vorstellung vom ökonomischen Gewinn hat, der sich aus der Auswanderung für die deutschen Staaten ergibt:

Jene kleinherzigen deutschen Regierungen, die der Auswanderung stets mit allen Kräften entgegenarbeiten, weil s i e besonders so und so viel taxenzahlende gehorsame Unterthanen dadurch verlieren, würden anders darüber urtheilen, wenn sie sähen, wie gerade durch die deutschen Auswanderer d e u t s c h e Producte in fremden Welttheilen eingeführt werden und dort Anerkennung und Verbreitung finden. Alle jene Millionen, die jetzt den Export unserer Fabrikate nach fremden Welttheilen bilden, würden auf winzige summen beschränkt sein, wenn wir nicht auch deutsche Auswanderer an jenen Orten hätten, wohin wir sie absetzen. In dem eigenen Vortheile Deutschlands läge es deshalb, die Auswanderung zu unterstützen, nicht zu verhindern oder zu erschweren. (*Achtzehn Monate in Süd-Amerika und dessen deutschen Colonien*, Bd. 2, S. 294)

Doch nicht nur sein Engagement für die Auswanderung zieht ihn auf die Reisen durch die Welt. Es ist durchaus auch Abenteuer- und in Verbindung mit dieser die Jagdlust, die im 19. Jahrhundert so viele literarische Früchte treibt. Bis heute spielen seine Anhänger Gerstäckers Reichtum an Erfahrungen gegen Karl Mays »Landkartenreisen« aus und tatsächlich hat dieser, der für seine Romane und Erzählungen gern auf literarische Quellen zurückgriff, auch einiges bei Gerstäcker abgeschrieben. Karl Mays Südseeerzählung *Die Rache des Ehri* (1878) zum Beispiel kann man nur als ein Plagiat von Gerstäckers *Das Mädchen von Eimeo* (1868) bezeichnen, nur, dass May die missionskritische Pointe in eine Apologie des Christentums nach seinem Geschmack verkehrte.

Eine Reise mit dem Herzog von Sachsen-Coburg und Gotha, der mit ihm die Jagdleidenschaft teilte, führte Gerstäcker 1862 auf seine einzige Afrikareise nach Ägypten und Äthiopien. Und 1867 reiste er zum letzten Mal nach Nordamerika, Mexiko und Venezuela und besucht dort Orte wieder, die er 20 Jahre zuvor gesehen hatte. Als begeisterter Patriot nahm Gerstäcker 1871 dann am Deutsch-Französischen Krieg als Kriegsberichterstatter teil, doch am 31. Mai 1872 verstarb er um 2 Uhr nachts plötzlich an einem Hirnschlag in seinem Haus in Braunschweig. Dort wurde er auf dem Magnifriedhof beerdigt.[7]

Friedrich Gerstäcker war nach der Rückkehr von seiner ersten großen Reise zunächst als Übersetzer amerikanischer Abenteuerliteratur tätig und publiziert in einem horrenden Tempo, wie es der damals explodierende Literaturmarkt erforderte, so dass man nicht umsonst von Roman- und Über-

setzerfabriken sprach. Häufig erschienen Übersetzungen aus-
ländischer Literatur fast zugleich mit dem Original. Neben
Lippards *Die Quäkerstadt und ihre Geheimnisse* (1846) über-
trägt er den zweiten Roman von Herman Melville, *Omoo*, so
dass dieser 1847 noch im selben Jahr wie das amerikanische
Original im Verlag Gustav Mayer erscheint, wo kurz vorher
bereits Melvilles Erstling *Typee* in der Übersetzung eines
Rudolph Garrique herausgekommen war. Das Buch muss einen tiefen Eindruck auf Gerstäcker gemacht haben, denn auf
Melvilles Spuren wird er zwei Jahre später auf einem Wal-
fänger von Südamerika aus durch die Südsee nach Australien
reisen und dabei auch die Schauplätze von Melvilles Roman
besuchen. Er ist dabei allerdings, anders als Melville, zah-
lender Fahrgast und nicht Teil der Mannschaft. Ein Tahiti
betreffender Auszug aus seiner Schilderung dieser Reise ist
in den vorliegenden Band aufgenommen worden. Im Prozess
der Übersetzung machte sich Gerstäcker *Omoo* und dessen
Duktus so zu eigen, dass er selbst eigene Wortschöpfungen
beisteuerte, die weniger von seemännischer Erfahrung als
von einer reichen Sprachphantasie zeugen.[8]

So sehr Gerstäcker es liebte, sich als Mann der Tat und illi-
terater Abenteurer zu stilisieren, der »die einfache Erzählung
meiner Erlebnisse ausgenommen«[9], wenig Ehrgeiz zum Schriftsteller habe, so zeigt sich beispielsweise im Heine-Ton sarkasti-
scher Wehmut, den er anschlägt, sobald es um die Missstände
in der Heimat geht, dass er sehr wohl stilistische Vorbilder hat.
Wenn er etwa in Tahiti überrascht über den polizierten Zustand des Inselreichs an deutsche Zustände erinnert wird, ist
ein Anklang an *Deutschland, ein Wintermärchen* unverkennbar:

Aufenthaltskarte, Straßenlaternen, Polizei – oh süße,
süße Erinnerungen! – weiter fehlte mir jetzt gar nichts,
als auch noch die bescheidene Forderung eines Heimatscheins. Und hier, mit all' diesen wehmütigen Anklängen
aus der Heimat, sollte man nicht das Heimweh bekom-

men? Mir wurde ganz weh und weich ums Herz, und ich
sah den Mann gerührt an. (*Tahiti*, S. 117 hier im Band)

Gerstäcker – so sehr ihm von den Zeitgenossen der Stempel des Ungebildeten aufgeprägt wurde – ist ein Mann des
Vormärz. Der kritische Blick, mit dem er soziale und kulturelle Missstände und Misstöne auf seinen Reisen aufgreift –
schlimme Zustände in den kalifornischen Goldminen, amerikanischen Rassismus, Betrügereien an Auswanderern – ist
in Verbindung mit einer heute unangenehm aufstoßenden
Voreingenommenheit für alles Deutsche (nicht jedoch für
alle Deutschen) ein Erbteil der jungdeutschen Bewegung.
Drei Jahre nach den Tagen der gescheiterten Revolution,
die Gerstäcker in einem melancholisch-bissigen Bericht im
Dezember 1848 in Cottas *Morgenblatt für gebildete Leser* aus
der Perspektive eines ironischen Beobachters im vom Militär
besetzten Berlin geschildert hatte, ist ihm die Südsee – für
deutsche Autoren seit dem weltreisenden Jakobiner Georg
Forster weniger ein erotischer als ein republikanischer Sehn-
suchtsort – auch Spiegel der restaurativen Zustände in der
Heimat. Das erste, was er auf Tahiti erblickt, ist eine Straßenlaterne – Sinnbild sowohl des Fortschritts und der Aufklärung, als auch der Revolution, wurden sie im 19. Jahrhundert doch häufig in ihrer Funktion als improvisierter Galgen
während der französischen Revolution zitiert und waren
oft Ziel einer sich gegen ihre Funktion der verbesserten
Überwachung durch die Obrigkeit richtenden Aggression.
Hans Ritz, d. i. der Schriftsteller und Privatgelehrte Ulrich
Erckenbrecht, hat 1983 ein Büchlein über Südseebilder und
Südseereisende verfasst: *Die Sehnsucht nach der Südsee. Bericht
über einen europäischen Mythos* und sieht, ganz ähnlich wie
über hundert Jahre zuvor Rudolf von Gottschall, im Rea-
listen Gerstäcker das viel zu wenig beachtete Gegenbild zu
einer Südsee-Sehnsucht, die immer nur nach der Verwirkli-
chung literarischer Träume strebt.

Auch Friedrich Gerstäcker schwankte zwischen den typischen Gefühlsreaktionen eines Reisenden, der einem literarischen Traum in der Realität begegnen will. Aber er war unbefangen genug, um sich seiner Illusionen bewußt zu werden. Er versuchte, die Wirklichkeit präzis zu beschreiben, ohne sich und seine Leser mit ideologischen Fiktionen zu betrügen.[10]

Wie Herman Melville in *Omoo* schaut Gerstäcker gerade dort besonders genau hin, wo er etwas nicht versteht. Ein Geschmack für das Unbekannte, das Groteske und Bizarre ist unverkennbar, das da entsteht, wo unterschiedliche Kulturen aufeinandertreffen. Wie Melville, der eine Fortsetzung seines erfolgreichen Erstlings *Typee* schreiben wollte, allmählich von der Abenteuerhandlung immer mehr ins ziellose Schildern driftet, womit er den Titel *Omoo* – »in der Landessprache der Tahitier einen Wanderer von Insel zu Insel« (*Omoo oder Abenteuer im stillen Ocean mit einer Einleitung, die sich den »Marquesas-Inseln« anschließt und Toby's glückliche Flucht enthält.* Von Hermann Melwille. Aus dem Englischen von Friedrich Gerstäcker, Leipzig 1847, erster Theil, S. XXIV) zum Programm macht, ist auch Gerstäcker ein schreibender *rover*, ein reisender Vagabund, etwas, was es in der deutschen Literatur kaum, in der amerikanischen über Jack London und Jack Kerouac bis hinauf zu Robert Pirsigs *Zen and the Art of Motorcycle Maintenance* (1974) dagegen immer wieder gegeben hat und gibt. Der *rover* durchbricht den Rahmen zwischen Gegenstand und Beobachter, um eine Literatur des Involviertseins, der Anteilnahme an Dingen und Menschen zu schaffen. Das Leben der »abenteuerlichsten, heißköpfigsten Matrosen aller Nationen« (*Omoo*, S. III) zu schildern, war, wie Melville im Vorwort seines Buchs erklärte, ebenso seine Absicht, wie

to give a familiar account of the present condition of the converted Polynesians, as affected by their promiscuous intercourse with foreigners, and the teachings of the missionaries, combined. (Melville: *Omoo. A Narrative of Adventures in the South Seas.* Northwestern Newberry Press 1999, S. XIII)

Scheinbar mildert Gerstäcker den Text in seiner Übersetzung ab, wenn er das Adjektiv »promisk« aus dem Zusammenhang des Umgangs mit Fremden und Missionaren entfernt:

> den gegenwärtigen Zustand der bekehrten und halbbekehrten Polynesier zu beschreiben, und wie der Verkehr mit Fremden und die Lehren der Missionaire auf sie eingewirkt haben. (*Omoo*, S. IV)

Doch Gerstäcker entfernt nicht nur das zweideutige »promiscuous«, das sowohl im sexuellen Sinne als auch als »ungeordnet«, »durcheinander« verstanden werden kann, sondern fügt auch den bekehrten Polynesiern die »halbbekehrten« hinzu. Das, was Melville in seinem zweiten Roman nur als zerstörerischen, unseligen Einfluss beschreibt, erscheint nämlich Gerstäcker als Übergangsphänomen durchaus beachtenswert.

Zunächst aber waren hier die Perspektive und das Lebensthema Gerstäckers gefunden: eine sich in globale Bewegung setzende untere Klasse der »zivilisierten Welt« und die Auswüchse, die die Berührung mit dieser für die paradiesischen Wirklichkeiten hatten, die eben noch Gegenstand exotistischer Projektion gewesen waren. Es sind nicht mehr die »reisenden Enthusiasten« und Kosmopoliten, die die Literatur des 18. und frühen 19. Jahrhunderts bevölkerten. Es sind zumeist ungebildete Menschen, für die Gerstäcker sich interessiert, die ohne Kenntnisse über den Horizont ihrer Heimat hinaus, von »Wissenschaft und Noth«, wie er schreibt, also vom technischen Fortschritt und der sich daraus ergebenden Arbeitslosigkeit, zum Aufbruch in eine neue, unbekannte Welt gezwungen werden. In einer sich beschleunigenden, zunehmend zusammenrückenden Welt gelangen die Auswanderer in unbekannte Gebiete und Kulturen, denen sie auch nach Jahren fremd bleiben. Gerade die deutschen Auswanderer schildert Gerstäcker als besonders integrationsresistent.

> Heute geschieht die Auswanderung in ganz anderer Art [als in früheren Völkerwanderungen], und an Bord des Schiffes wird der Wanderer, der sich sonst nur in kurzen, zögernden Tagemärschen von seiner Heimat entfernte, mit einem gewaltigen Schlag den alten Verhältnissen entrissen, eine Zeit lang, wie in einem wüsten Traum, durch die tollen, wunderlichen Szenen des Schiffslebens geführt, die mit nichts Ähnlichkeit haben, was er bis dahin gesehen, und an die er also auch gar keine Vergleiche, keine Erinnerungen knüpfen kann, und dann nach Nord oder Süd in eine fremde Welt, durch das Weltmeer von seinem Vaterland getrennt, hinübergeworfen. (*Über einige Deutschen im Ausland*, S. 26 hier im Band)

Schon Herman Melville hatte in *Omoo* den Blick des Ungebildeten angenommen, der nicht als gelehrter Reisender zu Studienzwecken, sondern scheinbar planlos durch die Welt zieht. Naturschilderungen wechselten mit kulturellen und gesellschaftlichen Beobachtungen, die unvermerkt in realistische Allegorien von berückender Intensität umschlagen können, wie z. B. eine Beschreibung der Kokospalme in ihrer Schönheit, aber auch der ökonomischen, ernährenden und kulturellen Bedeutung, die sie für die Inselbewohner hat. Jede noch so nüchterne naturwissenschaftliche Bemerkung öffnete sich dabei in einen symbolischen Bereich, der – ein Verfahren, das Melville in *Moby Dick* perfektionieren wird – seine allegorische Macht allein aus dem Anspruch gewinnt, im genau beobachteten Einzelnen ein Sinnbild für ein Ganzes zu gewinnen.

> Der Baum steht am liebsten in der Nähe der See und gedeiht wirklich dicht am Meere, wo seine Wurzeln von

der Fluth bespühlt werden, am allerbesten. Das kann natürlich aber nur auf solchen Inseln geschehen, wo das Land, wie hier, von Riffen umgeben und die Brandung verhindert ist gegen das Ufer anzustürmen. Die Nuß hat jedoch nie an solchen Plätzen einen Salzgeschmack, im Gegentheil erscheint sie süßer und kräftiger und da, wo der Baum weit im Lande drin steht, in den engen hügelumschlossenen Thälern, habe ich oft gesehen, wie sich die Krone sehnsüchtig dem Meere zuneigt, als ob der ganze Baum traure, daß er es nicht erreichen könne. (*Omoo*, Bd. 2, S. 177)

Wenn Gerstäcker in seinem Bericht über eine Reise von Puebla nach Mexiko die Agave als mexikanische »Kuh des Landes« von der Gewinnung der Milch, über den Transport, die Verarbeitung zu Bast, die Bedeutung als Heizmittel und für die Herstellung alkoholischer Getränke beschreibt, dann bedient er sich der Methode Melvilles, um einen komplexen kulturell-ökonomisch-gesellschaftlichen Kontext in ein Bild zu fassen, verzichtet aber auf den Symbolismus, der sich bei Melville daraus ergibt.

Eine bei Melville vorgeprägte Thematik, der sich Gerstäcker immer wieder zuwenden wird, ist die Begegnung mit korrupten und bigotten christlichen Missionaren, die das Wort Gottes zur Ausbreitung der Gewinnsucht und vor allem zu ihrem eigenen Vorteil nutzen, eine korrumpierte Welt, in der die Weltteile gerade das Schlechteste voneinander annehmen. Wo immer er unterwegs sein wird, in Lateinamerika, Afrika, Australien – überall wird er diesen Missionaren begegnen und ihren schädlichen Einfluss anprangern. Insbesondere dem Missionar der amerikanischen protestantischen Sekten sieht er dabei seine freudlose und kulturell unbedarfte Version des Christentums nicht nach, die sich verhängnisvoll zerstörerisch über fremde Traditionen und Kulturen legt.

Doch neben der Missionskritik und dem Interesse an dem natürlich-kulturell-ökonomischen Zusammenhang, der sich aus den Dingen herauslesen lässt, gibt es bei Gerstäcker einen dritten Aspekt, den er von Melville übernimmt, der bei ihm jedoch eine andere Wertung erfährt – die Freude an bizarren Verbindungen und Formen, die sich durch die kulturelle Konfrontation und Mischung ergeben. Diese kann sich auf die Kleidung richten oder auf das Verhalten der sich nur schwer an die neuen Bedingungen anpassenden Auswanderer, die die Sitten und Gebräuche ihrer Herkunftsländer in die Fremde mitbringen und dort versuchen, diese in teilweise absurden Varianten zu bewahren. Immer wieder entdeckt er in seiner Neugier neue Sonderbarkeiten, die sein Interesse wecken.

> Man konnte an ihnen daher das Stadium ihres christlichen Glaubens leicht erkennen, je nachdem sie noch im Hemd oder in Halstuch oder gar schon in der Weste waren, denn den Frack trugen erst die wenigen Auserwählten. Aber selbst diese hatten sich bis jetzt nicht von ihren Lendentüchern getrennt oder wären zu bereden gewesen, Hose und Schuhe oder Strümpfe zu tragen, und ich habe wirklich noch nie etwas Komischeres in der Welt gesehen, als diese Zwittergeschöpfe zwischen Zivilisation und Wildnis. (*Moden über die Welt*, S. 51f. hier im Band)

So sehr diese hybride Modenschau auf Melville, in dessen Werk Kleidung immer eine eminente Rolle gespielt hat, und insbesondere auf das Kapitel »How they dress in Tahiti« aus *Omoo* zurückweist, geht Gerstäcker doch in einem Punkt über Melville hinaus. Wo dieser ein Auge vornehmlich für die Unterdrückung der polynesischen Kultur hat, die sich in der aufgezwungenen europäischen Mode ausdrückt, liest Gerstäcker aus der grotesken Kleidung der kulturellen »Zwittergeschöpfe« ein Moment des Widerstands heraus, das er in die Kleidungsstücke selbst verlegt. Dabei greift er zu Mitteln fantastischen Erzählens, wie man sie von E. T. A. Hoffmann kennt:[11] »Die Füße waren aber von der alten Heidenzeit her noch tätowiert, und die beiden christlichen Frackzipfel, die hinten herunterhingen, schauten misstrauisch und drohend auf die blauen heidnischen Linien der Beine nieder, als ob sie hätten sagen wollen: ›Na, wartet nur, ihr sollt nur noch bald genug in Hosen kommen.‹« (S. 52 hier im Band). So sehr wir wissen, dass die Frackzipfel am Ende triumphieren werden, gewinnt Gerstäcker doch dem Moment des Übergangs selbst einen Wert ab, der ihn der Fatalität, dass die westliche Zivilisation in ihrem Zerstörungswerk unaufhaltsam voranschreitet, kurz enthebt. Dies geschieht zwar nur mit den Mitteln des Humors, der die Welt noch nie revolutioniert hat, verleiht aber den kulturellen Übergängern, den bizarren »Zwischengeschöpfen« der missionierten Polynesier eine Würde, die es so bei Melville nicht gegeben hat. Gerstäcker ist sicherlich kein Autor, der mit gängigen Stereotypen seiner Zeit bricht – dazu verlässt er sich viel zu bereitwillig allen Vorurteilen, die sich einem Menschen des 19. Jahrhunderts anbieten, von nationalen Klischees über gelegentliche rassistische und antisemitische Ausfälle bis zu wütenden Tiraden gegen die Frauenemanzipation. Aber seine Neugier, sein unvoreingenommener Blick auf kulturelle und soziale Tranformationsprozesse, sein aus der fantastischen Literatur kommendes Interesse am Grotesken und Unerklärlichen befähigen ihn, im Moment einer erstmals sich andeutenden Globalisierung durch Kolonialismus und Industrie sehr genau hinzuschauen.

Für diesen Band wurden neun Erzählungen und Reiseskizzen Gerstäckers ausgewählt, die einen möglichst vielfältigen Eindruck von dessen Reisen und Schreiben vermitteln. Sämtliche Erdteile werden darin zumindest einmal berührt, so dass sich eine imaginierte Reise um die Welt ergibt, wie sie Gerstäcker selbst an einem Stück nie hat realisieren können. Den Abschluss bildet *Eine Fahrt in die Eisregionen des Nordpols* (S. 219f. hier im Band), eine Satire auf die wüsten Spekulationen über das

Verschwinden der Franklin-Expedition, die 1845 aufgebrochen war, die legendäre Nordwestpassage zu suchen. Hier zeigt sich Gerstäckers Vorliebe fürs Groteske und Fantastische bereits aufs Beste veranschaulicht. Bei allen Texten, die zum größten Teil seit den Werkausgaben des späten 19. Jahrhunderts hier erstmals wieder in gedruckter Form vorliegen, wurde grundsätzlich auf die jeweiligen Erstdrucke zurückgegriffen. Da Gerstäcker seine Arbeiten wie die meisten Schriftsteller seiner Zeit zunächst in Zeitschriften publizierte, wo sie meist in Fortsetzungen erschienen, liegt daher größtenteils die jeweilige Zeitschriftenfassung zugrunde. Über den Aspekt der abenteuerlichen Reisen hinaus zeigt sich Gerstäcker hier vor allem als politisch-satirischer Autor und zugleich als Humorist, der in die sozialen und kulturellen aber auch religiösen Konflikte seiner Zeit involviert ist.

[1] Rudolf Gottschall: Die deutsche Nationalliteratur in der ersten Hälfte des neunzehnten Jahrhunderts: literarhistorisch und kritisch dargestellt, Breslau 1855, Bd. 2, S. 624

[2] Ebd., S. 625

[3] Ebd., S. 625f.

[4] Friedrich Gerstäcker, anonyme Rezension, in: Die Grenzboten, Jg. 9, 1850, S. 304–307, hier: S. 305

[5] Wilhelm von Hamm: Fritz Gerstäcker, Wien 1881, S. 273

[6] Friedrich Gerstäcker in Südamerika, Rezension von R. P. [Robert Prutz], in: Deutsches Museum 12,2/1862, S. 548–553, hier: S. 549 u. 551

[7] Vgl. Thomas Ostwald: Friedrich Gerstäcker – Leben und Werk. Biographie eines Ruhelosen, Braunschweig 2015, S. 354

[8] Vgl. Adrian Gunkel: Friedrich Gerstäcker und Herman Melville: Transfer oder Adaption? Gerstäckers Übersetzung von Melvilles ›Omoo oder Abenteuer im stillen Ocean‹ im Spannungsfeld der idealtypischen Übersetzerhaltungen, München 2013, S. 11–14

[9] Friedrich Gerstäcker: Geschichte eines Ruhelosen [autobiographische Skizze], in: Die Gartenlaube, 16/1870, S. 244–247, hier: S. 246

[10] Hans Ritz: Die Sehnsucht nach der Südsee. Bericht über einen europäischen Mythos, Kassel 1983, S. 92

[11] Thomas Ostwald weist immer wieder auf diese Seite in Gerstäckers Werk hin, vgl. Ostwald 2015, S. 364–371

Zu dieser Ausgabe

Der vorliegende Band versammelt eine Auswahl von Erzählungen und Reiseskizzen Friedrich Gerstäckers in einer imaginären Reise um die Welt. Der Text aller Erzählungen folgt den jeweiligen Erstdrucken: »Berlin und das Schauspielhaus im Belagerungszustand« erschien 1848 im *Morgenblatt für gebildete Leser* Nr. 292–296; »Die einigen Deutschen im Ausland« 1853 ebenfalls im *Morgenblatt für gebildete Leser* Nr. 39; »Moden über die Welt« 1853 in Nr. 426–427 der *Fliegenden Blätter*; »Ein Schmetterlingszug« 1870 im 3. Bd. der Erzählsammlung *Buntes Treiben*; »Eine Taufe unter den Fuhlas« 1870 im 1. Bd. von *Buntes Treiben*; »Die Nacht auf dem Walfisch« 1855 im 1. Bd. der *Haublätter;* der Reisebericht »Tahiti« 1853 im 3. Band von *Reisen;* die Reiseskizze »Tanunda« 1853 in Bd. I des 12. Jg. der Zeitschrift *Die Grenzboten* und »Eine Fahrt in die Eisregionen des Nordpols« 1848 in Nr. 169–171 der *Fliegenden Blätter.*

Um der Einheitlichkeit willen wurden die Orthografie der neuen deutschen Rechtschreibung angepasst und Unregelmäßigkeiten in den Schreibweisen vereinheitlicht bzw. modernisiert. In die sprachlichen Eigenheiten der Texte wurde nur behutsam eingegriffen, so wurde *zt* zu *tzt* beispielsweise in *besetzt* oder *gestützt.* Fremdsprachige Schreibungen wie z.B. bei *Canoe* wurden dagegen beibehalten. Sofern es sich um offensichtliche Fehler im Druck handelte, wurden diese stillschweigend korrigiert. Der besseren Lesbarkeit der Texte wegen wurde die Zeichensetzung ebenfalls vorsichtig modernisiert.

Die Auswahl der Erzählungen musste aus Gründen des Umfangs beschränkt werden und ist rein subjektiv begründet, ebenso die Anordnung, die thematisch als eine Reise um die Welt angelegt ist.

Berlin, 15. Februar 2016

Gespenster- und Schauergeschichten
von E. T. A. Hoffmann und
Jean Paul bis Friedrich Gerstäcker

Mit Illustrationen von Antje Osterburg

ISBN: 978-3-943999-25-9
Klappenbroschur mit Fadenheftung
Ripperger & Kremers

Der Band versammelt die schönsten Spuk- und Schauergeschichten aus der Zeit der deutschen Romantik bis zum Ende des 19. Jahrhunderts, u.a. von E. T. A. Hoffmann, Jean Paul, Ludwig Tieck, Heinrich von Kleist, Theodor Storm, Wilhelm Hauff, Johann Karl August Musäus und Friedrich Gerstäcker.

Théophile Gautier:
Der Haschischklub.
Phantastische Erzählungen

Übertragen von Ilna Ewers-Wunderwald,
Hanns Heinz Ewers und Doris Heinemann
ISBN: 978-3-943999-31-0
Feines Leinen mit Fadenheftung
Ripperger & Kremers

Der französische Romantiker Théophile Gautier aus dem Umkreis von Victor Hugo und Gérard de Nerval war ein extravaganter und farbenprächtiger Schriftsteller, verherrlichte Drogen und brach mit sexuellen Tabus. Die exotischen, verwirrenden und erotischen Geschichten in diesem Band werfen einen faszinierenden Blick auf die Zeit und den Hedonismus der Pariser Bohème in der Mitte des 19. Jahrhunderts und lassen die Stimmung einer ganzen Epoche wiederauferstehen.

E.T.A. Hoffmann:
Unwahrscheinliche Abenteuer.
Berliner Geschichten

Mit einem Nachwort herausgegeben und
kommentiert von Markus Bernauer
ISBN: 978-3-943999-34-1
Klappenbroschur mit Fadenheftung
Ripperger & Kremers

E.T.A. Hoffmanns »Berliner Geschichten« entführen in eine
weithin vergessene Stadt – in das Berlin der Romantik um 1800.
Mit Geist und Witz lässt Hoffmann dieses Berlin lebendig werden und berichtet von der gespenstischen Verwandlung von Orten, von unheimlichen Begebenheiten und Abenteuern aus dem
Leben der preußischen Hauptstadt, so dass das Lokalkolorit mit
dem Fantastischen verschmilzt.

Dmitrij Venevitinov:
Flügel des Lebens. Lyrik, Prosa, Briefe –
Gesammelte Werke

Aus dem Russischen übertragen von
Dorothea Trottenberg und Hendrik Jackson
ISBN: 978-3-943999-26-6
Feines Leinen mit Fadenheftung
Ripperger & Kremers

Venevitinov war zusammen mit Wladimir Odojewski führendes
Mitglied des Moskauer Kreises der »Ljubomudry« (Weisheits-
freunde) und sympathisierte mit den revolutionären Dekabristen.
Die am deutschen Idealismus orientierte Romantik der »Weis-
heitsfreunde« kämpfte um die in Russland verbotene Philosophie
und um die in der Aufklärung angedachte Bürgergesellschaft.

www.ripperger-kremers.de